AGENCIA CULTURAL, ARTE, EDUCACIÓN Y PRÁCTICAS SOCIALES EN AMÉRICA LATINA Y LA FRONTERA

[CULTURAL AGENCY, ART AND EDUCATION IN LATIN AMERICA AND ITS BORDERS]

Zulema Moret

Editora

Title: *Agencia cultural, arte, educación y prácticas sociales en América Latina y la frontera*
[Cultural Agency, Art and Education in Latin America and its Borders]
ISBN-10: 1-940075-42-4
ISBN-13: 978-1-940075-42-6

Design: © Ana Paola González
Cover Design: © Jhon Aguasaco
Cover Image: © Jhon Aguasaco
Editor in Chief: Carlos Aguasaco
E-mail: carlos@artepoetica.com / aguasaco@gmail.com
Mail: 38-38 215 Place, Bayside, NY 11361, USA.

© *Agencia cultural, arte, educación y prácticas sociales en América Latina y la frontera*
[Cultural Agency, Art and Education in Latin America and its Borders],
Zulema Moret, Editor
© *Agencia cultural, arte, educación y prácticas sociales en América Latina y la frontera*
[Cultural Agency, Art and Education in Latin America and its Borders],
2017 for this edition Escribana Books an Imprint of Artepoética Press Inc.

All rights reserved. No part of this publication may be reproduced, distributed, or transmitted in any form or by any means, including photocopying, recording, or other electronic or mechanical methods, without the prior written permission of the publisher, except in the case of brief quotations embodied in critical reviews and certain other noncommercial uses permitted by copyright law. For permission requests, write to the publisher, addressed "Attention: Permissions Coordinator," at the following address: 38-38 215 Place, Bayside, NY 11361, USA

AGENCIA CULTURAL, ARTE, EDUCACIÓN Y PRÁCTICAS SOCIALES EN AMÉRICA LATINA Y LA FRONTERA

[CULTURAL AGENCY, ART AND EDUCATION IN LATIN AMERICA AND ITS BORDERS]

Zulema Moret

Editora

Nueva York, 2017

Dedicatoria

A Mirta Colángelo, educadora por el arte, susurradora de poemas quien nos dejara sorpresivamente durante la edición de este libro, por los sueños pedagógicos y poéticos compartidos.

Contenido

Ilustraciones		9
Agradecimientos		11
Presentación	David William Foster	13
Introducción	Zulema Moret	17

Sección I Agencia cultural y prácticas educativas

Capítulo I Misiones e identidad, los procesos de ocupación en la Araucanía y Patagonia a fines del siglo XIX y principios del XX.
Jaime Flores Chávez y Alonso Azócar Avendaño 31

Capítulo II "¡No más lucro!" Desobediencia, memoria e intervención afectiva en el movimiento estudiantil chileno.
Walescka Pino-Ojeda 47

Capítulo III From *No+* to *No más muertes*: Crossing the Border from Scholar to Cultural Agent.
Robert Neustadt 67

Capítulo IV Cultural Agency in the Modern Language Classroom: Documentary, Pedagogy, Community.
Stephany Slaughter 87

Capítulo V La Educación por el Arte como una propuesta emancipadora.
Mirta Colángelo 111

Sección II Agencia cultural y prácticas artísticas

Capítulo VI Una pareja perfecta: las editoriales cartoneras y la agencia cultural.
Djurdja Trajkovic 129

Capítulo VII Trading Places: Academe and Intercultural Agency in Southern Mexico.
Robert W. Blake; Elvira E. Sánchez Blake; and Debra A. Castillo 150

Capítulo VIII	Práctica artística en la grieta: apuntes para una investigación espacial del desplazamiento forzado. Ludmila Ferrari	178
Capítulo IX	Gaudia Cantorum y Xojanel Keletzú: agenciamiento cultural en la música de dos conjuntos de marimba en Guatemala. Andrés R. Amado	196
Capítulo X	Cultural Agency, *Auto-Gestión*, and Literary Workshops in Neoliberal Chile. Jane D. Griffin	222

SECCIÓN III	AGENCIA CULTURAL Y PRÁCTICAS SOCIALES	
Capítulo XI	¿Qué importa que al subalterno se le permita hablar (en su idioma nativo)? Agencia cultural y revitalización lingüística en Guatemala. Keith Watts	253
Capítulo XII	La industria del turismo, agencia cultural e imágenes comodificadas de sitios históricos. Silvia Nagy-Zekmi y Kevin J. Ryan	264
Capítulo XIII	Agencia feminista y cambios culturales en América Latina en torno a las demandas por la ciudadanía sexual. Graciela Di Marco	278
Capítulo XIV	El *Grupo Escombros* y la abuela de las armas. Zulema Moret	304

Contribuyentes 323

Ilustraciones

1.1.	Indígenas de la Patagonia.	35
1.2.	Indígenas de la Patagonia.	35
1.3.	Misioneros capuchinos se retratan con las herramientas que dan cuenta de su oficio o destreza.	43
1.4.	Posan junto a los niños en talleres.	44
3.1.	"Una milla de cruces sobre el pavimento" (Lotty Rosenfeld, 1979).	75
3.2.	*6000 Bodies* by Robert Neustadt and Shawn Skabelund (Photo by Jeffrey Strang).	82
3.3.	*6000 Bodies* by Robert Neustadt and Shawn Skabelund (Photo by Jeffrey Strang).	84
8.1.	Dibujo, José.	186
8.2.	Dibujo, Florencio.	188
8.3.	Dibujo, Alicia.	190
8.4.	Dibujo, Alicia.	191
9.1.	Estructura de la pieza "Ferrocarril de Los Altos" de Domingo Bethancourt en su forma tradicional y arreglada por José Domingo Velásquez.	206
9.2.	Representación gráfica de la sesquiáltera en "Pachicaj Zutz" en notación musical occidental.	210
9.3.	Representación gráfica de la sesquiáltera en "Pachicaj Zutz" en Time Unit Box System (TUBS). Cada casilla corresponde a una unidad rítmica. Nada ocurre en las casillas en blanco.	210
9.4.	Ejemplo transcripción parcial de la melodía de "Pachicaj Zutz". Transcripción de Andrés Amado.	211
9.5.	Otto Xitumul (izquierda) y Donato Camey (derecha) sonríen al terminar de tocar un son tradicional maya en una marimba cromática. Fotografía de Andrés Amado, 2008.	219
14.1.	*Crimen seriado* (junio 1995). (Foto cedida por el *Grupo Escombros*).	310
14.2.	*El sembrador de soles* (2002). (Foto cedida por el *Grupo Escombros*).	312
14.3.	Escultura "Cada arma destruída es una victoria de la vida sobre la muerte", en el Centro Cultural Islas Malvinas.	317

Agradecimientos

- A los autores que participan de este libro por la confianza en el proyecto y por la paciencia durante el proceso de gestión, ejercicio de sabios y poetas.
- A Carlos Aguasaco por el soporte editorial y su gestión cultural.

PRESENTACIÓN

David William Foster
Arizona State University

De un tiempo para acá, nos vamos dando cuenta de la importancia de las recopilaciones de ensayos sobre un tema determinado, ensayos firmados por diversos investigadores que representan menos que una línea ideológica consistente y un protocolo de investigación integrado, constituyen múltiples acercamientos a un tema, sin pretender, necesariamente lograr un panorama completo. Constituyen aproximaciones mosaicas que postulan, en una geometría intelectual compleja, aspectos de un tema, sin jamás llegar —y sin jamás pretender llegar— a un estudio comprensivo de un determinado fenómeno crítico.

Casi tan antiguo como la filología como ciencia cultural en el siglo XIX es el fenómeno de las actas de simposios y congresos, donde un tema rector puede dar orden, de alguna manera, a las múltiples intervenciones, siempre circunscriptas por las circunstancias de una presentación en el fondo oral y apurado: la histórica trayectoria de las actas de los congresos del Instituto Internacional de Literatura Iberoamericana serían ejemplares en este aspecto. El principio operante es la intervención en el congreso, con alguna dinámica relativamente (in)eficaz de hacer una criba a los efectos de mantener cierto nivel de discurso analítico. Pero más que nada, tales actas giran primero en torno a ser un quién es quién en la organización y quién concurre asiduamente a los congresos como una espina dorsal de su compromiso profesional.

Indudablemente, las actas de los congresos prometen un radio más matizado de interpretaciones de los núcleos temáticos de las investigaciones en curso (las que están en el orden del día, las que marcan el paso en un momento determinado, las que esgrimen una determinada bibliografía de moda). Constituyen un presumido valioso suplemento a las obras magistrales monográficas en las que los popes de la disciplina definen las pautas rectoras de un tema que se afirman iteradamente en los esfuerzos de sus discípulos: pienso aquí en la historias literarias que trazan las fronteras del canon y, por consiguiente, quién está dentro y quién está fuera: hombres y no mujeres, parangones de heteronormatividad y no sus opositores, las voces hegemónicas de ciertos registros lingüísticos y no los otros hablantes, los temas "importantes" y no los estimados "triviales". Eso por lo menos, hasta que un iconoclasta intelectual logra romper unos moldes, para así establecer otro canon. Me valgo de un botón de muestra: ya hemos roto definitivamente (bueno, más o menos) con el imperativo de la heteronormatividad, pero se impone un nuevo imperativo donde la homonormatividad de lo *gay* y de lo *trasvesti/transgénero* constituyen las fronteras de la resistencia y superación de la heteronormatividad imperante todavía de no hace ya tantas décadas.

Sin embargo, es indudable que seguiremos adscriptos a las monografías magistrales, aun cuando nos damos cuenta de que, a estas alturas, nadie puede escribir a solas la historia de la novela mexicana o la historia de la poesía modernista. Es que la producción cultural que hay que tomar en cuenta supera las posibilidades de un solo profesor, no importa las condiciones privilegiadas de trabajo que tenga, por no hablar de la masa de bibliografía secundaria que hay que enfrentar. La investigadora seria necesita un milagro secreto de esos de Borges simplemente para pretender abordar la crítica escrita sobre Gabriel García Márquez, ante lo cual es bastante capaz de desesperarse de poder emitir algún juicio renovador.

Dado este panorama, compilaciones como la de *Agencias culturales* reclaman enérgicamente el reconocimiento de su singular importancia en los registros bibliográficos. Usé arriba la palabra *frontera*, metáfora escogida a propósito para empalmar el contexto que estoy trazando aquí para los estudios que ha ensamblado Zulema Moret. Muchas son las fronteras de las que estamos hablando: quiere decir, muchas son las fronteras que estamos dudando, cuestionando, revisando, reformulando o, en algunos casos de extrema urgencia, dejando de lado, a base de formulaciones imperiosas de sanas nuevas reflexiones intelectuales y sociohistóricas. Una ciencia elemental de la semiótica nos enseña que trabajamos con fronteras conceptuales que formulamos en sentido binario: son maneras de repartir el conocimiento del material bajo análisis. Pero siempre corremos la tendencia de olvidarnos de que son algoritmos intelectuales y no realidades materiales confirmables en forma absoluta: lo que distingue un fonema sonoro de un fonema sordo es relativo y no materialmente categórico.

Tal verdad metasemiótica se ve claramente en uno de los temas recurrentes (aunque más bien implícitamente) de estos ensayos, por solo privilegiar un tópico de mis urgencias personales: las fronteras entre las lenguas. América Latina presenta cuatro fronteras lingüísticas, todas hermenéuticamente confirmables en un imaginario sociocultural rector, pero de extremo relativismo fuera de semejante subscripción. Una frontera tiene que ver con la distinción, típicamente supra-nacionalista, entre el español y el portugués, a pesar de las manifiestas transiciones y superposiciones entre los dos en múltiples fronteras del continente. Otra frontera atañe a, también motivado principio nacionalista, las diferencias entre los idiomas patrios—en realidad, macroformaciones por lo que suponen de un compacto "español mexicano" o un compacto "español chileno" que lima asperezas entre variantes locales, amén de extensos otros parámetros sociolingüísticos: las isoglosas aportan lo suyo aquí, pero el peso que se les concede (p.ej., el "vos hablás" argentino ante el "tú hablás" uruguayo) es, en el fondo, de carácter aleatorio. Una tercera categoría nos remite a la profunda discriminación entre el castellano y los idiomas indígenas (a veces llamados "dialectos" para desprestigiarlos), a pesar de que es imposible imaginar un solo español nacional latinoamericano (y no hablemos de las vastedad del portugués continental) sin remitirnos a los sub- y supra-estratos: Miguel Ángel Asturias, Augusto Roa Bastos y José María Arguedas (por no decir João Guimarães Rosa) sabían del tema, pero siguen siendo considerados anomalías en sociedades donde el castellano es todavía sinónimo del poder. Finalmente, vienen a colación las fronteras entre los idiomas nacionales (inclúyanse o no los idiomas autóctonos u originarios) y los idiomas de los inmigrantes, aun cuando no hay quien pueda dudar de la Argentina como segunda patria de los ítalohablantes o el Brasil de los nipohablantes.

Donde estas cuestiones vienen a cuenta aquí es en el tema de la agencialidad. Los idiomas no tienen agentes rectores (salvo ciertos demagogos, como Gaspar Rodríguez de Francia, quien quiso imponer, a fuerza de ley, el guaraní como el único idioma oficial del Paraguay a mediados del siglo XIX). Pero sí los idiomas tienen agentes circunstanciales: un Roa Bastos que dice que piensa en guaraní pero escribe en español, un Borges que estima que el *Quijote* de Cervantes del canon del colegio secundario es una mala traducción del inglés y se ufana en que se transparente ese inglés en su escritura española (¡para, claro está, jamás dejar de escribir un buen español criollo!). Y es un Arguedas que se suicida porque no puede resolver lo que los catedráticos llaman delicadamente "la cuestión de la lengua".

La cuestión de la lengua solo tiene tufillo a toga académica mal lavada, pero no la sangre y tripas derramadas de las fronteras políticas y la panoplia de estruendosas luchas que se llevan a cabo con sujetos sociales inocentes en nuestros lamentables esfuerzos cotidianos por mantener la integridad de la pureza nacional a pesar de las circunstancias incontrolables de zonas de batalla como Ciudad del Este, Tijuana, Ciudad Juárez y, ¿por qué no?, Miami, amén de otras fronteras geográficas que, a pesar de las históricas guerras por el tema, no disfrutan de la misma iconicidad.

El concepto de agencialidad cultural parece más bien ajustada a cuestiones de mucho lujo intelectual, como por ejemplo la contienda entre América Latina y la tan desacreditada idea de un Primer Mundo imponente. Sin embargo, la globalización, como diríamos hoy en día (*pace* la vieja izquierda militante) no deja de ser imperante. Uno se regocija de que en un país como el Brasil la institución del libro sea masiva y auténtica (véanse las instalaciones de la Livraria Cultura en el Conjunto Nacional de São Paulo o las sucursales de FNAC en todas las ciudades principales del Brasil: para mí, la Avenida Paulista de São Paulo no se define por la concentración de la finanza internacional, sino por las dos puntas de su trayecto ancladas por el Conjunto y FNAC). Pero al revisar las multitudinarias mesas de ofertas y las listas de *bestsellers*, no son los libros de autores brasileños los que priman. Y es indudable que la agencialidad cultural en lo librero (como también en cine y en televisión) remite a toda la problemática de las fronteras, sin que el tema lengua esté muy lejos de la discusión.

Tengo plena conciencia de que muchos de los aspectos de agencialidad cultural perseguidos en esta recopilación tienen que ver con "escribir desde abajo": la emergencia de voces sistemáticamente marginadas y silenciadas: en ese sentido siempre me ha encantado el fenómeno de Eloísa Cartonera y su stand en plena Avenida Corrientes, codeando con algunas de las mejores librerías de Buenos Aires (aunque no dejo de soñar con un puesto en la Avenida Santa Fe, al lado de El Ateneo, un antro copetudo que es un verdadero punto de confluencia de muchas fronteras socioculturales de la Argentina y de América Latina). Sean las que fueren las fronteras de marras aquí, el asunto es que ejemplifican un vasto panorama histórico (en el verdadero sentido marxista de la palabra) que solo puede ser "abarcado", y en forma de notable calidad intelectual, por el tipo de recopilación que nos proporciona este ejemplar proyecto de Zulema Moret.

INTRODUCCIÓN

"Un mundo está siendo a partir de nuestras prácticas"

> *La lucha ya no se reduce a retrasar lo que acontecerá o asegurar su llegada; es preciso reinventar el mundo. La educación es indispensable en esa reinvención.*
>
> *El mundo no es, el mundo está siendo.*
> Paulo Freire

> *Musicians, dancers, poets, and painters past and present do not yet figure as subjects of academic studies, perhaps, but they may well inspire the kind of creative reflection that amounts to a civic contribution. (...)*
>
> Culture enables agency. (3)
> Doris Sommer

Todo proyecto editorial tiene una historia. Este conjunto de ensayos se organiza en torno a variadas reflexiones sobre experiencias llevadas a cabo en los últimos años, sobre los alcances de distintas agencias culturales en algunos países latinoamericanos, y también en relación a la frontera entre USA y México. En 2010, la unidad de Estudios Latinoamericanos de la Universidad Estatal de Grand Valley organizó la XI Conferencia de las Américas (COA 10)[1] en torno al tema de la Agencia Cultural, contando con el apoyo de la Dra. Doris Sommer, quien tanto ha contribuido al crecimiento de este campo de análisis desde Harvard University.[2] Sin lugar a dudas, su libro *Cultural Agency in the Americas* (2006) es un material de referencia obligatoria sobre la agencia cultural en las Américas, pues en él se despliega un abanico de saberes que advertiremos que atraviesa la mayor parte de los ensayos incluidos en este libro.

---

1. La *Conferencia de las Américas* tuvo lugar del 4 al 6 de noviembre de 2010. Algunos de estos ensayos fueron leídos y presentados durante la misma. Estudios Latinoamericanos (LAS) pertenece a Areas Studies, en la Facultad de Estudios Interdisciplinarios de Grand Valley State University (Brooks CoIS). Entre el 2009 y 2014 fui la Coordinadora de la mencionada unidad.

2. http://www.people.fas.harvard.edu/~dsommer/Doris%20Sommer's%20Site/Projects.html

En América Latina, bajo la forma de talleres en centros autogestionarios, en cooperativas, en centros culturales, en fábricas y en espacios de tiempo libre, emergieron innumerables iniciativas que han sabido responder o han intentado crear alternativas a conflictivos momentos sociales, políticos, económicos y que no podrían leerse, sin considerar la importancia de este entramado contextual e interdisciplinario. Así podemos enumerar proyectos, experiencias comunitarias que han transformado los grupos en los que se generaron durante diferentes momentos históricos de un país, una región, una frontera.

A partir de las participaciones durante la Conferencia de las Américas, se suscitó un diálogo entre algunos investigadores y profesores universitarios que tuvo continuidad en paneles interdisciplinares en torno al tema de agencia cultural, fundamentalmente en las sucesivas conferencias de Latin American Studies Association [LASA].[3] Estos diálogos entre colegas sirvieron de impulso a este proyecto editorial, que a su vez, sirvió para extender esta invitación a otros que, trabajando en similares ámbitos o propuestas, desearan compartir sus prácticas y resultados en una edición conjunta.

De este modo, a partir del diálogo establecido durante esos últimos años se pudieron articular unas coordenadas temáticas, discursivas en torno al concepto de 'agencia' que se presentan en este libro en torno a tres grupos significantes: las prácticas educativas, las prácticas artísticas y las prácticas culturales, aunque cabe aclarar que cada uno de estos grupos introducen conceptos e ideas que nos permitirían interrogarnos sobre la imposibilidad de categorías rígidas, pues el tema de la agencia, en sí mismo, convoca a lo interdisciplinario y también lo incluye y trasciende, de allí que toda división estricta resultaría inútil, dado el carácter interdisciplinar de las prácticas generadas. En este libro encontraremos ensayos en los que las intersecciones temáticas, discursivas, teóricas son comunes y resultaría difícil y algo vano pensar que esta práctica es solo educativa, o exclusivamene sociológica, o únicamente artística; porque implica unos instrumentos, unas formas, unas estrategias que se entretejen poniendo en relación significante al arte con la comunicación social o con los grupos de sujetos subalternos que generan los cambios a partir de su hacer colectivo, a las diversas instancias que forman parte del proceso educativo, artístico, cultural.

La agencia como espacio de transformación ha desempeñado un importante rol en la historia de Latinoamérica, y no es patrimo-

---

3. En las convocatorias de Río de Janeiro, Toronto, Washington y Chicago.

nio de la modernidad o de la postmodernidad; cuenta de ello da el ensayo que inicia la Sección I: "Misiones e identidad, los procesos de ocupación en la Araucanía y Patagonia a fines del siglo XIX y principios del XX", de Jaime Flores Chávez y Alonso Azócar Avedaño. La empresa de expansión territorial conlleva un proyecto educativo que se orienta a los indígenas que habitaban el sur de Chile y Argentina, en la intersección de los siglos XIX y XX. Movidos por este motivo educativo y evangelizador, se establecieron las misiones capuchinas y anglicanas con el afán de 'civilizar' como metodología educativa y como entrada a la 'civilización'. Desde esta perspectiva, tanto las misiones como las escuelas de artes y oficios y las prácticas de agricultura formaron parte de la agenda educativa y evangelizadora (de conversión). Posteriormente, se extiende el intento a otros grupos a los que había que argentinizar y chilenizar, grupos provenientes de Europa. Algunas fotos del archivo histórico incluidas en este ensayo, nos permiten apreciar los cambios operados en los grupos étnicos, sus prácticas, sus vestimentas, sus jerarquías. Como se afirma en la conclusión del mencionado artículo: "las misiones y/o escuelas misionales constituyeron agencias gravitantes en el proceso de transformación de la población indígena en Chile y Argentina (. . .). Además, los respectivos estados en los que actuaban los misioneros estaban abocados a la construcción de una identidad nacional por lo que demandaban de éstos acciones que estimularan la chilenización o argentinización del 'indio'".

Una centuria más tarde, en territorio chileno se generan acciones por parte de estudiantes y jóvenes chilenos que apuntan a cambios sustanciales en la gestión de la educación universitaria, lucha que ha generado numerosas manifestaciones y acciones públicas. Este proceso de intervención es analizado por Walescka Pino-Ojeda en su ensayo: "'¡No más lucro!': Desobediencia, memoria e intervención afectiva en el movimiento estudiantil chileno". Despliega Pino-Ojeda su lectura sobre los procesos posdictatoriales, a partir de dos núcleos de referencia: las pasiones y los afectos, y su desvío a las zonas mercantilistas en el acotado espacio de lo individual. A partir de considerar a la sociedad chilena "sufriendo las reglas de convivencia impuestas por la dictadura", para Pino-Ojeda resulta apropiado analizar la circulación de los afectos atendiendo a la relación entre lo ideológico, lo racional, lo emotivo.

Desde la lectura filosófica y política de Pino-Ojeda, la movilización estudiantil iniciada en mayo de 2011 es el evento fundador que irrumpe con fuerza en la sociedad chilena, desmontando los privilegios del neoliberalismo. El poder agencial de los sujetos en lucha, se desprende de la consigna "No más lucro", como arenga para permitir el giro afectivo de las emociones cautivas, y restaurar de este modo, el poder de transformación de los sujetos. Movida por la fuerza de los esloganes utilizados, enumera Pino-Ojeda un conjunto de actos comunales que exponen a las colectividades involucradas afectiva e intelectualmente, con las consignas, y las causas que las congregan. A partir de la utilización del *flash mob* como irrupción performativa de caracter colectivo, y siguiendo el análisis de Georgina Gore, Pino-Ojeda, analiza dichas manifestaciones como performance urbana. Para Pino-Ojeda las variadas formas discursivas ejercidas por los líderes como por los grupos colectivos del movimiento estudiantil chileno, han irrumpido en lo físico urbano y en lo personal simbólico, reordenando los significados y los afectos, afirmando que: "Es en este contexto que el movimiento estudiantil chileno deja de manifiesto el carácter agencial de la cultura y su poder para transformar lo social y lo imaginativo".

Tomando como punto de partida el estudio de las prácticas del colectivo de arte CADA, Robert Neustadt gestiona acciones de resistencia con los estudiantes de la Universidad de Northern Arizona, reescribiendo algunas propuestas del grupo, en especial la realizada por Lotty Rosenfeld en 1979[4] en la que la artista chilena pinta cruces blancas sobre una carretera. Así la cruz se transforma en cruz que es también cruce, frontera. El medio en el que se lleva el proceso de concienciación de los estudiantes de la Universidad es el espacio de la frontera Norte/Sur, frontera que divide USA de México. En "*No+* to *No más muertes*: Crossing the Border from Scholar to Cultural Agent" Neustadt nos conduce por el proceso educativo, humano, social, político, artístico que se articula en torno a la experiencia de la frontera y la cantidad de muertes que han ocurrido a lo largo de muchos años. Desde el mismo título de la propuesta, "*No más muertes*" sabemos que el espacio de la práctica cultural y de denuncia se ha desplazado del Chile dictatorial a la zona fronteriza entre USA y México. Si bien Neustadt conocía la realidad de la frontera, su mayor compromiso se lleva a cabo en ese desplazamiento de 'scholar' (investigador) a 'cultural agent' (agente cultural) que genera nuevos roles y discursos. Este movimiento transformador de la conciencia actúa sobre los estudiantes en el proceso que se describe exhaustivamente a lo largo del ensayo de Neustadt, poniendo en claro los distintos tipos de resistencias con los que tuvo que negociar

---

4. Ver ilustración 3.1.: "Una milla de cruces sobre el pavimento" (1979), p. 75.

para poder llevar a cabo la instalación final. El viaje realizado con los estudiantes a la frontera, el valor pedagógico de los recursos utilizados para resignificar la experiencia (música, textos, representaciones pictóricas) señala el caracter multidisciplinar de la misma. Por otra parte, de 6000 muertes a 6.000 cruces es el movimiento simbólico representado hacia el final del Proyecto. Concluye Neustadt: "Connecting Lotty Rosenfeld's *Una milla de cruces*, CADA's *No+*, Arizona's *No más muertes* and our 6000+s, marks a path of crosses – a path across the border from the relative detachment of scholarship to the active engagement of cultural agency."

Una educación liberadora, al decir de Paulo Freire, conllevará su dosis de riesgo y disensión frente a un sistema que opera con otros valores en sus prácticas educativas. Del riesgo y la transformación, de la necesidad de una permanente reflexión sobre este operar nos habla el ensayo de Stephany Slaughter, "Cultural Agency in the Modern Language Classroom: Documentary, Pedagogy, Community." En este ensayo Slaughter explora las intersecciones entre el cine documental y la pedagogía en contacto con las comunidades. A través del análisis crítico de un caso de estudio considera la creación de un video parte de un curso de enseñanza de la lengua española en sus niveles superiores, y a través de dicho proceso promueve la agencia cultural como una agencia creativa de cambio dentro del salón de clase, que permite al mismo tiempo tomar contacto con una comunidad mayor, fuera de la clase.

De este modo, y a través de esta metodología se revisan las relaciones entre el profesor y el estudiante y las relaciones entre los estudiantes y las comunidades, se estimula el pensamiento crítico en su rol como creadores de conocimiento respecto al mundo que los rodea. El salón de clase, se configura como agencia de concientización y cambio que se proyecta más allá de sus límites institucionales. Desde un abordaje sociológico y de acuerdo con Carl Ratner, sabemos que: "What defines experience is the social activities and concepts in which it occurs" porque "An individual will have far a greater awareness of his cultural experience if he understands its social position than if he understands the personal identities and actions of the participants" (423).

Reafirma lo antes mencionado Mirta Colángelo desde su extensa experiencia en el campo de la Educación por el Arte, quien nos introduce a la historia de este movimiento pedagógico en la República Argentina, a través de la descripción de proyectos creativos desarrollados en distintos espacios, con sujetos en situaciones desfavorecidas como los que asistieron a su taller "Cuentos con Sol" del

Patronato de la Infancia de Bahía Blanca, durante diez años. Introduce otros proyectos que inicia en la Argentina en torno a la transmisión del texto poético como la realizada en los espacios públicos de distintas ciudades argentinas, bajo el nombre de "susurradores de poemas", en los que el poema es leído a través de tubos de carton y transmitidos oralmente a la oreja del susurrando. La poesía cobra vida bajo todas sus formas. Mirta Colángelo, reflexiona sobre sus prácticas creativas como agencias de cambio, porque el ejercicio de la libertad creativa no depende solamente de reguladores externos sino que se vincula con el grado de confianza que sintamos frente a las propias posibilidades.

La Sección II de este libro agrupa un conjunto de ensayos en torno a distintas agencias vinculadas con prácticas artísticas: la música, la escritura, las comunidades creando arte en situaciones de riesgo y desplazamiento, la auto-gestión y la agencia de los talleres de escritura, las editoriales cartoneras, como asimismo experiencias teatrales muestran el resultado de procesos vinculados con la tierra en el sur de México.

Para comenzar, en "Una pareja perfecta: Las editoriales cartoneras y la agencia cultural" Djurdja Trajkovic realiza un recorrido por las editoriales cartoneras latinoamericanas, problematizando el optimismo por el rol de las editoriales como agencias de cambio, y cuestionando su función en tanto la agencia cultural reproduce las mismas estructuras de la opresión que quiere superar. Por otra parte, presenta la historia de las editoriales cartoneras en América Latina para iluminar que la agencia cultural necesita tomar en serio las limitaciones de la teoría de la hegemonía si quiere producir los cambios que sostienen su existencia.

Para tal fin, cuestiona y problematiza algunas categorías presentadas por Doris Sommer en su libro *Cultural Agency in the Americas*, especialmente en relación al objeto de su aplicación al estudio de las cartoneras y explica: "No obstante, aquí quiero reflexionar sobre el término en sí. A mi entender, la agencia cultural tanto si se refiere al papel del individuo como productor, receptor o reproductor de tal agencia siempre asume acciones heterónomas y complejas. En otras palabras, no hay una sola agencia cultural, como consecuencia, no hay una contribución homogénea y consensuada a la vida social" (p.126) A partir de un profundo análisis de las cartoneras como agencia y sus agentes, Djurdja concluye: "Por lo tanto, en el caso de las cartoneras, el concepto de agencia cultural es inquietante y a su vez fascinante porque conecta demandas contradictorias acerca de donde el potencial político de la literatura se enfrenta no solo a su carácter institucional pero también a sus principios estéticos. (. . .) Después de todo, participar y reflexionar serán conceptos irritantes porque, como Pratt argumenta, los agentes culturales son molestos para el Estado y por tanto, tenemos que aprender a incomodarnos y retarnos los unos a los otros también" (p. 143).

Además, Carl Ratner, al analizar el papel que juega la agencia en la cultura, señala: "In recent year, scholars in the field of cultural psychology have endeavored to articulate the role of agency in culture. Their point is that people are not passive recipients of a reified entity called culture. Rather people play an active role in making and remaking culture, and the manner in which their psychology is culturally organized."(413)[5] Sobre este proceso de producir y reproducir cultura leemos en la experiencia llevada a cabo por Robert Blake, Elvira Sánchez Blake y Debra Castillo quienes cruzan fronteras, para desarrollar un proyecto con colectivos rurales del sur de México. A lo largo de estas páginas reflexionan sobre los efectos multiplicadores que ofrece la investigación colaborativa, cuando se brindan marcos seguros para diferentes situaciones. Esta aproximación pedagógica de largo alcance ha incluido estudiantes subgraduados y graduados junto a profesores universitarios y agentes locales rurales, a través de un enfoque multidisciplinario intergeneracional en el marco rural y urbano de la zona tropical latinoamericana. El proyecto pone en escena cómo una agencia académica funciona a partir de objetivos igualitarios que reflejan el compromiso comunitario efectivo y la resolución de problemas. La experiencia llevada a cabo evidencia los potenciales que poseen los distintos colectivos, desplazando la academia al campo y el campo a la academia.

Este acto de transformar las condiciones sociales, rehaciendo la cultura y su organización social, se advierte en los trabajos de esta sección. Por ejemplo, Ludmila Ferrari en su ensayo "Práctica artística en la grieta: Apuntes para una investigación espacial del desplazamiento forzado" parte de la experiencia de un proceso artístico comunitario llevado a cabo en Ciudad Bolívar, uno de los asentamientos informales, o "barrio de invasión" de Bogotá, Colombia. Desde allí reflexiona sobre las condiciones de existencia de una práctica artística colectiva estructurada como interrogación del discurso artístico en relación a la violencia expropiativa del

---

5. Ratner, Carl. "Agency and Culture" *Journal of the Theory of Social Behavior."* Vol 30, 2000: 413-434. Print and http://lchc.ucsd.edu/mca/Paper/00_01/agency. htm, 06/12/2015.

desplazamiento forzado Ferreira demuestra a lo largo de su análisis cómo "Las prácticas artísticas en comunidad requieren que el poder de la representación sea distribuido entre el grupo, y no concentrado en la figura del artista". La estrategia del proyecto PAG[6] fue facilitar el espacio y vehicular los medios materiales necesarios para que la representación del desplazamiento la hicieran quienes la vivieron, desde la particularidad de cada experiencia y no como resultado plástico de la mirada del arte sobre ellos. En la sección final de su ensayo, Ferrari analiza tres dibujos elaborados por participantes de PAG, como metonimias de una producción violenta del territorio, la cual instala una espacialidad del "umbral" como parte de lo procesos de desarraigo y desterritorialización. De este modo, el arte como forma de expresión permite la expresión de traumas ocasionados por conflictos de intensa violencia social y pérdida. Las prácticas artísticas permiten una puesta escena, a partir de los diversos discursos y textualidades, de situaciones individuales y grupales.

Una función de este tipo, creativa y expresiva cumplieron los talleres de escritura creativa en el marco de las dictaduras del Cono Sur y en las post-dictaduras, espacios donde la palabra envolvió el horror de lo vivido bajo la certera forma de metáforas, concretadas en libros/objetos. Jane D. Griffin reflexiona sobre esta práctica en su ensayo "Cultural Agency, *Auto-Gestión* and Literary Workshops in Neoliberal Chile", estudiando dos talleres de escritura en Santiago de Chile, en los cuales se gestaron proyectos de edición auto-gestionaria. El énfasis de estos talleres a través de un proceso de producción textual creativa y literaria, la edición y la auto-gestión editorial les ayuda a los participantes a ver la producción literaria como un camino a partir del cual se desarrolla la agencia individual y se crea una comunidad, sin poner el acento en el aspecto de la ganancia, como ocurre en las industrias culturales capitalistas. Los talleres estudiados en este ensayo les permiten a los individuos ejercitar la agencia a través de modos de producción cultural que ellos crean y controlan. En relación con estos procesos en los que se juegan variables afectivas, emocionales, que renuevan una confianza en el poder creador de cada sujeto y del grupo, explica Doris Sommer: " (. . .) Cultural agency is a name for the kind of political voice that speaks through aesthetic effects and that can renew love for the world while it enhances the worth of artist-agents" (19–20).

---

6. PAG: Práctica artística en la Grieta.

Por su parte, Andrés R. Amado en el trabajo titulado "Gaudia Cantorum y Xojanel Keletzú: agenciamiento cultural en la música de dos conjuntos de marimba en Guatemala" reflexiona sobre cómo dos jóvenes conjuntos de marimbas de Guatemala (Gaudia Cantorum y Xojanel Keletzú) se vuelcan a géneros musicales transnacionales para expresar sus respectivas identidades locales. Con base en el análisis musical y entrevistas realizadas a los músicos, cuestiona hasta qué punto su música manifiesta algún grado de agenciamiento cultural y hasta que punto evidencia sus límites. Sugiere que al sobrepasar intereses comerciales y destacar valores e identidades locales, la música de estos jóvenes expresa formas de agenciamiento que a su vez se ven limitadas por los contextos socioculturales en donde se desenvuelven, y para tal fin, escoge el concepto de "hegemonías en competencia" de Sherry Ortner, como un posible marco interpretativo para reconocer agenciamientos locales dentro de marcos nacionales y transnacionales.

La última sección de este libro introduce la agencia en relación a aspectos lingüísticos, históricos, turísticos, en el marco de los estudios de género y en interacción con las correspondientes prácticas sociales. Si como afirma Sommer en el elegido epígrafe para esta "Introducción", "la cultura posibilita la agencia" (3), a lo largo de los siguientes ensayos advertiremos el peso ideológico de dicha afirmación. El sociolingüista Keith Watts se interroga en su ensayo "¿Qué importa que al subalterno se le permita hablar (en su idioma nativo)? Agencia cultural y revitalización lingüística en Guatemala", sobre la realidad lingüística en la que se encuentran algunas lenguas en proceso de extinción en el mundo, y específicamente analiza la situación sociolingüística de las comunidades indígenas de Guatemala, y la manera en que la agencia cultural puede apoyar los esfuerzos que se hacen para resistir el cambio al español y para crear una situación bilingüe estable en la que ambos idiomas tengan prestigio local.

En su investigación "La industria del turismo, la agencia cultural y las imágenes comodificadas de sitios históricos" Silvia Nagy-Zekmi y Kevin J. Ryan han escogido Machu Picchu como modelo de análisis de un espacio histórico que sirve para revisar los conceptos de espacio, espacialidad y mercantilización, como efectos del turismo. Para tal fin contrastan las teorías de Homi Bhabha con las del Tercer Espacio de Edward Soja y el 'deadspace' para significar la ruptura de la continuidad de los "vectores culturales" que se extienden en la representación de Machu Picchu desde su origen hasta la actualidad. Este trabajo analiza la contradicción inherente a la comodificación de un sitio de importancia histórica. A lo largo de su análisis sugieren que el espacio de hoy no es un lugar físico, sino un espacio estéril de di/fusión cultural semejante a lo que Marie Louse Pratt denomina "zona de contacto". De este modo, Machu Picchu no funciona como una fuente de agencia cultural indígena debido a la mercantilización de su historia reflejada en imágenes transmitidas por la industria del turismo.

En los dos últimos ensayos de este libro se enfatiza la cuestión del género a partir de prácticas sociales generadas en Argentina, específicamente en la provincia de Buenos Aires, mostrando cómo se gestionan las agencias en intersección con reivindicaciones de género, a cargo de mujeres, en interacción social con grupos de hombres o de mujeres. Por su parte, Graciela Di Marco revisa la historia de la agencia feminista en su ensayo "Agencia feminista y cambios culturales en América Latina. En torno a las demandas por la ciudadanía sexual". Para tal fin, analiza la agencia feminista en América Latina con énfasis en Argentina, que va construyendo, según los diferentes contextos, un área de confrontación cultural que indica cada vez más la politización de los ámbitos considerados como privados, mediante la crítica de diversas modalidades neocoloniales y la desnaturalización de varias formas de subordinación, muchas de ellas, como las referidas al sexo, al género, al sexo y las sexualidades, sostenidas por las jerarquías religiosas, en especial, la de la Iglesia Católica, como baluartes del patriarcado. A lo largo de su estudio Graciela Di Marco cuestiona nociones tales como las de ciudadanía sexual, hegemonía y pueblo feminista, para intentar comprender las demandas y las articulaciones contra hegemónicas que operan en este complejo campo de lucha, concluyendo con que los movimientos en lucha por la ciudadanía sexual están ampliando las potencialidades contraculturales y democráticas en Argentina, en un proceso, que, con matices, se desarrolla en otros países de Latinoamérica.

Para concluir, a partir de un binomio que dialoga sobre conflictivas sociales agudas: la miseria, el hambre, el uso indiscriminado de las armas, en mi ensayo "El *Grupo Escombros* y la abuela de las armas" me detengo en la última etapa de gestión creativa del *Grupo Escombros* en el espacio público, etapa en la que dialoga con *Greenpeace* y con agentes locales, entre ellos, Lidia Burry, conocida como "la abuela de las armas". Dicho diálogo entre estos dos agentes da como resultado un montaje artístico, que bajo la forma de una escultura, denominan "Cada arma destruida es una Victoria de la vida sobre la muerte" , obra realizada con las armas que Lidia Burry recogiera en las villas miserias. Esta escultura fue inaugurada en el Centro Cultural Islas Malvinas, en la ciudad de La Plata.

    Este libro convoca a un recorrido por distintos objetos de la cultura, por múltiples análisis, perspectivas, donde de modo explícito se pone en escena la impronta de la agencia cultural como eje de transformación y cambio social, sea en los espacios institucionales como la escuela, los patronatos de la infancia, la universidad o en espacios creados a partir de las gestiones individuales, grupales, de diferentes grupos, movidos por el deseo de elaborar pérdidas, expresar situaciones que se transforman en historia cotidiana, ejerciendo a través de dichas prácticas el ejercicio cívico y el derecho al cambio, al crecimiento interior y hasta podríamos afirmar, sin pudor, a una cierta forma de felicidad.

Zulema Moret
Grand Valley State University, 2016

SECCIÓN I

AGENCIA CULTURAL Y PRÁCTICAS EDUCATIVAS

CAPÍTULO I

MISIONES E IDENTIDAD, LOS PROCESOS DE OCUPACIÓN EN LA ARAUCANÍA Y PATAGONIA A FINES DEL SIGLO XIX Y PRINCIPIOS DEL XX[1]

JAIME FLORES CHÁVEZ
Universidad de La Frontera
ALONSO AZÓCAR AVENDAÑO
Universidad de La Frontera

RESUMEN
Uno de los procesos que marca el siglo XIX en América Latina es la construcción de territorios y sujetos nacionales. Al igual que en otras latitudes, al sur del continente americano (Chile y Argentina), las misiones y las escuelas se constituirán en agencias culturales de intervención dirigidas, por excelencia, sobre los niños indígenas definido bajo las categorías de "bárbaros" e "infieles". Por ello era imperiosa su "civilización" y "evangelización" en miras a la tarea apremiante de construcción de una de identidad nacional. Desde las respectivas elites, la construcción de chilenos, así como de argentinos, era un imperativo urgente y necesario en el proceso de creación de la nación y en ello las misiones y/o escuelas misionales jugaban un rol gravitante, el presente trabajo buscar dar cuenta de esta historia.

PALABRAS CLAVES: escuelas, misionales, indígenas, Araucanía, Patagonia.

Uno de los elementos que marca el siglo XIX en América Latina es la construcción de los estados nacionales. En este contexto dos tareas que abordan las elites locales es la construcción de territorios y sujetos nacionales. Para el caso de Chile y Argentina se observa un fuerte proceso de expansión territorial ocurrido hacia la segunda

---

1. Este artículo es tributario del proyecto FONDECYT Nº 1130809 "La Araucanía: sujetos y territorio, 1849–1950".

mitad del siglo XIX el que, en uno de sus capítulos, implicó el avance hacia las tierras indígenas del sur, la Araucanía y la Patagoxnia, respectivamente. Esto conllevó el despliegue de fuerzas militares nacionales que buscaron derrotar y someter al indígena por medio de las armas; también la colonización con población criolla y extranjera; la apropiación y redistribución de la propiedad sobre la tierra; la reducción de los indígenas en pequeñas extensiones de tierra; la articulación territorial por medio de líneas de vapores, vías de ferrocarril y caminos; la fundación y desarrollo de centros urbanos; y el establecimiento de misiones religiosas, entre otros.

Algunas de estas herramientas y procesos estuvieron más relacionadas con aspectos geográfico-económicos, en tanto otros se orientaron sobre los indígenas que habitaban estos territorios. En este sentido las misiones y las escuelas se constituirán en agencias culturales de intervención dirigidos, por excelencia, sobre los niños indígenas definido bajo las categorías de "bárbaros" e "infieles". Por ello era imperiosa su "civilización" y "evangelización" en miras a la tarea apremiante de construcción de una de identidad nacional. Desde las respectivas elites, la construcción de chilenos, así como de argentinos, era un imperativo urgente y necesario en el proceso de creación de la nación y en ello las misiones y/o escuelas misionales jugaban un rol gravitante[2].

En el caso de Chile José Bengoa señala que las misiones capuchinas y anglicanas desplegadas en la Araucanía tenían como propósito principal "salvar a los individuos integrándolos adecuadamente a la sociedad chilena, y acabar con la costumbre, la tradición y todas las formas "paganas" de identificación cultural." Para este autor lo que se buscaba era acelerar el proceso de "transculturización" que se percibía como inexorable. Por su parte María Andrea Nicoletti sostiene que "En el conjunto de políticas estatales sobre el territorio patagónico, tanto la educación como la religión fueron las herramientas que facilitaron la inserción social del indígena sobreviviente, de acuerdo a un modelo homogeneizador. La prédica

---

2. Un notable trabajo es el de Sergio González M., *Chilenizando a Tunupa. La escuela Pública en el Tarapacá andino, 1880–1990*, Dibam, Santiago, 2002. En este da cuenta de las acciones emprendidas por el Estado de Chile en la chilenización de los sujetos, mayoritariamente indígenas, luego de la anexión de la región de Tarapacá como consecuencia de la Guerra del Pacífico. Para procesos similares asociados a la peruanización y bolivianización de la amazonía ver la obra de Pilar García Jordán, *Cruz y arado, fusiles y discursos. La construcción de los Orientes en el Perú y Bolivia 1820–1940*, Ediciones IEP, Perú, 2001.

de la religión católica se insertó como elemento constitutivo de un proyecto social, como instrumento de uniformización, como pilar de cambio cultural, como puerta de entrada a la "civilización", como metodología educativa y como "conversión" a la nueva fe"(2008: 28). En este sentido, al amparo del Estado, capuchinos en Chile y salesianos en Argentina, constituyeron agentes privilegiados en el proceso de intervención sobre el indígena.

Estado, Iglesia y escuelas misionales

¿Qué hacer con los "indios"? fue una pregunta que se hicieron los grupos dirigentes antes, durante y luego de avanzar sobre sus tierras para incorporarlas a los distintos territorios nacionales. Más allá de las distintas respuestas a esta pregunta, para el caso de Chile y Argentina, las misiones jugaron un papel gravitante en la estrategia de ocupación, control y transformación de los indígenas y su territorio.

En Argentina, qué hacer con los "indios sometidos" fue un tema debatido largamente por las elites dominantes, el coronel Álvaro Barros sostenía que si se les proporcionaban los medios los indígenas se incorporarían a la vida civilizada. En su opinión, es la relación con los hombres "civilizados" que buscan engañarlos y explotarlos lo que genera su actitud agresiva. A su juicio había que dejar a tras la política de raciones y, en cambio, entregarles tierras para colonizar, establecer el orden en dichas tierras y llevar adelante una instrucción para la labranza de esta manera, en corto tiempo, los indígenas se convertirían en pacíficos trabajadores, acabaría la inseguridad en la frontera y terminaría la inmoralidad y corrupción que era lo predominante. Por ello no es de extrañar que cuando asume, en 1878, como el primer gobernador de la Patagonia solicita a las autoridades del país la creación de colonias agrícola-ganaderas como una forma de integrar a los indígenas sometidos. Así, en paralelo a la política de distribución, se llevaron adelante tres experiencias piloto, una de ellas fue la colonia General Conesa en la Patagonia, ubicada en las márgenes del río Negro constituida con los indígenas sobrevivientes de la tribu del cacique Catriel la que, por diversos motivos, resultó un fracaso (Mases, 2010: 83–84). Otras voces, como la del senador Manuel Quintana, sostenía que "no es posible exterminar a todos los indios, y es necesario entonces poner los medios que estén al alcance de la Nación para traerlos a la vida religiosa y del trabajo" (Nicoletti, 2008:35), asumiendo que la Iglesia católica le cabía un rol en la resolución de la cuestión indígena.

Ana Teruel, al analizar la zona del Chaco, sostiene que las misiones franciscanas del periodo republicano establecidas desde mediados del siglo XIX, conservaron el papel de puestos de avanzada, teniendo la confianza del Estado en el entendido que cumplía la función de centro civilizador (2005:128). En la zona sur, la Iglesia había estado presente en el debate y acciones a través del Arzobispo de Buenos Aires llevando adelante una política evangelizadora en comunidades indígenas de algunos caciques amigos. Pero será la llegada de los misioneros salesianos, primero a Buenos Aires (1875) y luego a la Patagonia (1879), siguiendo los 'sueños' de Don Bosco, quienes marcarán la acción católica en la Patagonia. Su actuar estuvo marcada por dos modelos: el de misiones volantes para la Patagonia y el de reducciones en Tierra del Fuego. Para María Andrea Nicoletti: "Las características de las colonias y reducciones se asemejaban al modelo de reducción jesuita de la época colonial, por el que se buscaba primero el cambio cultural y la adaptación social al mundo de los misioneros, y posterior o paralelamente el adoctrinamiento en la fe; en ese sentido, era compatible con el proyecto homogeneizador y de 'argentinización' del Estado nacional" (2008: 44). Agregando que, una diferencia específica de la propuesta salesiana, es el límite de tiempo que se auto imponen, diez años para "civilizar y evangelizar" a los indígenas patagónicos, en ese tiempo los bárbaros podían ser transformados en "argentinos católicos". La llegada de los salesianos a la Patagonia coincidió con la campaña militar de 1879 sobre los indígenas. Más aún los salesianos, en la persona de los misioneros Costamagna y Bota, actuaron como capellanes del ejército en operación y dándose a la tarea de evangelizar a los indígenas derrotados. Las dos fotografías que presentamos son decidoras[3], ambas fueron tomadas en la zona norte de la Patagonia en plena campaña militar. La primera de las imágenes nos muestra a los indígenas, varones y mujeres sentados sobre la tierra y los sacerdotes de pie junto a ellos, al fondo los soldados de la "Conquista del Desierto" miran la escena.

---

3. Respecto del análisis de la fotografía sobre indígenas de la Araucanía y Patagonia ver Alonso Azócar A., "Fotografía y construcción de los imaginarios: el discurso de los capuchinos bávaros y los salesianos sobre los indígenas de la Araucanía y la Patagonia (1890–1930)", tesis para optar al grado de Doctor en procesos sociales y políticos en América Latina, Universidad ARCIS, Santiago, 2011.

Ilustración 1.1. Indígenas de la Patagonia.

La segunda es tomada en los mismos parajes, retratándose a los niños (varones) de pie, lucen uniformes (casaca, pantalón, botas y gorra en sus manos), presumiblemente militares, y pareciera que están o esperan la realización de alguna ceremonia (posiblemente una misa), los sacerdotes junto a ellos se encuentran vestidos con las indumentarias propias de estos ritos.

Ilustración 1.2. Indígenas de la Patagonia.

Si tomamos las dos imágenes en su conjunto es posible pensar que el proceso de transformación esto es, evangelizarlos (ej. ritualidad católica) y civilizarlos (ej. vestimentas) estaba en marcha desde el mismo momento de su captura.

Terminada la campaña militar los misioneros salesianos se dieron a la tarea de desplegar, con mayor intensidad, su propuesta misional en las tierras de la Patagonia. Para los religiosos educación y evangelización eran inseparables, la primera les proporcionaba la promoción humana y la segunda, lograba inculcar en sus corazones una moral cristiana ausente. El sistema educativo de los salesianos estaba centrado en la niñez y la juventud, buscaba educarlos en el amor al trabajo, la frecuencia sacramental, el respeto a las autoridades y el alejamiento de las malas compañías. En Italia, Don Bosco había ideado el "sistema preventivo" en oposición al sistema represivo en boga en la época. Este consistía en "dar a conocer las prescripciones y reglamentos de un instituto con el ojo solícito del director o de los asistentes, los cuales como padres amorosos, hablan, sirven con amabilidad; que es como decir: poner a los alumnos en la imposibilidad de faltar. Este sistema descansa por entero en la razón, en la religión y en el amor: excluye, por consiguiente, todo castigo violento y procura alejar aun los suaves" (2008:108). En la visión de los salesianos la educación para el trabajo, que redime del pecado original, es un eje central de su propuesta de conversión. Esto los llevó a formar escuelas de artes y oficios, así como de prácticas de agricultura. En el caso de las primeras, Gabriel Carrizo sostiene que, no sólo constituyeron espacios de aprendizajes de oficios e instrucción en la fe católica, también en un lugar propiciador de una identidad masculina en donde los "varones" se convierten en "hombres" (2009). Por su parte la labor educativa agrícola presentaba, para los salesianos, la ventaja de tener permanentemente trabajo útil ya sea en la chacra o quinta, el tambo, la quesería, ganadería y tener siempre una actividad productiva para la casa y sus habitantes. En ellas también se contemplaba la educación elemental y, por supuesto, la religiosa (2008:110). Para el caso de los indígenas de Tierra del Fuego los salesianos optaron por el modelo reduccional buscando apartarlos de la sociedad fueguina. Acompañados de las Hijas de María Auxiliadora se dieron a la tarea de salvarlos por medio del adoctrinamiento y educarlos para el mundo del trabajo. Para este efecto establecieron misiones en San Rafael en la Isla Dawson fundada en 1888 y Nuestra Señora de la Candelaria en Río Grande en 1893. La facilidad de comunicaciones y de provisión de alimentos fueron dos de los factores que estuvieron presentes en la selección de estos emplazamientos.

Las dificultades de aprovisionamiento llevaron a buscar la solución en autoabastecimiento, para ello monseñor Fagnano ideó dos proyectos, la instalación de un aserradero en la isla Dawson y la explotación ganadera, el primero tenía por fin cambiar la producción de madera por provisiones para la misión; el segundo, para el aprovisionamiento de alimento y abrigo. "Para cerrar el círculo del auto abastecimiento de las necesidades básicas—comida, vivienda y vestido-, faltaban los telares que manejaban las Hermanas y proporcionaban la vestimenta y el abrigo que reemplazó la piel de guanaco" (2008: 5).

La educación en las misiones estaba dividida por sexos, los varones los salesianos enseñaban a trabajar la madera con el funcionamiento del aserradero, por su parte las Hermanas se encargaba de la educación de las indígenas en las tareas domésticas acudiendo algunas horas al día al taller de costura donde se les enseña a lavar y coser, además tenían otros talleres de cocina, canto, sastrería, zapatería, telar, entre otros. Estos trabajos fueron modificando los hábitos indígenas, entre otros la alimentación y las vestimentas. Esta educación en el trabajo se acompañaba con el adoctrinamiento haciéndole repetir la señal de la cruz mientras realizaban sus actividades laborales, en el caso de las mujeres, las Hermanas les enseñaban a persignarse antes de comer, además del catecismo todo los días, en tanto que los días festivos eran ocasiones para el aprendizaje de rituales, oraciones y cantos (2008: 13) Para Nicoletti: "Tanto en la misión volante, implementada en el norte de la Patagonia, como en la misión reduccional fueguina, el objetivo era el mismo: educar y 'convertir' a los indígenas considerados 'infieles', en pos de lograr su 'argentinización' para la incorporación a la Nación, a través de un proceso de homogeneización que uniformara las diferencias interétnicas" (2008: 8).

En este sentido Claudia Salomón plantea que los misioneros salesianos fueron expandiéndose en un espacio no ocupado por las instituciones estatales argentinas, desarrollando una serie de tareas de carácter registral, educativa, deculturadora y comunalizadora, de esta manera el gobierno argentino se apoyó en la tarea misionera de los salesianos para su control sobre las tierras del Sur, "si el Gobierno puede gobernar (en la Patagonia) en gran parte se lo debe a la fe predicada por el misioneros" como afirmaba el padre Angel Buodo. De esta forma las misiones y escuelas salesianas se constituyeron en agencias que buscaban la transformación de los sujetos que iban a ellas o donde la acción de los religiosos los alcanzara. Por esta vía los indígenas de la Patagonia comenzaban a transitar hacia la asimilación homogeneizadora e invisibilizadora que la sociedad occidental les ofrecía. En los casos de los indígenas de Tierra del Fuego hacia su desaparición, aunque fuera en forma involuntaria (2005: 84).

En el caso de Chile, el mayor conocimiento de la documentación existente nos permite entrar sobre algunos aspectos que creemos relevantes y que, en alguna medida, pudieran estar presentes en la acción desarrollada en el lado argentino, toda vez que estas eran ideas que, en buena medida, compartían los grupos dirigentes en América latina. Así, para mediados del siglo XIX, el destacado político Antonio Varas, que más tarde sería el más influyente ministro del presidente Manuel Montt (1851–1861), señalaba que los esfuerzos por civilizar al mapuche serían favorecidos por las misiones, la escuela y el comercio con los chilenos, los cuales expuso con claridad.

En el caso de las misiones, a pesar de estar desacreditadas en La Frontera, era un medio eficaz para lograr transformaciones al largo plazo "Civilizar, moralizar a un pueblo sin echar mano de la influencia religiosa, es para mí una quimera" afirmaba el político (Varas: 16). Para Varas el bajo rol que habían jugado en el último tiempo se debía a su escaso número, la falta del dominio de la lengua mapuche de los misioneros y la indiferencia y "pereza mental" de los mismos indígenas.

El éxito de las misiones, a juicio de Varas, pasaba por una nueva estrategia que contemplaba la instalación de éstas en territorio indígena a cargo de "buenos operarios evangélicos". Misioneros que ganasen la confianza de los caciques "que se hagan los protectores de la justicia del indio, los amigos celosos que se empeñan en hacerle bien" lo cual implicaba que, "no lleve el carácter oficial de agente colocado allí por la autoridad", por el contrario, debía desarrollar una actitud imparcial frente a la acción de las autoridades de los territorios indígenas. La tarea de los religiosos tenía que orientarse hacia los niños "Aquí la buena semilla no será sofocada por las malas yerbas. . . Toda la generación que se levanta preparadla para la vida civilizada, ilustrad su entendimiento, haced inspirar en su corazón los sentimientos morales i religiosos, i al fin de tres o cuatro generaciones habréis concluido con la barbarie que ahora os lastima." (Varas: 18). En esta nueva etapa, era menester que el religioso sustituyera "a los padres, debe tener completamente bajo su dirección a los niños, educarlos, enseñarlos i prepararlos para la vida laboriosa del hombre civilizado." (Ibid.) Ello suponía un "establecimiento en forma" a cargo del misionero, una especie de colonia agrícola "Semejantes instituciones reúnen todas las influencias civilizadoras. Los niños sometidos a un régimen bien calculado con su tiempo dividido entre los trabajos agrícolas o industriales que sea posible poner en ejercicio, i su instrucción primaria i educación moral i religiosa, se hallan en una situación en que todo conspira a civilizarlos." (Ibid.) La mirada modernizadora llegada a Chile era dirigida sobre los niños mapuche con su carga instructivista, moralizadora, interventora, planificadora y calculadora.

La escuela, asociada a las misiones, era pensada como otro medio para civilizar al mapuche, pero en este nuevo diseño, en ella se debía enseñar "a los niños a leer i escribir en su propia lengua i en castellano"[4], el interés existía entre los mapuche fronterizos, sostenía Varas, pues con ello evitarían los engaños de que eran objeto en los contratos. Pero esto no era suficiente, pues sólo se lograría "salvajes de más recursos mentales de quienes la civilización no se ha apoderado" era necesario "enseñorearse del corazón". Para lo cual el maestro debía ser una especie de "misionero civil" a cargo de los niños, que en su trabajo combinase la enseñanza de las primeras letras con los trabajos manuales (oficios o agrícolas) combatiendo de esta forma la pereza.[5] Blest Gana, Ministro de Culto en 1867, las misiones no sólo tenían por objetivo conquistar almas para la religión "sino también introducir entre los indígenas los hábitos y costumbres de la vida civilizada" (1867:216–17). Más tarde, hubo quienes señalaban la inutilidad de las misiones, una vez establecido el sistema militar y comercial en la Araucanía.

Por el lado de la Iglesia, el apostolado desarrollado por los capuchinos respondía, a juicio de Fray Sergio Uribe, a un esquema concreto y determinado, impuesto por el método misional vigente en aquella época. Este método "acentuaba y privilegiaba la lucha en contra del mal y del error en que se suponía estaban sumidos los infieles a los que se iba a predicar". Los misioneros "se sentían soldados de vanguardia y luchadores en contra del mal que se había enseñoreado de los paganos. En una palabra, la construcción del Reino de Dios exigía un trabajo previo de destrucción de herejías, trabajo que ellos estaban muy dispuestos a asumir con entereza" (1988:213)

---

4. Varas, op. cit., 20. Más adelante veremos cómo se daba este proceso a la luz de un testimonio de un niño que pasó por una escuela misional.

5. Varas, op. cit., 20. El ejemplo inspirador de este diseño de escuela estaba dado por la experiencia de Estados Unidos y para tales efectos reproduce parte del informe de Mr. Medill, jefe de la oficina de negocios indios, presentado al Gobierno de U.S.A. en 1846.

Pero existe un elemento que arranca del concepto teológico de su rol evangelizador, agrega Uribe, los capuchinos pertenecen a la "familia" franciscana y por tanto, son hijos de Francisco de Asís y seguidores de Cristo a la manera de Francisco. Como éste, comprenden y proyectan su labor misionera y evangelizadora, desarrollando una manera específica, aún que no exclusiva, de dicha tarea. Francisco señala que los religiosos deben ir "entre los sarracenos y otros infieles", el concepto central esta dado en esta idea fuerza de ir entre y no ir a. Así las cosas el misionero no puede ser sólo un peregrino o predicador ambulante, continúa Uribe, debe ir a integrarse, incorporarse a la forma de vivir de los sarracenos e infieles (léase mapuche). Estar con, vivir entre, es la propuesta y desde allí anunciar el Evangelio.

La escuela misional, el caso del Budi

El valioso testimonio que dejara el indígena mapuche Pascual Coña permite adentrarnos al proceso de instalación de una misión y su funcionamiento, en este caso a la que se instaló en la margen sur de la desembocadura del río Imperial denominado Traitraicoleufu, lugar que en adelante pasó a conocerse como La Misión, único enclave de "civilización" en territorio indígena. Desde allí iniciaron su labor evangelizadora y educativa hacia el resto de la Araucanía y su entorno inmediato, el territorio lafkenche del Budi. Pascual Coña relata que el padre Constancio, misionero capuchino, invitó a una reunión a los longkos del lugar. Estos concurrieron junto con su cacique principal Huaquimpan. El religioso, por intermedio de un lenguaraz les señaló "Ya hace tiempo que vine a esta comarca con el fin de enseñar a la gente. Los que tienen hijos jóvenes mándenlos para que aprendan las letras y muchas otras cosas más". La idea fue discutida entre las autoridades mapuches "¿Por qué no hacerlo, si les da enseñanza, buena comida y todo el vestuario?", se preguntaron, y el lenguaraz transmitió al Padre Constancio la respuesta afirmativa (Coña, 1984: 39–40).

Este beneplácito posibilitó que el reverendo enviara mensajeros a las rukas de los caciques "pidiendo" a sus hijos u otros niños bajo su mando. Algunos niños se negaban otros, como Pascual Coña, dijeron que sí, aumentando su entusiasmo las promesas de buena comida y "bonitos vestidos". A su madre le regalaron "una capa" para que no se afligiese, "Mi padre ni abrió la boca; claro, para él era cosa predeterminada". Así, hacia 1862, a los catorce años de edad, Coña ingresaba a la misión-escuela. El primer día, informado de lo que hacían los niños, imitó su actuar, luego fue a oír misa, terminada ésta fue a la "casa donde se lee y escribe; escuela se llama", días más tarde le entregaron el silabario entonces lo instruyeron en las vocales "Repetirás: a se llama esta primera letra, la otra se llama e, la otra i, la otra o, la otra u. Así no más sigues pronunciando esos cinco signos. Yo quedaba nombrándolos; si se me habían olvidado me lo enseñaron (sic) de nuevo. Poco a poco me los apropié" y luego los otros signos alfabéticos. Pasada la hora de clases se comía "¡Verdadero caldo con carne era lo que comimos y esto todo los días"[6]. Terminada la comida se descansaba por un tiempo y con el tocar de la campana volvían los niños a la escuela. Una vez que Coña aprendió a leer y escribir, le "enseñaron a ayudar Misa", el padre Constancio lo nombró sacristán y fue bautizado, ayudando al religioso en todas las funciones. Terminado el año escolar "todos los niños volvieron a sus casas", él permaneció junto a otro joven. Con el nuevo periodo de enseñanza, los niños volvían a la misión.

Al cabo de cuatro años, el reverendo le propuso trasladarse a Santiago, invitación ratificada por el superior de la orden y junto a Antonio Huentruleu emprendió el viaje a Santiago. En el Colegio San Vicente de Paul continuó su instrucción, especializándose en carpintería. Cuatro años más tarde volvió a la casa de su padre, en el Budi. "Pero casi no podía acostumbrarme ya en la casa de mi padre: había mucha diferencia entre la vida de esos indígenas y la que yo llevaba en Santiago" (1984: 75). Por eso se fue a vivir con el padre Constancio a La Misión y junto a otros dos mapuches (Camilo Alonso y Marcelino Paillalef), que habían estado internos en el mismo colegio de Santiago, se dieron a la tarea de construir la iglesia y otras dependencias. Terminado estos trabajos volvió a la tierra de su padre. Reincorporado a su espacio y costumbres al cabo de algunos años "vivía finalmente como cualquier mapuche; hasta de mis deberes de cristiano iba olvidándome poco a poco" termina por relatar Pascual Coña (1984: 76).

---

6. Al pie de página el padre Ernesto Wilhelm de Moesbach anotó: "Es el colmo de los deseos de un sano estómago mapuche". Sin duda la comida fue una forma de atraer a los niños mapuche.

Misión, escuela e identidad

Como hemos venido observando para el caso chileno, la escuela misional fue vista como una instancia de transformación de los niños indígenas, esto es en cristianos y chilenos, proceso que se enmarcaba en la tarea civilizatoria emprendida por el Estado. Pero en los estados emergentes la tarea de construir identidad nacional no sólo iba dirigida hacia los indígenas, también era necesario hacerlo con sus propios nacionales (chilenos y argentinos, en nuestro caso) y actuar sobre los inmigrantes extranjeros que arribaban masivamente a estos territorios y en esta acción la escuela, misional o pública, jugaba un rol preponderante.

En el caso argentino la "Conquista del Desierto" implicó la anexión de miles de kilómetros al "territorio nacional", espacio ocupado originariamente por indígenas. Las expectativas de obtención de tierras y el desarrollo de negocios lucrativos estimulo la inmigración de población de otras nacionalidades. En el caso de Neuquén, la proximidad con Chile hizo que un número importante de pobladores de este país se asentaran en esta naciente provincia. En verdad éstos llegaron a representar más del 80% de la población lo que preocupaba sobre manera a las autoridades quienes sostenían que esto parecía más una región chilena que argentina. Conspiraba en esta situación lo apartado que se encontraba de los centros económicos y políticos, agravado por la falta de comunicaciones expeditas, así la población se desplazaba a hacer sus compras y otros trámites, como bautizar a sus hijos, a Chile. Los requerimientos a las autoridades centrales era mejorar los caminos y construir escuelas, había que argentinizar el territorio y su población.

Por su parte, en la Araucanía al proceso de ocupación militar le siguió el de la colonización de estos territorios con población criolla y europea. La diversidad de lenguas y costumbres era la norma en el espacio rural y urbano de La Frontera, en este marco, siguiendo las directrices de las autoridades centrales, la acción de misiones y escuelas se hizo más demandante respecto de la necesidad de fortalecer la identidad nacional y la conversión al catolicismo, en el caso de las escuelas capuchinas que hemos analizado. Chilenizar y evangelizar se convirtió en una tarea que no era válida sólo para los indígenas sino también para los niños europeos que habían llegado con sus familias, como la de los habitantes del Chile central que emigrados al sur del río Bío Bío en quienes la identidad nacional era aún difusa, en buenas cuentas también había que chilenizar a los "chilenos".

Pero no sólo la construcción de identidad nacional era una tarea prioritaria en las escuelas misionales capuchinas, es indudable que estos religiosos desarrollaron importantes esfuerzos para que, junto con proporcionar alfabetización y educación religiosa a los niños mapuches, se generaran las condiciones para instruirlos en oficios: carpintería y zapatería, por ejemplo, así como de técnicas de cultivo para aplicarlas a productos tradicionales y nuevos.

Su paso por la escuela misional debía entregarles herramientas para una mejor inclusión al mundo del trabajo urbano y rural. Esta era parte del proceso de disciplinamiento y chilenización. Pero también una forma de superar las condiciones de marginación y pobreza en que se encontraba gran parte de la población mapuche. Modernizar la agricultura indígena fue un desafío que se plantearon los misioneros capuchinos, así como entregarles herramientas para un mejor desempeño en los centros urbanos a los cuales, crecientemente, emigraban. En este sentido, las fotografías capturan esta intensión misional. Así, por ejemplo, misioneros capuchinos se retratan con las herramientas que dan cuenta de su oficio o destreza:

Ilustración 1.3. Misioneros capuchinos se retratan con las herramientas que dan cuenta de su oficio o destreza.

y posan junto a los niños en talleres o actividades asociadas a la instrucción de algún oficio[7]:

Ilustración 1.4. Posan junto a los niños en talleres.

A partir de los antecedentes que hemos entregado es indudable que las misiones y/o escuelas misionales constituyeron agencias gravitantes en el proceso de transformación de la población indígena en Chile y Argentina. Vistos éstos como "bárbaros e infieles" las elites locales de ambos países recurrieron a los misioneros para su conversión en "civilizados" y "cristianos", siendo la misión el espacio donde se fue materializando este proceso. Capuchinos en Chile y salesianos en Argentina, desplegaron metodologías y estrategias de transformación, coincidiendo en la idea que la educación para el trabajo los ayudaba a redimirse del pecado original a la vez que los preparaba para la vida civilizada. Estos mismos espacios fueron escenario predilecto para su instrucción religiosa buscando su conversión a la fe católica.

Además, los respectivos Estados en los que actuaban los misioneros, estaban abocados a la construcción de una identidad nacional por lo que demandaban de éstos acciones que estimularan la chilenización o argentinización del "indio".

---

7. Debemos señalar que las misiones anglicanas que se establecieron en la Araucanía transitaron por estos mismos propósitos.

Notas

Las fotografías 1 y 2 fueron recopiladas en el Archivo General de la Nación Dpto. Doc. Fotográficos. Buenos Aires, Argentina.
Las fotografías 3 y 4 están depositadas en el Archivo de la Biblioteca Católica de Eichstätt-Ingolstadt, Alemania.

Obras citadas

Alonso Azócar A. "Fotografía y construcción de los imaginarios: el discurso de los capuchinos bávaros y los salesianos sobre los indígenas de la Araucanía y la Patagonia (1890–1930)". Tesis para optar al grado de Doctor en Procesos Sociales y Políticos en América Latina, Santiago: Universidad ARCIS, 2011.

Bengoa, José. *Historia del Pueblo Mapuche*. Siglos XIX y XX, Santiago: Ediciones Sur, Santiago, 1985.

Boccara, Guillaume. "Dispositivos de poder en la sociedad colonial-fronteriza chilena del siglo XVI al siglo XVIII". Jorge Pinto (ed.) *Del discurso colonial al proindigenismo*. Temuco: Ediciones de la Universidad de La Frontera, 1996.

Carrizo, Gabriel. "Educación y masculinidad en un colegio técnico de la Patagonia argentina: el caso de los salesianos en Comodoro Rivadavia durante la primera mitad del siglo XX", *CPU-e Revista de Investigación Educativa*, julio-diciembre, 2009, Universidad Veracruzana, en: http://www.uv.mx/cpue/num9/inves/completos/carrizo_masculinidad.pdf

Coña, Pascual. *Testimonio de un cacique mapuche*. Santiago: Editorial Pehuén, 1984.

García Jordán, Pilar. *Cruz y arado, fusiles y discursos. La construcción de los Orientes en el Perú y Bolivia 1820–1940*, Perú: Ediciones IEP, 2001.

González M., Sergio. *Chilenizando a Tunupa. La escuela Pública en el Tarapacá andino, 1880–1990*, Santiago: Dibam, 2002.

Mases, Enrique. *Estado y cuestión indígena. El destino final de los indios sometidos en el sur del territorio (1878–1930)*, Buenos Aires: Prometeo Libros, 2010.

Nicoletti, María Andrea. *Indígenas y misioneros en la Patagonia. Huellas de los salesianos en la cultura y religiosidad de los pueblos originarios*, Buenos Aires: Ediciones Continente, 2008.

———. "Los misioneros salesianos y la polémica sobre la extinción de los selk'nam de Tierra del Fuego", *Antropológica*, n⁰ 24 año XXIV, diciembre de 2006: 153–177, en: http://www.scielo.org.pe/pdf/anthro/v24n24/a07v24n24.pdf

———. "El modelo reduccional salesiano en Tierra del Fuego: educar a los infieles", *Revista TEFROS* vol. 6 n⁰ 2, diciembre 2008, p. 5. en: http://www.unrc.edu.ar/publicar/ tefros-/revista/v6n2d08/paquetes/nicoletti.pdf

Saavedra, Cornelio. *Documentos relativos a la ocupación de Arauco*. Santiago: Imprenta de la Libertad, 1870.

Salomón, Claudia. "Gracias a la fe: misioneros franciscanos y salesianos e indígenas en la Pampa Central (1860 – 1930)", *Anuario* n⁰ 7 Facultad de Cs. Humanas, Universidad de la Pampa, pp 83–98 en: http://www.biblioteca.unlpam.edu.ar/ pubpdf-/anuario_fch/n07a07salomon.pdf

Teruel, Ana. *Misiones, economía y sociedad. La frontera chaqueña del noroeste argentino en el siglo XIX*. Buenos Aires: Editorial Universidad Nacional de Quilmes, 2005.

Uribe, Sergio. "Las misiones capuchinas en la Araucanía en la segunda mitad del siglo XIX (1848–1901)". Jorge Pinto (ed.), *Misioneros en la Araucanía, 1600–1900*, Temuco: Ediciones Universidad de La Frontera, 1988.

CAPÍTULO II

"¡NO MÁS LUCRO!" DESOBEDIENCIA, MEMORIA E INTERVENCIÓN AFECTIVA EN EL MOVIMIENTO ESTUDIANTIL CHILENO

WALESCKA PINO-OJEDA
University of Auckland, Nueva Zelandia

RESUMEN
El movimiento social gatillado por la población estudiantil en mayo del 2011 representa un evento dislocador y fundante que remece el anquilosamiento del estado transicional chileno. El discurso instalado por los estudiantes, y que es luego identificado como propio por la población a la que invocan, desconoce la validez y legitimidad de la arquitectura discursiva instalada por la dictadura, luego normalizada por las élites políticas post-dictatoriales, ejerciendo de este modo un acto de desobediencia epistemológica al resistirse a departir en base a dichos principios lógicos de convivencia. "¡No más lucro!" es la consigna central que estructura al movimiento, y enfrenta de este modo el planteamiento nuclear del orden neoliberal. La efectividad de su mensaje hace que luego se convierta en el ítem principal en la campaña política que llevó a la re-elección de Michel Bachelet en diciembre del 2013. Tal proclama recupera a su vez el "NO+", lema que dominó los espacios urbanos en la última fase del período dictatorial, restituyendo de este modo una memoria social suspendida. Del mismo modo, las variadas formas discursivas puestas a circular por los diversos partícipes del movimiento, irrumpieron en lo urbano y en lo personal imaginativo para instar a un re-ordenamiento de los significados y los afectos. En tal escenario, la consigna logra arraigo cuando los sentimientos son actuados, y es así que la opción performativa grupal permite comunicar, no en lo representativo denotado, sino en lo plurivalente y emotivo que ofrece el lenguaje connotado del arte.

Palabras claves: desobediencia epistemológica, movimiento estudiantil, Chile, neoliberalismo, memoria, afecto.

Preámbulo: las emociones cautivas

> *Y aunque hace años que yo*
> *vivo tan lejos del mar, siempre vuelvo . . .*
> *Es decir, belleza que quiero olvidar*
> *me llama, me viene a buscar, me hace soñar.*
> *Es decir, que con la violencia del mar*
> *quisiera volver a besar, hasta sangrar.*
> "La danza de las libélulas"

Los versos de esta canción de Manuel García describen un cierto estado de premeditada hibernación emocional con el fin de adaptarse a una realidad actual que se encuentra remota de aquélla que estimula los afectos y los placeres ("vivo tan lejos del mar"). Sin embargo, los deliberados cercos no pueden con la poderosa memoria de aquello que apasiona e invita a la plenitud ("belleza que quiero olvidar, me llama, me viene a buscar, me hace soñar"), incluso si ello ha de ocurrir por medio de un doloroso arrebato ("con la violencia del mar quisiera volver a besar, hasta sangrar"). Parece ésta la posición de un amante desahuciado, que por una razón que lo excede renuncia al frenesí amoroso, sin que por ello éste renuncie a él. Tiendo a entender de este modo el estado emotivo—entre letárgico y abúlico—en que parece haber estado sumida la sociedad chilena de los últimos 20 años. Así es, pues durante la dictadura la ebullición colectiva con miras a un cambio político social generó redes afectivas y solidarias, explosiones de entusiasmo que lograron debilitar las bases mismas del pragmático orden cívico, oponiendo así resistencia a la purgación ideológica que brutalmente fue implementada por la dictadura. Esta reclusión de las pasiones ocurre más bien cuando al recuperar la democracia institucional, la sociedad chilena le cede a sus elites políticas la tarea de recomponer los tejidos sociales y las organizaciones democráticas y jurídicas. Ahora que el liderazgo ha vuelto a manos que se evalúan como legítimas, se confía en ellas la tarea de moderar los afectos con el fin de disipar el miedo, acercar a los opuestos, identificar tímidamente a los perpetradores y tratar reservadamente a las víctimas. Frente al completo deterioro del sistema judicial, la política de la reconciliación que lleva a crear Comisiones de Verdad y Justicia (El Informe Rettig y Valech), sienta el marco para un comportamiento emotivo que se ordena en torno a la responsabilidad y la necesidad cívica de construir consenso. No hay sitio aquí para devaneos que puedan amenazar la delicada fibra social que se debe remendar. Todo lo anterior es entendible e irreprochable, pero sólo hasta el momento en que los afectos se convierten en rehenes de las políticas de los acuerdos (la gobernabilidad), y las pasiones son encauzadas hacia el mercado, hacia el estímulo de placeres hedonistas que deben ser saciados en la inmediatez del consumo de baratijas, todo ello supeditado a la capacidad monetaria, y realizado además en el acotado espacio de lo individual. Así, la transacción cambiaria va a ocupar el lugar de la satisfacción ganada en la colaboración, la compañía y el cotidiano intercambio emocional. La administración de las pasiones que sobre la sociedad civil ordenó la democracia protegida, no consistió tanto en moderarlas, sino más bien en re-direccionarlas, para lo cual se necesitó liberar, dar rienda suelta a la circulación de mercancías, convertidas ahora en paliativos de las pasiones colectivas, ideológicas y sociales, y cuyos dividendos les llenaron los bolsillos a las elites económicas de siempre y a otras creadas por el actual sistema, como también a gran parte de la elite política supuestamente encargada de mediar entre el bien común y el mercado. En tal sentido, podríamos decir que la recuperación de un orden emotivo comunal en la sociedad chilena exige re-encauzar las pasiones desde lo efímero individual hacia el ámbito de duraderas satisfacciones compartidas; retrotraerlas a un estado en que el placer se dé en el intercambio de los afectos y de agendas que, aunque dispares, se apresten a departir, a coexistir en la conversación y el diferendo. Al respecto podemos preguntarnos ¿de qué manera el ejercicio de re-orientar las pasiones puede ayudar a despejar los desafíos hacia una convivencia ética sustentable en la sociedad chilena, una en la que se hacen evidentes los sentimientos de frustración ante: el manejo irresponsable de los recursos y espacios naturales, la sordera frente a los reclamos históricos del pueblo mapuche, y la vergonzosa desigualdad económica imperante? En la movilización social en curso tal disgusto se ha manifestado no en la consigna política, sino en la reflexión y en el simple y elemental ámbito del sentimiento y la emoción, y es en tal escenario que se vuelve imperativo analizar el temple y las estrategias desplegadas por la sociedad movilizada bajo el impulso de la población estudiantil.

La pregunta anterior está influida por los planteamientos de la filósofa Martha Nussbaum, quien en su monumental estudio *Upheavals of Thought: the Intelligence of Emotions* (Estallidos del pensamiento: La inteligencia de las emociones), se dedica a analizar el rol que las emociones juegan en el ámbito de lo ético social, así inquiere:

> ¿Qué contribución positiva brindan las emociones como tal a los debates éticos, sean estos de índole personal o público? ¿Qué razones tenemos para confiar en las emociones más que en la voluntad o la capacidad de la gente para obedecer las reglas? ¿Por qué debería un sistema social cultivar o apelar a las emociones, en vez de simplemente crear un sistema legal justo, y un grupo de instituciones que los sostengan? (298).

El énfasis que Nussbaum pone en la emoción parece distar de modo fundamental de la postura desarrollada por Hanna Arendt, quien privilegia la responsabilidad y el juicio en tanto categorías que ayudan a orientar lo cívico-político. Si para Nussbaum las emociones son facultades que sirven para legítimamente suplir la voluntad y las capacidades cívicas individuales, o para contrapesar el poder de las leyes y sus instituciones, para Arendt la responsabilidad y el juicio en tanto propiedades racionales cumplen el rol de sopesar y moderar los acuerdos morales pre-establecidos, los cuales se encuentran sujetos a contratos ideológico sociales más que a la elemental capacidad reflexiva. Arendt sostiene lo anterior luego de confirmar que el totalitarismo alemán inaugura una nueva forma de destrucción social al inhibir, precisamente, la capacidad de juicio, y ello por tratarse de una tecnología represiva que termina vulnerando las raíces mismas de la estabilidad social, y cuya "eficiencia" se edifica en la normalización que logra la banalidad, esto es, la falta más elemental de reflexión crítica respecto a los horrores que estaban teniendo lugar. A pesar de centrarse en capacidades distintas, lo que prevalece en ambas filósofas es el interés por puntualizar los riesgos que amenazan la sana convivialidad social cuando ésta es ordenada en torno a patrones estrictamente ideológicos, racionales e institucionales, los que en su afán de eficiencia práctica disocian y limitan la compleja naturaleza humana y su interacción con otros, para darle un mero valor instrumental. Para evitarlo Arendt propone el juicio, el que actuado de modo espontáneo, esto es, libre de dogmatismos ideológico-morales, naturalmente derivará en un comportamiento responsable. Para Nussbaum tal camino lo ofrece lo emocional, el que lejos de situarse en el estricto dominio de las pasiones, es el que sostiene, guía y ordena el pensamiento, haciendo posible una inteligencia integral, que se entiende con la compleja, híbrida y vulnerable condición y convivialidad humanas. Si el poder totalitario que analiza Arendt se construye y perpetúa en la inhibición del juicio que lleva a deshumanizar a cierta categoría de personas para hacerlas dispensables, la violencia cotidiana de la sociedad actual que estudia Nussbaum se yergue en el invisible privilegio y poder que sobre nuestra convivencia cotidiana han logrado ciertas habilidades por sobre otras, en donde se ha normalizado la eficiencia y la fortaleza, en tanto las emociones que nos unen: el amor, la compasión y el dolor son evaluadas como aspectos de debilidad humana, en contra de los principios de desempeño cuantificable que hoy nos dominan. Considerando que la sociedad chilena se encuentra aún sufriendo los efectos psicológicos de las reglas de convivencia impuestas por la dictadura, las que, como hemos dicho ayudaron a darle forma a la "democracia de los acuerdos", y teniendo en mente además que las instituciones cívicas están aún sometidas a la Constitución de 1980, la que ha sido afianzada y remozada con el modelo social de mercado, resulta apropiado analizar la circulación de los afectos y de los juicios en la sociedad chilena actual, atendiendo a esta relación entre lo ideológico, lo racional y lo emotivo.

Desobediencia epistemológica: fines perversos y banalidad del pensamiento

Recuperemos el sentido común. La solución
vendrá de la acción mutua.
(Lienzo callejero portado por una colectividad)

Hace casi una década atrás el historiador chileno Gabriel Salazar, afirmó: "No siempre el pueblo avanza por las grandes alamedas como una masa siguiendo a sus líderes. . .muchas veces [lo hace] como un topo en sus madrigueras. Probablemente ahora estamos avanzando así ("La historia del presente" 64). Esta observación logra resumir la invisibilidad, reclusión y aparente apatía a la que me he estado refiriendo, pero también describe el estado de latencia hacia la eclosión de sentimientos, emociones y reflexiones compartidas, las que no han hecho sino cristalizarse en la enorme movilización social iniciada por los estudiantes en mayo del 2011, y que evalúo como el evento cívico democrático más importante de los últimos 20 años en la historia chilena. Constituye a la vez un evento dislocador y fundante en la medida en que remece el anquilosamiento del estado transicional, alterando de modo substancial las normas de convivencia y de relaciones cívicas en la sociedad chilena, y cuyo alcance se explica—precisamente—por su capacidad para interpretar emociones e ideales colectivos, aspecto que sigue otorgándole fuerza y relevancia, incluso si ya han transcurrido más de cinco años desde su instalación.

Se trata de un evento fundador pues al tiempo que irrumpe, es propositivo, y lo hace desde un discurso que se sustrae de la díada que conforma el escenario político, ideológico, económico y generacional, en donde por un lado se encuentran las coaliciones gobernantes y elites financieras y, por otro, algunos débiles sectores sindicalistas y gremiales los que, de modo inevitable, gravitan dentro de una similar retórica política e institucional. Por el contrario, el discurso que formulan los líderes estudiantiles y que luego es identificado como propio por la población que invocan, desconoce la validez y legitimidad de la arquitectura discursiva instalada por la dictadura y normalizada por las élites políticas post-dictatoriales. Es de este modo que ejercen un acto de desobediencia epistemológica, en la medida en que se resisten a departir en base a dichos principios lógicos de entendimiento, y frente a lo cual la elite gobernante y opositora respondió con un desconcierto paralizante, totalmente inhabilitados para situarse fuera de los parámetros racionales sobre los cuales han gobernado, y ello además porque se sienten corroborados por la universalización lograda por el "modelo". En tal sentido, la movilización social aún en curso representa el cisma más radical que ha vivido la democracia transicional chilena al negarse a dialogar dentro de los marcos imaginativos, lógicos y afectivos que, precisamente, instalaron la transición.[1] Por lo anterior, el dis-

---

1. El arresto de Pinochet en Londres el 10 de octubre de 1998 y el subsecuente debate político y legal que gestó tanto a nivel doméstico como internacional, fue evaluado como el inicio del cierre del período transicional en Chile. Ello logró mayor auge en la antesala de las elecciones presidenciales a efectuarse en diciembre de 1999, cuyas campañas estuvieron fuertemente influidas por este caso, y en donde finalmente es elegido Ricardo Lagos Escobar. Si bien el arresto, la fallida extradición a España y posterior retorno a Chile en marzo del 2000 logró sacudir

curso que ha irrumpido ha permitido revelar la duplicidad ética y el absurdo lógico que subyace a las políticas y prácticas socio-económicas en curso, las que, lejos de beneficiar a la sociedad en general, privilegia a exiguas minorías, y más que generar riquezas siguiendo las reglas de su propio juego, la obtiene mediante malversaciones sostenidas en el abuso y la explotación ambiental y laboral. Este giro en la discusión ha permitido sacar a la luz la base fraudulenta y las ilusorias virtudes económicas y sociales del neoliberalismo, y es por ello que más que una corrupción estrictamente institucional y sistémica (aunque ello no quede excluido), lo que evidencia sobre todo es la base éticamente ilícita del constructo lógico sobre el cual se ordenan las relaciones y las instituciones del Chile actual. Estos puntos logran ser expresados en la presentación ofrecida por los líderes del movimiento en el Senado de la República, ocasión en la que proponen un Proyecto de Ley que prohíba los aportes estatales a entidades educacionales que persiguen fines de lucro. En dicha oportunidad, Giorgio Jackson calificó como "perversa" la lógica que ha logrado estructurar e imponer una educación de mercado:

> Hay una oportunidad para tener educación... Esto no puede ser visto como un bien de mercado porque tú no puedes ingresar al sistema educativo y sentir que es de mala calidad. Es muy difícil tener eso. No es como probar una fruta deshidratada y sentir que no me apetece, que está mala, y al día siguiente voy y compro otra, con la boleta, o voy y exijo que me devuelvan mi dinero. Acá uno recorre 12 años... y después recorre otros 4 o 5 años, y es una oportunidad... y

---

en algo las políticas amnésicas, y permitió acelerar procesos judiciales por abusos a derechos humanos, al ser un proceso surgido desde la comunidad internacional (asistida por los organismos de DDHH en Chile), careció de una energía orgánica que lo hiciera social. Así, al quedar en manos de la maquinaria constitucional chilena regida aún por la carta de 1980, los mecanismos en curso sólo lograron modestos avances, y a un nivel socio-psicológico profundo este evento tuvo poco o nulo efecto en disipar el estado de hibernación emotiva que, a mi ver, ha sido el factor definitorio del estado transicional chileno. Sobre el "cierre" de la transición a raíz de este evento se pueden consultar algunos documentos que aún transitan en la red: "Pinochet: Diario de los 503 días de Pinochet en Londres", documento elaborado por *Proyecto Internacional de Derechos Humanos, Londres*, y publicado en http://www.archivo-chile.com; "El destino de Pinochet" http://rcci.net/globalizacion/fg056.htm; "Chile después del arresto de Pinochet" http://www.revista-criterio.com.ar/editoriales/chile-despues-del-arresto-de-pinochet/

a la educación la estamos viendo como un bien de mercado, como si esa persona pudiera venir a alegar y gastar otros 15 años de su vida... Por lo tanto es una brutalidad que nosotros podamos admitir y ser cómplices, como sociedad, como Estado, de un sistema que genera estos incentivos tan perversos, [incentivos para] un negocio en lo que es un derecho a la educación... Este proyecto de Ley que se está presentando, nosotros vemos que constituye un paso en la dirección correcta, ante lo cual el Estado dejaría de ser partícipe de este delito moral... Creemos que es una necesidad moral y un imperativo moral, más bien, el pasar esta ley... y que definamos una hoja de ruta en la cual el Estado sea garante de derechos y no de bienes de mercado.[2]

Esta evaluación identifica dos aspectos centrales de por qué la educación no responde a lo que define a un bien de mercado: por un lado, al tratarse de un proceso prolongado e integral no es renovable ni intercambiable dentro del plazo de vida natural de una persona; al ser un proceso (no un insumo) en el cual participan y se retroalimentan los agentes institucionales encargados y la sociedad orgánica toda, la educación posee una naturaleza determinante: si es limitada los sujetos podrán funcionar sólo dentro de dichos límites; si es abierta los individuos actuarán haciendo uso de dicha apertura y serán capaces de crear y descubrir nuevas dimensiones. La educación es por lo tanto un proceso y un producto (el ciudadano educado), cuyo valor se evalúa como intrínseco (un fin último) en la medida en que nutre y sostiene la existencia de la sociedad (y de paso la supervivencia física de los "educandos"). Por ello, si el resultado es inferior, no es sólo el ciudadano individual el que se resiente, sino la sociedad toda. El carácter perverso al que se refiere Jackson tiene que ver por lo tanto con una maldad premeditada, amparada y promovida por las estructuras hegemónicas de poder las que, al haber convertido la educación en un insumo con fines de lucro, están llevando a cabo un proceso de destrucción integral de la sociedad chilena, en que las mismas víctimas de dicha maldad se convierten

---

2. Jackson era entonces presidente de Federación de Estudiantes de la Universidad Católica de Chile (FEUC) y junto a los demás líderes expuso frente a la comisión "Educación, cultura, ciencia y tecnología". El evento tuvo lugar el 16 de agosto del 2011, y fue transmitido por la TV del Senado, disponible en: http://www.youtube.com/watch?v=HNe3XgPaxB4

en instrumentos que consolidan el sistema, al quedar inhabilitadas de evaluar su naturaleza siniestra. Volviendo a Arendt podemos decir que esta trasposición de las metas colectivas fundamentales en medios para fines individualizados desechables tiene lugar cuando logra imponerse la banalidad del pensamiento, esto es, cuando lo perverso se normaliza volviéndose cotidiano, y se pierde por lo tanto la capacidad de discernir entre valores fundamentales e instrumentales.

Esta confusión entre los medios y los fines logró exponerse en los múltiples debates en que se defendió la necesidad del lucro en todo tipo de intercambio de servicios, justificando de ese modo el lucro en la educación. En estos razonamientos la confusión no permitió advertir de qué manera los términos en cuestión han sido totalmente invertidos: el lucro en vez de ser el medio hacia el logro del objetivo que es la educación, se ha convertido en la meta para lo cual la educación es el medio. Es oscureciendo la capacidad crítica que ha sido posible imponer los objetivos perversos, y en tal contexto la desobediencia epistemológica ejercida por los líderes estudiantiles ha buscado reordenar los fines y los medios con el propósito de re-orientar la discusión social. Esto representa un gesto de responsabilidad primordial en la medida en que devuelven la discusión al ámbito de la sustentabilidad comunal, y ello mediante la recuperación de un humanismo lógico clásico-moderno. Por su lado, la población civil lo ha hecho mediante consignas que –conscientes de tal malversación racional– apelan a la unión en los afectos y las ideas compartidas.

Irrupción memorial y afectiva

El movimiento estalla cuando todo parece estar funcionando en la normalidad, el país goza de saludables índices económicos, se sobrepone razonablemente al terremoto de febrero del año 2010, y el gobierno se enorgullece aún del respeto ofrendado por la comunidad internacional ante el rescate exitoso realizado a los mineros atrapados entre agosto y octubre de ese mismo año, lo cual contribuye a la imagen de país eficiente promulgada por el gobierno del empresario Sebastián Piñera, a la vez que se afianzan las posibilidades de que la Alianza gobernante continúe liderando luego de la popularidad lograda por nuevos dirigentes.[3] En definitiva, en la superficie cotidiana medida por indicadores de crecimiento, no hay crisis ni económica ni política. Nada que pudiera parecerse a la hecatombe económica argentina del año 2001, y que desencadena el cambio político estructural que saca al país de las disciplinadas filas del modelo de mercado que lo llevó al colapso, crisis que pasados 10 años vemos reiterada casi de modo idéntico en Grecia, y meses más tarde en España, de donde surgirá el movimiento de "Los indignados", el que deriva luego en la movilización global "Ocupa". Ciertamente nada tiene que ver con la explosión civil bautizada como "La primavera árabe" que se rebela en contra de sus sistemas dictatoriales (Túnez, Egipto, Bahréin, Libia, Yemen y la actual guerra civil en Siria), que es de donde la prensa internacional toma el apelativo para referirse al movimiento chileno como "El invierno chileno".[4] Pues, si no hay nada de por qué indignarse, parafraseando la tan conocida pregunta de Freud en torno al dilema que para él representaba "el alma de la mujer", podemos preguntarnos: ¿Qué es lo que quieren los chilenos?[5]

---

3. La entidad encuestadora, Adimark, concluyó que los índices de popularidad del presidente Piñera ascendieron a 65% en octubre del 2010, mes en que son rescatados los mineros, 15 puntos más de los que ostentaba antes del accidente. Durante el mismo período, el Ministro de Minería Laurence Golborne, quien coordinó el rescate, alcanzó un nivel de aprobación de 87%, ante lo cual comienza a perfilarse como posible líder de la Alianza por Chile para las elecciones presidenciales a efectuarse en diciembre del 2014. En medio de las movilizaciones estudiantiles, la encuesta realizada por el Centro de Estudios Públicos (CEP) entre el 11 de noviembre y el 11 de diciembre del 2011 indica que la popularidad del presidente ha descendido a un 23%, con lo cual se sitúa como el líder peor evaluado desde el retorno de la democracia.
4. El antecedente de todos estos apelativos, sin embargo, se encuentra en "La primavera de Praga", el cual describe el momento en que entre enero y agosto de 1968, bajo el control de la Unión Soviética, y siguiendo el liderazgo de Alexander Dubček, Checoslovaquia inició una apertura política ideológica que culminó con la invasión de la Unión Soviética y todos los miembros que entonces conformaban el Pacto de Varsovia.
5. En su libro *What Does a Woman Want*, Soshana Felman transcribe el párrafo en que Freud se formula esta duda: "La gran pregunta que no ha sido nunca respondida, y a la que yo tampoco he podido responder a pesar de los treinta años que he estado estudiando el alma femenina, es: "¿Qué es lo que quieren las mujeres?". Freud formula esta pregunta en carta a Marie Bonaparte, y que aparece citada en el Vol. 2, Pt. 3, Cap. 16 del libro Sigmund Freud: *Life and Work* (1955), de Ernest Jones. Aunque en este contexto tanto Freud como Felman abordan una incomprensión que se justifica en la diferencia sexual, para los propósitos de mi

Varias son las proclamas que se han exhibido en las masivas manifestaciones organizadas por los líderes estudiantiles, y en las cuales ha participado una gama muy diversa de ciudadanos. He seleccionado tres por ser las más ilustrativas de las ideas y las emociones que aún envuelven a estos actos. Con pequeñas variantes, todas ellas circularon en las marchas, o bien estuvieron inscritas en lienzos apostados en edificios educacionales o privados.

"¡No más lucro en la Educación. Nuestros sueños no les pertenecen!"

(Pancarta callejera)

"¡No más lucro!" es la arenga central que estructuró toda la campaña, llegando a convertirse en el ítem principal en la agenda política que llevó a la re-elección de Michel Bachelet en diciembre del 2013. Esta proclama recupera a su vez el "NO+", consigna que esparcida por los espacios urbanos al mediar la década de 1980 en pleno período dictatorial, además de expresar aversión, contribuyó a desplazar la atmósfera de terror creada por la dictadura.[6] Su poder interpretativo se extendió además al hecho de que se trata de una frase truncada, lo que en esa época sirvió para ilustrar el ambiente de censura vigente. Por otro lado, dicho carácter inconcluso cumplió también una función apelativa, invitando a una colectividad anónima a completar dicho espacio vacante: "No + tortura", "No + muerte", "No + miedo", etc.[7] De este modo –si bien la consigna

---

  análisis parece pertinente si entendemos que en el fondo se trata de una incomprensión epistemológica, en donde tanto la discursividad genérico sexual como la ideológico-economicista que gobierna a las sociedades actuales constituyen constructos hegemónicos.

6. La consigna "NO+" fue una de las varias Acciones de Arte realizada por el Colectivo de Acciones de Arte (CADA). Existen varios textos que documentan el trabajo hecho por este colectivo en el período de la dictadura, y su propuesta de intervención urbana mediante acciones artístico-políticas, entre ellos el libro de Robert Neustadt, *CADA día*. De modo preliminar se puede sostener que estas Acciones deambulan en la memoria urbano-social y constituyen una de las múltiples influencias para la variedad de intervenciones artístico-colectivas que fueron organizadas para transmitir las demandas sociales del movimiento. Escapa a los propósitos de este artículo ahondar en ello, pero algo se esbozará a la hora de tratar el uso de Flash Mob como técnica afectiva-política de persuasión en la era neoliberal.

7. En el libro de entrevistas de Neustadt, Lotty Rosenfeld y Diamela Eltit se detienen en el sentido abierto y de apelación hacia una colectividad. Rosenfeld aclara: "Nuestra propuesta tendría que ser participativa, es decir, que las personas se sintieran estimuladas a completarla" (54). En tanto Eltit sostiene: "Nosotros

"NO+" recuperada por el movimiento social actual funciona como una irrupción de la memoria, ha sido adaptada a las nuevas circunstancias. En su versión actual, "No más lucro" es una frase con sentido completo, que más que conminar a completar un significado, se dedica a identificar uno en particular: el lucro. Resulta paradójico que durante la dictadura se haya hecho posible esperar una respuesta abierta y colectiva a esta incitación, pero que en democracia se vea como necesario declarar su sentido. Ello es explicable en el contexto de la nebulosa racional descrita anteriormente, lo cual sirve para ilustrar de qué manera las tecnologías represivas del autoritarismo crean una división basada en la polarización de los significados, en tanto la violencia neoliberal se sostiene sobre todo en la confusión de estos mismos.

"No más lucro" enfrenta el planteamiento nuclear del orden neoliberal, el que inaugurado en Chile hace más de 40 años ha logrado normalizarse y hacerse universal. Me sirvo de la diferencia que desarrolla Slavoj Žižek entre violencia objetiva y subjetiva para explicar por qué "el lucro" —en tanto valor económico y simbólico— es el blanco más adecuado para cuestionar la validez ética de este modelo socio-económico. En su reflexión la violencia objetiva es la sistémica, la que por su carácter súper-estructural no se deja ver, sino que existe en tanto una realidad dada, fundante y fundacional, y es por ello que es objetiva, fuera del alcance de las voluntades individuales (subjetivas). Resulta interesante que Žižek opte por el apelativo "objetivo", uno que el pensamiento moderno racional nos lo ha legado como intrínsecamente positivo, en la medida en que se lo entiende como principio lógico operacional para garantizar la equidad de los intercambios "subjetivos." En vez de describir aquí la imparcialidad racional metodológica, Žižek revela más bien el ángulo determinista que la "objetividad" entraña cuando se vuelve principio con valor intrínseco. En su reflexión, la violencia objetiva opera en el ámbito de "lo real", es el significado primordial sobre el cual "la realidad" se construye, estructura sobre la cual operan las significaciones cotidianas y funcionales. Y es precisamente en "la realidad" que acontece la violencia subjetiva (la de los sujetos), que es la que actúa,

---

planteamos NO+, como signo para ser llenado por la ciudadanía ... La gente empezó a manifestar a través de los rayados "No+ hambre", "dictadura", "presos políticos", "tortura" ... En ese tiempo no había ningún slogan que convocara. No había slogans que funcionaran, eran todos gastados, estaban obsoletos. "EL pueblo unido jamás será vencido", por ejemplo, no funcionaba porque el pueblo había sido vencido" (101).

se manifiesta y circula en la interacción habitual de las personas. Ambas esferas se encuentran mediadas por formas simbólicas de violencia: los lenguajes en todas sus formas, pero entre los cuales el articulado es definitivamente el más importante por su carácter integral y orgánico. Al mediar, el lenguaje ejecuta, normaliza y refuerza la violencia súper-estructural objetiva, y es en tal sentido que es dable hablar de violencia simbólica, la cual se encuentra en ejercicio en la interacción verbal habitual, pero sobre todo se manifiesta en los medios masivos encargados de transmitir mensajes colectivos. Todo lo anterior acontece cotidiana y sencillamente, a no ser que los individuos lleguen a una coyuntura en que sea posible ejercer una desobediencia epistemológica, como he dicho, en que acontezca un "¡alto!" que logre interrumpir la normal traducción que el lenguaje realiza de las estructuras "objetivas". Es precisamente en este punto que la proclama "¡No más lucro!" se impone como un acto agresivo, llevado a cabo por individuos que se resisten a ser reproductores, receptáculos pasivos de la violencia objetiva que actúan cotidianamente a través de los distintos lenguajes en que comunican su subjetividad y que los conecta con la de los demás.

En su versión neoliberal, el capitalismo en tanto doctrina ideológica socio-económica, y sin el contrapeso que tuvo hasta la década de los 80, ha trascendido desde el ámbito de "la realidad" al de "lo real", pues más allá de dominar las relaciones materiales cotidianas se ha convertido en el orden imaginario desde el cual se piensa la realidad total; es la matriz que determina las relaciones sociales y su producción de sentidos. Se trata por lo tanto de un proceso que funciona de modo multidireccional: los medios pasan a ocupar el lugar de los objetivos (la educación como medio para el lucro), y las relaciones funcionales adquieren valor fundante estructural (lo económico se vuelve ley primordial que determina el valor humano y social). Es en este ámbito que es pertinente acotar la progresión de la doctrina capitalista hacia un orden totalitario, en la medida en que la violencia objetiva súper-estructural que ha ordenado la consolidación del capital, con el neoliberalismo se ha afianzado también en las mentalidades, en el nivel imaginativo, afectivo e intuitivo que participa en la ejecución reflexiva, y es en tal contexto que el lenguaje de la eficacia, la productividad, la rentabilidad, la inversión, los índices de crecimiento, la meritocracia, la gobernabilidad, el éxito, etc., nombran, fortalecen y normalizan la lógica que hace del lucro "lo real". Se crea así una confusión tal que logra hacer coincidir ambas esferas hasta llegar a un punto en que ya parece no haber nada fuera del capital (la conocida sentencia de Derrida "nada hay fuera del texto", cobra sentido aquí), el que se manifiesta no sólo en la realidad material y relacional de la coexistencia humana, sino también en que los individuos mismos se ven determinados por dicho orden instrumental. ¿Qué efecto depara el que el lucro se constituya en "lo real", esto es, en aquello que determina los modos en que opera "la realidad"? Convertido en súper-estructura objetiva, el lucro determina todos los ámbitos de la realidad, los intercambios materiales, simbólicos y afectivos, volviéndolos uno y la misma cosa. Al intervenir en lo emotivo, lo hace también en la factura de lo "humano" para hacer de lo relacional no un fin en sí mismo, sino un instrumento: el lucro no es un medio hacia un fin que lo excede, sino que es el fin en sí mismo, y para obtenerlo todo adquiere valor superfluo, dispensable, incluidas las personas, los ciudadanos.

"*¡Nos tienen miedo porque no tenemos miedo!*" es un slogan que encara el cautiverio emotivo gestado por las políticas de la gobernabilidad a que ya hemos hecho referencia, las que al administrar las pasiones han logrado que la sociedad civil internalice el rechazo al desacuerdo, todo en nombre de cimentar la reconciliación, y sirviéndose para ello de los miedos instalados por el Estado de Terror. Por lo mismo, si bien esta referencia al temor se aproxima a la intimidación psicológico-económica que Naomi Klein describe como "doctrina del shock", en el caso de Chile debe ser entendido en el contexto de la imposición autoritaria que instala la economía de mercado siguiendo los mandatos capitalistas metropolitanos y su política internacional en el período de la Guerra Fría, lo cual logra desestabilizar y finalmente destruir el proceso democrático chileno, el que en dicha coyuntura era ejercido por la Unidad Popular.[8] Así, el miedo referido no apunta sólo al temor a la exclusión social, al desempleo o a condiciones laborales denigrantes, sino que se trata de un miedo histórico, el que ha exigido ejercer un olvido sobre el pasado reciente con la excusa de construir consenso. En su proceso, tal imperativo ha desplazado el diferendo en tanto conducta cívica saludable, logrando estigmatizar la figura del comunista y el socialista, el que a modo de fantasma o zombi transita junto al disidente tildado de

---

8. Los factores internacionales que explican la instalación del orden neoliberal en Chile mediante un Golpe de Estado, como también en otros países de América Latina, es cuidadosamente explicado por David Harvey en su estudio, *A Brief History of Neoliberalism*, publicado en castellano como *Breve Historia del Neoliberalismo*.

subversivo y terrorista. Ha logrado también devaluar y trivializar las luchas hacia una justicia social, las causas colectivas, y todos los avances laborales obtenidos en décadas pasadas. Se trata por lo tanto de un miedo que por cuatro décadas ha transitado generacionalmente, y frente al cual esta última generación se rebela, negándose a ser ideológicamente cooptada mediante la intimidación, que ya no es la dictatorial que tortura y hace desaparecer a opositores, sino una que se sostiene en discursos que aseguran éxito mediante el esfuerzo individual en una sociedad profundamente desigual, que ha diezmado a su población bajo estrictos criterios económicos (¡y étnicos, si pensamos en las luchas paralelas que lleva a cabo el pueblo mapuche!), y proveyendo el bálsamo consumista que alimenta dicha disparidad y alienación. Sin embargo, el hecho de que se mencione el miedo, indica hasta qué punto éste es aún relevante para explicar el sentir individual y las interacciones sociales. Por lo mismo, esta consigna funciona más bien como una arenga para enrostrar la coerción psicológica y emotiva; un giro afectivo que lleva a liberar las emociones cautivas permitiendo re-orientar la discusión, y con ello restaurar el poder agencial de los ciudadanos, los que ahora pueden hacer público el fraude discursivo y la crisis de representatividad, tanto del modelo "de lo real" que domina, como de las autoridades que lo suscriben e imponen, como dieron cuenta las pancartas que circularon en las diversas campañas:

> "¡No me representas!"
> "Se pintan de democracia, pero están hechos de dictadura".
> "Mejor inútil subversiva que tonta sometida".
> "Yo también soy de la manga de inútiles subversivos que quiere educación gratis".
> "No somos terroristas, somos disidentes".
> "Si nos educan pa' explotarnos, nos rebelamos pa' explotar su sistema".
> "Frente a un país en venta, el pueblo se despierta".
> "Que no te engañen, hay vida más allá del capitalismo".
> "¡Y va a caer, y va a caer, la educación de Pinochet!"

"*¡Chile debe ser distinto!*" es un reclamo que se hace eco del lema lanzado en Porto Alegre en junio del año 2002 en el contexto del Primer Foro Social Mundial "Otro mundo es posible", el que en el primer punto de su Carta de Principios establece como su propósito central:

> (...) intensificar la reflexión, realizar un debate democrático de ideas, elaborar propuestas, establecer un libre intercambio de experiencias y articular acciones eficaces por parte de las entidades y los movimientos de la sociedad civil que se opongan al neoliberalismo y al dominio del mundo por el capital o por cualquier forma de imperialismo y, también, empeñados en la construcción de una sociedad planetaria orientada hacia una relación fecunda entre los seres humanos y de estos con la Tierra.[9]

Si bien es evidente que la movilización chilena se inscribe en este esfuerzo, especialmente en lo que concierne al cuestionamiento sobre "el dominio del capital", el llamado de Porto Alegre se expresa como una invitación abierta a imaginar y construir otro mundo, en tanto la consigna chilena se presenta más bien como un imperativo, "debe ser", enfatizando un cierto carácter de urgencia, una responsabilidad que tiene que ser cumplida en tanto compromiso ético ineludible. El sentido perentorio da clara cuenta de una fecha límite ya sobrepasada, por lo tanto invita a la acción inmediata para hacerse partícipe de dicho cambio.

Consecuentes con el deseo de formular nuevas cartas de ruta, el llamado de Porto Alegre se lleva a la práctica recurriendo también a nuevos medios para transmitir la necesidad de esta re-ordenación de los significados y los afectos. Así, la rebelión epistemológica aludida trasciende al modo en que los ciudadanos ocupan el espacio urbano, recurriendo a diversos formatos de irrupción, los que logran pulsar múltiples y a veces contradictorias emociones: mientras en algunos actos se festeja lo comunal, en otros se busca generar empatía pues, el espectador testigo es interpelado no como un "otro", sino como un co-partícipe, un "mismo" que puede reconocerse en el acto que lo invoca. Entre los actos comunales se cuentan: la "Marcha familiar por la educación" (6 de julio 2011); la "Besatón por la educación" (7 de julio 2011); "El cuecazo por la educación" (23 de julio 2011); "La marcha de los paraguas" (18 de agosto 2011); "El carnaval por la educación" (29 de julio 2011; 25 de marzo 2012); los múltiples "Video karaokes por la educación" y "Décimas por la educación." Todos estos actos celebran de un modo lúdico la reunión comunal, exponiendo a una colectividad involucrada afectiva e intelectual-

---

9. Documento accesible en: http://www.forumsocialmundial.org.br/main.php?id_menu=4&cd_language=4

mente con las causas que los congregan. Una comunidad que busca dialogar fuera de los parámetros ideológicos y morales dominantes, recurriendo a medios que gatillan y exhiben las emociones y los deseos compartidos más elementales: la familia, el amor, lo festivo, una identidad histórica y cultural compartida.

Un lugar especial ocupa aquí la utilización del *flash mob* como irrupción performativa de carácter colectivo. En palabras de Georgina Gore, el *flash mob* ("muchedumbre instantánea", en la traducción literal al castellano):

> ha sido diseñado para generar una conmoción visual, para perturbar e irrumpir en lo cotidiano . . . *Flash mob* es algo así como una forma de terrorismo blando que recurre a tácticas de guerrilla, lo cual explica por qué se ha convertido en un buen medio para comunicar mensajes concisos que son retenidos por su diferencia con aquellos que son habituales, al crear un giro en el enfoque [de la atención] . . . Por su carácter polimorfo y polivalente podría decirse que es verdaderamente una forma universal de baile . . . creando una identificación efímera con comunidades de interés en donde lo celebratorio, lo político y lo comercial se confunden de una manera ya típica del capitalismo consumista del siglo XXI. (130–131)

En el caso de aquellos realizados en Chile, parecen cumplirse la mayoría de los rasgos que Gore identifica en esta forma de performance urbana. El atenuante, sin embargo, es que además de estar muy posiblemente influidos por antecedentes locales, como las "funas",[10] en el contexto de la movilización social que discutimos, el *flash mob* está al servicio de transmitir un mensaje social evitando la consigna política canónica y el antagonismo propio de las marchas políticas. Por el contrario, lo que el *flash mob* persigue es sorprender, congregar, invitar, persuadir, crear empatía, para dejar ver los men-

---

10. La funa es la versión chilena del escrache argentino, una forma de justicia popular para dar a conocer y castigar públicamente a aquellos sujetos que la justicia no ha condenado por su participación en abusos humanos durante la dictadura. Se trata de visitar la residencia o el lugar de trabajo del sujeto en cuestión, ocasión en la que se lee un documento que da cuenta de los crímenes cometidos, se ofrecen discursos. En general se lleva a cabo una marcha que combina lo solemne y lo festivo. En Chile un ejemplo paradigmático es "La funa de Víctor Jara" realizada el 25 de mayo del 2006.

sajes en la desnudez de su sentido básico, sin las cortapisas ideológico-partidistas. Del mismo modo, y puesto que se trata de una campaña duradera, la sorpresa natural del formato permitió sostener las campañas, alimentando un estado de alerta que posibilitó transmitir dichos mensajes desde múltiples y variadas formas, y en una gran gama de contextos urbanos.

Algunos de los *flash mobs* más emblemáticos fueron: el "Thriller por la educación" (24 de junio 2011), el cual recreó el famoso video clip de Michael Jackson vestidos de zombis, y portando en el cuerpo letreros como: "Q.E.P.D Mi hermano murió debiendo $5.150.109 Medicina", "Yo morí debiendo $15.347.251". La figura del zombi no sólo ilustra la durabilidad de la deuda que oprime, y que excede los límites de la propia vida humana natural, sino además una economía que fabrica su propia ruina, insostenible en sus propias reglas al funcionar en la fantasmagoría de una especulación y de un capital virtual, que no se sostiene en la realidad material humana ni ecológica, como bien lo describe Chris Harman en su libro titulado, precisamente, *Zombie Capitalism*. "Vamos a la playa por le educación" (6 de julio 2011) surge como respuesta al llamado del entonces Ministro de Educación, Joaquín Lavín, quien en un deseo por dispersar las movilizaciones decide adelantar las vacaciones de invierno, a lo cual los estudiantes responden "yendo a la playa" en medio de la Plaza de Armas de Santiago y en pleno invierno. "Genkidama por la educación" (15 de julio 2011) es un *flash mob* que pone de manifiesto la presencia de nuevos imaginarios simbólicos derivados del cómic y el cine animación japonés. A pesar de la percepción (prejuiciada, por cierto) de que éste es un medio alienado de las sensibilidades cotidianas concretas, en esta instancia los estudiantes invocan a esta fuerza benévola supra-natural llamada Genkidama ("fuerza universal"), ejercida por Son Goku, héroe de la tira de animación "Dragon Ball Z" para que éste haga recaer tal energía positiva sobre las autoridades educacionales chilenas en favor de una educación pública gratuita y de calidad. En el contexto de este mundo animado, la eficiencia de dicha energía universal sólo es posible mediante una labor mancomunada, aspecto que permite apreciar hasta qué punto la elección de dicho medio es totalmente relevante para las aspiraciones y las técnicas de congregación elegidas por el movimiento. "'El baile de los que sobran' por la educación chilena" (20 de julio 2011) recupera la canción homónima del grupo Los Prisioneros, convertida en un himno generacional al finalizar la década de los 1980, y que los jóvenes del nuevo milenio corean haciendo suyos sentimientos que más bien corresponden a sus padres, y que hasta entonces habían sido vividos en la privacidad del Walkman, o el actual I-pod.

Las variadas formas discursivas ejercidas tanto por los líderes como por los partícipes colectivos del movimiento, han buscado irrumpir en lo físico urbano y en lo personal imaginativo para llevar a cabo lo que he descrito como un re-ordenamiento de los significados y los afectos. En todos estos casos lo que se cuestiona es la radicalidad con la que el neoliberalismo ha revestido la alteridad, para quien ese "otro" no es sólo el prójimo desconocido, sino que es un ente peligroso, que atenta en contra del bienestar propio; el "otro" es ante todo el competidor, el enemigo latente. Los actos performativos combinan así una actitud denunciativa con otra contemplativa, pues a la denuncia, el acuso y a la arenga, se suman los actos, las actuaciones, las imitaciones, los eventos que permitan "actualizar" haciendo actuar los afectos, las ideas, las emociones. Se apela así al ámbito de lo sensible para hacer posible lo inteligible. La consigna logra arraigo cuando los sentimientos son actuados, son materializados en el acto performativo que hace posible ver viéndose, pensar pensándose. Es la visión de "ese otro que soy yo" lo que permite restituir, volver, recuperar, apreciar y tocar la fibra que conecta a esas individualidades en la trama grupal. Ello también en el contexto de la violencia epistemológica e ideológica que produce y reproduce el lenguaje neoliberal. En ese sentido, en tanto los líderes han asumido la tarea de hacer evidente los desvíos de sentido, la opción performativa grupal permite comunicar, no en lo representativo denotado, sino en lo plurivalente y emotivo que ofrece el lenguaje connotado del arte. Es en este contexto que el movimiento estudiantil chileno deja de manifiesto el carácter agencial de la cultura y su poder para transformar lo social y lo imaginativo.

Obras citadas

Arendt, Hanna. *Essays in Understanding 1930–1954*. New York: Schocken Books, 1994.

———. *Responsibility and Judgment*. New York: Schocken Books, 2003.

Felman, Soshana. *What Does a Woman Want: Reading and Sexual Difference*. Baltimore: John Hopkins Univ. Press, 1993.

Gore, Georgiana. "Flash Mob Dance and the Territorialisation of Urban Movement." *Anthropological Notebooks*. 16 (3): 125–131.

Harman, Chris. *Zombie Capitalism: Global Crisis and the Relevance of Marx*. Chicago, Illinois: Haymarket Books, 2009.

Harvey, David. *A Brief History of Neoliberalism*. Oxford & New York: Oxford Univ. Press, 2005.

———. *Breve historia del neoliberalismo*. Trad. Ana Varela Mateos. España: Editorial Akal, 2007.

Klein, Naomi. *The Shock Doctrine: the Rise of Disaster Capitalism*. London: Allen Lane, 2007.

Muse, John H. "Flash Mobs and the Diffusion of Audience." *Theater* 40:3: 9–23.

Neustadt, Robert. *CADA Día. La creación de un arte social*. Santiago de Chile: Editorial Cuarto Propio, 2001.

Nussbaum, Martha *Upheavals of Thought: the Intelligence of Emotions*. Nueva York: Cambridge Univ. Press, 2001.

Salazar, Gabriel. "La historia del presente." *Utopía(s): Revisar el pasado, criticar presente, imaginar el futuro*. Ed. Nelly Richard. Santiago de Chile: Arcis, 2004: 63–66.

Žižek, Slavoj. *Sobre la violencia: Seis reflexiones marginales*. Buenos Aires: Paidós, 2010 [2009].

CAPÍTULO III

FROM *NO +* TO *NO MÁS MUERTES*: CROSSING THE BORDER FROM SCHOLAR TO CULTURAL AGENT

ROBERT NEUSTADT
Northern Arizona University

ABSTRACT:
A first-person narrative describing my path from researcher who has written about the "Art Actions" of the Chilean art collective CADA (Colectivo Acciones de Arte), to a professor/cultural agent teaching about the US/Mexico border. After describing the impact of taking students on a field trip to the border, and concisely summarizing the humanitarian crisis on the border, I discuss the controversial dynamics of coordinating a group art installation, "6,000 Bodies," during which we placed six thousand crosses on our university campus in an effort to honor and commemorate the more than six thousand men, women and children who have died since 1994 while attempting to cross the border. The essay underscores the connection between CADA's action "*No +,*" the group of activist/humanitarians on the border "*No más muertes,*" and the crosses of "6,000 Bodies."

KEY WORDS: Art Actions, CADA, Collective of Art Actions, Chile, US/Mexico Border, Humanitarian Crisis, No More Deaths.

Early in my career I conducted research on the Chilean art collective, CADA (*Colectivo Acciones de Arte*). In response to the repression experienced while living under the dictatorship of General Augusto Pinochet, CADA carried out a series of neo-avantgarde performances — "art actions" — in the streets of Santiago. CADA did not criticize the dictatorship directly, rather, their actions intervened in the everyday space of the city with unusual images — they employed culture to provoke thought—and in this way interrogated oppressive conditions that had become habitual. CADA's actions, collective and anonymous, transcended the realm of art and spread into the general pro-democracy movement. Essentially, CADA convoked a community of cultural agents with whom to draw attention to the political, economic and humanitarian disaster that ravaged Chile since the military coup of September 11, 1973. The purpose of art from CADA's perspective was to call attention to, and to improve, the societal and cultural structures that were facilitating repression in Chile.[1]

Though CADA carried out a wide range of different art actions (from 1979-1985), the founding members and their collaborators are unanimous in their opinion that their action *No +* proved to be the most significant. For *No +*, members of CADA went clandestinely into the streets of Santiago, writing and painting the words "No +" (pronounced *no más* = "no more") on walls. A day or two later they would observe that members of the community had added to the text. Statements such as "No + dictatorship," "No + violence," "No + disappearances," "No + Pinochet," "No + torture" and "No + deaths" would appear throughout the city. CADA worked as an anonymous collective that collaborated with the community at large. The pro-democracy movement in Chile effectively absorbed *No +*. Ultimately, when massive demonstrations opposed the dictatorship and advocated for a "No" vote during the plebiscite of 1988, "No +" became the ever-present slogan of the prodemocracy movement. Still today, *No +* appears within community struggles in democratic Chile. "No +" evolved, as Diamela Eltit explains, from an "action" begun by CADA during the Dictatorship to a political refrain still employed by the *pueblo*: "A la manera de un cancionero popular anónimo, hoy el No+ continúa modulando los reclamos después de 26 años, en marchas, huelgas, protestas, junto a otras emblemáticas del descontento" (296). *No +* began as CADA's art action and remains today rooted within the public domain.

This essay is not about art and resistance in Chile, but rather about how my understanding of CADA's approach informed my development from a scholar to a scholar/professor who attempts to work simultaneously as a cultural agent. Much of my horizon of political understanding grew from learning about the political history of Chile. Over a period of years, exiled Chilean writers, artists, students and friends made me aware of the brutality that the dicta-

---

1. For information on the Colectivo Acciones de Arte, see my book *CADA día: La creación de un arte social* (Santiago, Chile: Editorial Cuarto Propio), 2012.

torship inflicted on Chilean society as well as the complicity of the United States in creating the conditions necessary for the coup. I felt moved and angry, when I learned about the dictatorship, though the locus of the tragedy was to the south. Whereas I conducted my research from a position of solidarity, the pain, suffering and deaths of Chile and the Southern Cone always felt extremely distant. There were other genocides taking place in Central America, and I'm embarrassed to admit that these too felt distant.

I wrote about CADA from a historical perspective after Chile had entered what was known as the "transition to democracy." My book, *CADA día: La creación de un arte social*, attempted to fill a void, to publish descriptions and analyses of CADA's art actions in Chile as a means to contribute to the growing corpus of literature that was attempting to reverse the historical and cultural amnesia that had obscured much of the political history of cultural resistance during the dictatorship. From my experience, as a privileged scholar at work in the "Ivory Tower," disasters seemed to occur in faraway places, and in the case of CADA, in the recently forgotten past.

Over the past several years, I have become acutely aware of a humanitarian disaster that is taking place in my own "back yard." Since 1994, more than 6000 men, women and children have died while attempting to cross the border from Mexico into the United States, most of these in the deserts of Arizona. The number of 6000 is in fact conservative; this figure merely represents the number of human remains that have been recovered. The desert environment is immense and wildlife quickly scatter remains. Humanitarians working in the area estimate that the number of actual deaths could be 3-10 times higher than the number of bodies that have been found. In an almost eerie reiteration of terms, I learned of these facts from a humanitarian organization whose name—*No más muertes* / No More Deaths—echoes back to CADA.[2]

Obviously, many differences distinguish dictatorial Chile from the present-day situation on the border of Mexico and Arizona. I am by no means equating these two disasters, though, before proceeding, I will point out that there *do* exist some overlapping issues. The Pinochet regime's overarching project replaced the state-controlled socialist government, Salvador Allende's *Unidad Popular*, with

---

2. Gene Lefebvre, founding member of No More Deaths / *No más muertes*, estimates that 3 – 10 times more migrants die than are found in the desert. (Personal communication, at a volunteer training session in Tucson, AZ, Nov. 12, 2011). See the No More Deaths website at: http://www.nomoredeaths.org

a neoliberal free market economy. The current immigration crisis in the U.S. is also, to a great extent, the product of the installation of neoliberal economic policies. The North American Free Trade Agreement (NAFTA), inaugurated in 1994, decimated the agricultural sector of the Mexican and Central American economies by flooding the market with cheap US subsidized corn, beans and meat.[3] Millions of small and mid-sized farmers and laborers were driven out of business. Unable to find work to sustain their families in the wake of NAFTA, record numbers of Mexican and Central Americans began attempting to cross the border to find work in the United States.

The ubiquitous discourse of security and its related militarization echoes from Chile to the US/Mexico border as well. Beginning with the military coup of September 11, 1973, the Dictatorship justified militarizing Chilean society under the rhetoric that the threat of terrorism obliged them to provide security throughout the country. The US, analogously, has responded to the influx of economic refugees from the south by militarizing the 2000-mile US/Mexico border. The US government built walls to close off the border at the areas of greatest influx, effectively funneling migrants through remote and dangerous swathes of desert. The number of Border Patrol agents augmented astronomically,[4] as did the use of the National Guard and enhanced military technology to seal off the border. "Operation Hold the Line" (El Paso, 1993), "Operation Gatekeeper" (San Diego, 1994) and "Operation Safeguard" (Nogales, AZ 1994) walled off the primary urban crossings and migrants began dying in record numbers. According to Doris Meissner, the former commissioner of the Immigration and Naturalization Service, the government believed that the deadly desert environment on the AZ border would create a natural deterrent, so deadly that migrants would no longer attempt to cross the border: "We did believe that geography would be an ally to us. It was our sense that the number of people crossing the border through Arizona would go down to a trickle, once people realized what it's like" (cited in Regan, xxiv-xxv). History has proven this strategy tragically mistaken. Desperate for work as a means

---

3. See David Bacon's article, "How US Policies Fueled Mexico's Great Migration" in *The Nation* (January, 2012): http://www.truth-out.org/how-us-policies-fueled-mexicos-great-migration/1326205463

4. According to Agent Sabri Dikman, Acting Patrol Agent in charge at the Nogales Border Patrol Station in Arizona, the number of Agents at the Nogales Station increased from 300 in 1998, to nearly 800 in 2011. Agent Dikman reported this statistic at a talk at Northern Arizona University (Oct. 20, 2011).

to sustain their families, migrants continue to risk crossing the AZ border. The fear of terrorism that resulted from the attacks of September 11, 2001, ratcheted up the calls for "border security" in the United States, resulting in added technology: ground sensors, drone aircraft, night vision equipment, a "virtual fence" and other costly equipment. Just between 2007-2011, the US has spent over $4.7 billion on the border wall and the now-abandoned "virtual fence" project.[5] While the US spent more and more money pursuing military solutions to its immigration problem, legions of undocumented migrants have died, and continue to die.

Though I had some knowledge about the issue of the border, I became acutely aware of the dimensions of this human crisis in 2010 while teaching a Freshmen Seminar on the subject. I felt surprised and disturbed that I had been unaware of the extent of widespread death and suffering in the borderlands. As a professor of Latin American Studies, I am fairly aware of political issues that involve the U.S. and Latin America. During the early 1990s, I even spent a brief period studying performance artist, Guillermo Gómez-Peña and his work on the border. I studied Gómez-Peña's site-specific performances with the Border Arts Workshop/*Taller de Artes Fronterizos* and his monologue, "Border Brujo." I published critical analyses of his work and laughed cynically at his satirical parodies. Through this research I became aware of the growing militarization of the border. I remember seeing photographs of the border wall in San Diego stretching into the Pacific Ocean. I was concerned with the

---

5. The figure of $4.7 billion appears on a Nov. 16, 2011 document from the United States Government Accountability Office (GAO), *U.S. Customs and Border Protection's Border Security Fencing, Infrastructure and Technology Fiscal Year 2011 Expenditure Plan* (slide #11, page 14). The cost of "fence" maintenance, furthermore, is projected to exceed construction costs. According to a Tax Payers for Common Sense document, "Fence Costs Out of Bound" (April 27, 2009), "taxpayers are looking at least $8 billion to maintain the fence over its 25-year life cycle." This, somewhat dated, document also details some of the variability in cost per mile of the border wall. More recently, the Department of Homeland Security spent nearly $58 million ($16 million per mile) to place a wall on top of a cliff in the Otay Mountain Wilderness Area. Currently, the government is hiring the same contractor to extend a new reinforced "fence" 300 feet into the Pacific Ocean between Tijuana and Imperial Beach at a cost of $4.3 million. On the "Surf Fence Project" see Richard Marosi's article in the *Los Angeles Times* (Nov. 25, 2011): http://articles.latimes.com/2011/nov/25/local/la-me-border-fence-20111124. I am grateful to Dan Millis, Director of the Sierra Club Borderlands Campaign, for helping me compile this information.

issue and felt empathy towards migrants who were suffering the consequences on the border (as well as unfair labor practices and mistreatment in the US). This said, as I look back at what I knew then, I realize that I could not yet conceive of the dimensions of the humanitarian disaster that were beginning to unfold in the region.

Though I make no excuse for my ignorance, I have plenty of company. Many if not most people in the US are ignorant of the gravity of this crisis. People know that we have a "problem" with "illegal immigration," though television news and other media sources overemphasize drug-related crime and the (thus far unrealized) potential terrorist threat to create a skewed description of the drama on the border.[6] I find that my students are (almost) universally ignorant that 90 percent of undocumented migrants have committed no crime, other than illegally entering the United States as a last resort effort to feed and support their families. Though many of my students come from Phoenix, AZ, almost all of them, with the exception of the Latino students, are unaware of the fear that consumes life in migrant communities. My students are also (almost) universally ignorant of the amount of money that the US has spent on border security and the fact that the actions taken by the government have resulted directly in increased migrant deaths while wreaking havoc on fragile environmental ecosystems.[7] These

---

6. In her 2010 HBO documentary film, *The Fence / La barda*, Rory Kennedy points out that not a single act of terrorism has been carried out by someone who crossed illegally into the US from Mexico.

7. The REAL ID Act, signed into law by the Bush Administration in 2005, gives the Secretary of Homeland Security the power to ignore any federal, state, tribal or local law in order "to ensure expeditious construction of the barriers and roads" along the US / Mexico border. So far, 36 federal laws, including the Clean Air Act, the Clean Water Act, Endangered Species Act, Farmland Protection Act, Antiquities Act, Native American Graves Protection and Repatriation Act, and the Religious Freedom Restoration Act have been waived in areas spanning nearly 500 miles. Not only has the border wall and associated roads resulted in repeated episodes of catastrophic flooding (in Nogales, Sonora, Organ Pipe Cactus National Monument, and elsewhere) and disrupted areas of sensitive flora and fauna, it has bisected the habitat of some 33 "Threatened and Endangered" species, separating animals from food and water sources, as well as limiting their potential to breed and achieve genetic diversity. In October 2011, the House Natural Resources Committee passed H.R. 1505, the National Security and Public Lands Protection Act, which would extend the waiver of the 36 federal protection laws to all public lands within 100 miles of the U.S.-Mexico *and* U.S.-Canada borders. Dan Millis, Director of the Sierra Club Borderlands Campaign, helped me compile this information.

same Arizona students are (almost) universally ignorant of the fact that at least 6000 people have died while attempting to cross the border since 1994. And this is Arizona, a majority of these deaths have occurred and are occurring in our state! In 2011, the Border Patrol recovered 192 dead bodies in AZ and 250 in 2010.[8]

The realization that well over 6000 people have died while attempting to cross the border, roughly since the time that I have been working as a professor, motivated me to help disseminate knowledge about the situation. My first attempt was to teach an interdisciplinary Freshmen Seminar, "Art, Theatre and the US/Mexico Border," in which we approached the border and immigration from as many different angles as possible. For this course we employed a wide spectrum of texts and sources, we explored the border through a multitude of perspectives including history, theatre, political science, art, journalism, performance, poetry and music, as well as, documentary and feature films. The course culminated with a field trip to the border during which we saw first-hand the conditions and issues of the area. We camped on the border, on a ranch within spitting distance of the wall, and talked with the landowner about the environmental, economic and human consequences of immigration and the barrier. We walked along the wall and saw where it abruptly stops and starts, noting the absurdity of the concept of trying to wall off the border. In an effort to understand the wall as completely as possible, we even *played* the wall with "sound sculptor" Glenn Weyant. We transformed the barrier into a musical instrument and listened to it vibrate.[9]

Attempting to consider the issues from as many perspectives as possible, we met with a Border Patrol agent and we visited aid stations in Nogales, Sonora (Mexico) where we talked with recently deported migrants. A middle-aged woman from Oaxaca—penniless, with a lacerated face, injured legs, blistered feet and torn clothes—described how she was treated worse than a criminal while in Border Patrol detention. She had left her five children with a neighbour and attempted to cross the desert to find work to be able to feed her children. As I translated her story, I looked up to see tears streaming down my students' faces. Another deportee, after describing the

---

8. Border Patrol statistics reported by Daniel González in the *Arizona Republic* (Dec. 29, 2011), viewed online: http://www.azcentral.com/news/articles /2011/12/29/20111229arizona-migrant-deaths-arizona-fell-2011.html

9. See a clip from our first performance, *Nogales Wall Blues* (Nov. 17, 2010), the largest group ensemble performance of the largest and most expensive musical instrument in the world, on You Tube: www.youtube.com/watch?v=7xUb4 AtpkpY

nightmare of his detention and deportation, concluded, with no intended irony, *Bienvenidos a México, espero que lo pasen bien en mi país.* My students were devastated; they cringed to realize what the US government is doing to people. "You didn't prepare us for this emotionally" one student remarked. We had read voluminously about the border, but nothing could prepare us for this encounter with humanity pushed to its limit.

Later, we hiked on desert trails used by migrants, and talked and laughed as we walked through beautiful remote desert. Then, we stood dumbfounded at a shrine in the desert where a fourteen year-old Salvadoran girl had died while trying to cross the border to meet her mother in Los Angeles, CA. We had read about her in Margaret Regan's book, *The Death of Josseline*, and we had met the person who found her body (Dan Millis, director of the Sierra Club borderlands campaign). Standing at her shrine, we felt as if we had known her. Contemplating the spot where she had died, my students were confounded by the fact that Josseline's mother could not attend her funeral mass in the Arizona desert for fear of deportation, yet *we were there*. Later that day, we came across another shrine where a woman had died just three weeks prior.

At no point over the course of the semester did I tell my students what to think. I exposed them to the wall, put them face to face with recently deported migrants, had them talk with Border Patrol and had them walk the desert trails where people die. Seeing the border, through their own eyes, nevertheless, made a huge impact on these students. Many described it as a "life changing" experience and they thanked me—one by one at a campfire—for making them aware. One student told me that the trip made him "realize that he had a soul." Another student told me that he felt like "the class had made him a better person."

As a professor, the field trip verified the pedagogic value of experiential education. Reading about a topic and seeing it firsthand are completely different experiences. Before the excursion, the students were students, with varying levels of academic engagement and commitment. Though it felt like a good class, it only felt like a class, nothing more, nothing less, and not that different from scores of different classes I have taught. The trips to the border proved to be transformative experiences that changed every single student. This field trip, which I have now repeated three times, is the most consequential pedagogical experience I have ever facilitated. I am convinced of the value of teaching on site, yet, I can only bring so many students on field trips to the border. Given the enormity of this crisis, I attempted to do something else, to cross the border from professor to cultural agent, and to employ art, in public, as a means to draw more attention to the issue of deaths on the border.

I thought about CADA and their strategy of using art actions to provoke thought about repressive structures that have become so present and all-encompassing that they lie hidden in plain site. And I remembered an individual work from 1979 by one of CADA's founders, Lotty Rosenfeld, entitled *A Mile of Crosses*. For this art action, Rosenfeld placed white tape across the white lines delineating traffic direction on Manquehue Avenue in Santiago. Rosenfeld interrupted the transit lines on streets turning them into crosses and/or the mathematical symbol "+".[10] With this gesture, Rosenfeld made reference to the deaths caused by the dictatorship and simultaneously called attention to the not-so-obvious notion that social order itself is imposed through semiotic discourse.

Illustration 3.1. "Una milla de cruces sobre el pavimento" (Lotty Rosenfeld, 1979).

---

10. For commentary on this work (written by members and collaborators of CADA), see *Una milla de cruces sobre el pavimento* by L. Rosenfeld (with texts by D. Eltit and Eugenia Brito), Santiago: Ediciones C.A.D.A., 1980, and *Desacato: Sobre la obra de Lotty Rosenfeld*, Santiago: Francisco Zegers Editor, 1986, with texts by E. Brito, D. Eltit, G. Muñoz, N. Richard, and R. Zurita). See also *Chile, arte actual* by Gaspar Galáz and Milan Ivelic, (Valparaíso: Ediciones Universitarias de Valparaíso, Universidad Católica de Valparaíso, 1992) pp. 229–31.

Though probably not intentional, I would posit that there exists a historical trajectory, and a visual association, linking Rosenfeld's crosses and CADA's *"No + ."* As I mentioned earlier, *"No +"* spiraled outward from CADA and became the central slogan of the pro-democracy movement in Chile. Ironically, *No más* also appears today on the US / Mexico border in AZ where, since 2004, the humanitarian group *"No más muertes* / No More Deaths" has been working to eliminate pain, suffering and death on the border (by placing water and offering medical assistance in the desert). It was in this context that I decided to cross the border from scholar/professor to cultural agent, to attempt, for the first time, to act artistically, to not only conduct research and teach, but to enact an *art action* that would involve the community.

To spread an awareness that over 6000 people have died while trying to cross the border transcends the task of publicizing a statistic. What does it mean that the remains of 6000 people have been recovered in the desert? How can one visualize 6000 bodies? As Salvadoran writer Mario Bencastro writes in his poem, "Arizona," the number of dead migrants is, practically speaking, devoid of meaning:

> La siniestra cifra de su muerte
> No asusta a las estadísticas
> No sorprende a la humanidad
> No desborda ni una lágrima
> De los fríos ojos del mundo (1)

Comparing the number of migrants who die on the border to other statistics (the number killed by the Chilean dictatorship or the number of American soldiers killed in Iraq and Afghanistan, for example) seemingly amounts to the reiteration of arbitrary numbers. To create visual awareness of the fact that the borderlands have become a killing field, I conceived of the art action/installation, *6000 Bodies.*

The concept of *6000 Bodies* is simple: In order to honor and remember the more than 6000 men, women and children who have died while attempting to cross the border from Mexico, we would place 6000 +s [crosses] on the campus of Northern Arizona University. This, I felt, was an art action that, like Rosenfeld's and CADA's actions of years past, would visually engage students, faculty, staff and community members to think about what is occurring, to educate themselves and, hopefully, to work towards stopping the proliferation of deaths. I approached my friend and colleague, conceptual artist Shawn Skabelund (who was currently teaching his own course, "Site-specific Installation Art: Ecological/Cultural Genocide in Arizona"), and he immediately agreed to work with me on the installation. A local cabinet-maker agreed to donate scrap lumber and Shawn began hauling loads to his house. The Martin-Springer Institute for Holocaust and Tolerance Studies at Northern Arizona University donated two staple guns with air compressors. Invigorated with fresh motivation, Shawn and I began to build +s.

If it's difficult to envision what 6000 dead on the border means, it's equally challenging to imagine what it's like to construct 6000 crosses. One feels stuck, lost in a mind-numbing routine between the invasive whirl of the chop saw and the pop, pop popping of the staple gun. You seek efficient cross-building techniques, you streamline each movement and you hate the skinny scraps of lumber because the staples shoot too far through the wooden strip and your + ends up nailed to the work table, crucified. You zone out. You feel like you've made a million +s and then, after stacking and counting, get very disappointed to realize that this enormous pile of +s represents a minuscule fraction of the total number that you are committed to construct and exhibit.

We spread the word and invited colleagues, students, friends, activists and community members to help us build +s. Eight students came to the first "+ building party," and most of these never returned. People are busy and + building takes time. Shawn and I continued to plug away. Some days two or three helpers from "No + Deaths" worked with us for an hour or two. And we built +s and +s and +s. Shawn's wife would look out the window and shake her head at us. "6000 +s! What were you thinking?" The chop saw whirled over and over again. The staple guns popped. Shawn's kids, Adrian and Chiara, helped us after school, working out the karma of being born the children of an artist. One day, when a friend came to help, he mentioned that while working he kept reflecting on the fact that each + was a death. His comment was poignant, in part, because I was not building crosses with the same level of thoughtfulness. I had built way too many +s to consciously conceive of each one as a death. Shawn and I became giddy. And on we went, building +s. Even on Easter we built +s. We sorted scrap lumber, we chopped scrap lumber, we stapled scrap lumber. Together, with a few friends and students and members of the community, we bore the + of making +s, to call attention and commemorate the more than 6000 people who died because they wanted to feed their families.

Once we had some 2000 +s we began to think more about the logistics of the installation. Where, for example, would we place them on campus? How would we place them? In straight lines in order to show respect? Or, chaotically to represent the chaos of the migrant experience? We began to seek permission from the University and I approached an administrator, asking him to help us with the bureaucratic logistics. "While I think it's a great idea," he answered in an e-mail, "I imagine that others may have misgivings. Let me look into this and I'll get back to you." And on we went building +s: 2001, 2002, 2003. +s and +s and +s.

About one thousand +s later, I received word that we had been denied permission. "Why?," I asked. He gave me a number of reasons that seemed straight from a script from the Theatre of the Absurd. We might puncture a gas line with a +. Then he said that the administration was concerned that a student might fall and impale himself on a +. When I mentioned the possibility of asking for a meeting with the Provost and President he asked for another chance. "Let me try again and see if there isn't something we can do," he said. And we continued making +s. What else could we do? Onward we marched, building +s out of scrap lumber, wondering if we would even be able to display them. If they deny us permission, we thought, we can place them anyway—a guerilla + exhibition—like CADA scrawling *No +* on walls during the dictatorship.

Another month passed, another thousand or so +s constructed, when I received an e-mail: "Dear Bob, I asked twice for permission and unfortunately the answer is still no. Maybe next year, or sometime in the future, we'll have better luck. Though, sadly, by then you'll probably have to make 7000 +s. I know that you'll be disappointed, but I know that you'll understand." I forwarded the message to Shawn with a pit in my stomach. I began losing hope. And no, I did not understand. Naively, I had never imagined that this installation would be so controversial. We were not commenting on AZ's (racist) anti-immigrant law SB 1070. We were not making a direct comment on the border wall, or even the strategy of border security that is killing migrants. This was not a political statement, I argued, all we intended to do was to honor the memory of thousands of men, women and children who have died while crossing the border. Most people, regardless of their political perspective, are against people dying on the border, are they not? Even the Border Patrol produced a CD of ballads in Spanish meant to dissuade would-be border crossers by publicizing the danger. Appropriately entitled, *No más cruces en la frontera* (No More Crosses on the Border), the album of *migracorridos* tells the stories of migrants dying and witnessing deaths in the desert.[11]

Time was running out. The end of the semester was nearly upon us when I contacted a group of powerful faculty and colleagues at the university and asked them to accompany Shawn and me to a meeting with the Provost and President. While waiting for the date of the meeting we continued to build +s. Given the circumstances, drowning in +s, with thousands yet to build and denied permission to display them, we wondered if we were the two dumbest guys on earth.

I opened the meeting by showing the Provost and President a photograph of Josseline, the 14-year old Salvadoran girl who died in the desert while attempting to cross the border. I tried to humanize the crisis and emphasize that rather than making a political statement we intended to call attention to a humanitarian disaster on the border. A senior administrator then rapid-fired a list of 15 or 20 questions. Where are you going to display them? How are you going to ensure that no one gets injured? Might this create a fire hazard? Will it get vandalized? Set ablaze? Have you spoken with campus police? Capital Assets? Who is going to pay for the materials? On whose time will you build these crosses? Etc. etc. etc. We dispelled the problem of exploding gas lines and student impalements by offering to lay the +s down flat on the ground, and assured them that we were willing to work with them to find an acceptable location. They were worried a student might trip over a cross and fall. I explained that the +s are too light to trip anyone. If you were to step on a cross it would snap. The question of *when* quickly reached the limit of no-return. "If we approve this," we were told, "these +s absolutely need to be down by the time parents begin arriving for graduation." Hmmm, things are looking up I began to think, now they're talking about "if," maybe there is hope after all.

---

11. For a critical view of the *No más cruces en la frontera* project, see Marisol Lebrón's article "'Migracorridos': Another Failed Anti-Immigration Campaign" in *NACLA: North American Congress on Latin America* (March 17, 2009): http://nacla.org/node/5625

 The lyrics are available and can be listened to and/or downloaded at the *No más cruces en la frontera* website: http://www.nomascruces.org/

The administration rejected our argument that this was not political. I'll admit, I was on unsteady ground with that argument. In classes, I am usually pointing out the contrary to my students—everything is political. A conspicuously a-political text might often be political precisely because of the way it ostensibly avoids politics. In this case I was arguing the inverse. Of course this is political, I agreed, but we are not making a political statement, we are simply honoring the dead. The administrators, granted that they agreed with us on a personal level, but that this would be interpreted as a liberal political statement in Arizona. We had invited a student representative from the campus chapter of "No + Deaths" to the meeting. She courageously stood up to the administration: "I'm not a liberal," she said. "But I have a friend who died in the desert. This isn't about being liberal, this is about people dying in the desert."

The administration informed us that any political event on campus must allow for the expression of the opposing perspective. "What would the opposing view be?" I probed. "That these people didn't die?" "Perhaps that it's good that they died?" Before anyone could answer my rhetorical questions a practical-thinking colleague suggested that we place blackboards on the site, thus allowing students to express their feelings and to engage in dialogue about the exhibition. Everyone liked this idea. Things were starting to move in the right direction. The meeting ended without promises, but we were given what I considered a "path to permission." We needed to consult with Campus Police, Capital Assets, a number of Vice Presidents etc. and if we could assure those involved that this would be handled in a respectful and careful manner, then they would consider granting us permission.

The next few days were spent sending and responding to a frenzy of e-mails, each message cc'ing approximately 25 people (including the President, the Provost, a number of Vice Presidents and upper level administrators as well as our team of supportive colleagues). Theater of the Absurd had moved into the digital backbone of the Ivory Tower. At one point they offered us a space to exhibit the crosses: A practice field, south of South Campus, where virtually no one walks and where no one would see the +s. My colleague, Rom Coles, responded with an eloquent e-mail, copying all 25 involved, in which he asserted that "the act of bearing witness is not a very productive action if there is no witness." We refused this location, and requested a more visible alternative (either a field in front of the North University Union or the Quad next to the South University Union, behind the College of Business). One administrator replied with a message saying that both of our proposed sites would be occupied by previously scheduled events. When I called the South Union and College of Business, nevertheless, they informed me that there were no events scheduled in "the Quad" (a grassy field) until August. I quickly corrected the mistaken information.

Thanks, in large part, to the support of two members of the upper administration we were finally granted permission. We were allowed to display the +s in the Quad behind the College of Business and contiguous with the South Union for four days, from Sunday May 1 until Thursday May 4, 2010. An e-mail from one administrator admonished us with a final condition: "If the +s are not down by 4 pm on Thur. May 4, then Capital Assets will remove them and will charge you overtime. You need to provide us with an account number to which we can bill you." We had gotten permission! Now, all we needed to do was build the last 1,500 +s, figure out how we were going to transport them, decide how we were going to install them on site and decide where to store them afterwards.

On May 1, 2010, we drove 6000 +s through Flagstaff and through campus in a convoy of +-filled trucks and private cars. A large dump truck, donated by a local landscaping company, led the procession. Images of CADA's second art action, "Inversión de escena," when they drove through the streets of Santiago in a convoy of ten milk trucks, flashed through my mind. Though polyvocal and ambiguous on a number of levels, CADA's action aimed to construct *una escultura social*: "una obra y acción de arte que intenta organizar, mediante la intervención, el tiempo y el espacio en el cual vivimos, como modo, primero de hacerlo más visible y luego, más vivible" (*CADA día*, 32). Much as CADA had done, we invited members of the community to collaborate with us in our attempt to make the deaths on the border more visible and to make AZ more livable. Some seventy friends, family members, colleagues, students, artists, children and community members came out to help install the +s. We unloaded the +s onto large tarps while groups of participants dragged the +s out into the middle of the quad. At a paint station, children and a few adults painted and decorated some of the +s. Volunteers began to ask how to help. Where should we put them? How should we arrange them?

Originally, Shawn had thought that a chaotic dispersal of the +s would best express the chaos of the crisis on our border. After we started spreading the +s out in the field, however, he became uncomfortable with the scene. It looked, he said, "like a tornado had passed though leaving lumber scattered about in the field." Finally, after viscerally fuming over the aesthetic disarray, Shawn came up with an idea of how to improve the image. We needed to organize the +s on the edges that surrounded the field—we needed to create a frame to contain the chaos of +s strewn within. It worked! By surrounding the chaotic field of +s with a frame of orderly ones, it gave the eye a way to make sense of 6000 +s strewn throughout the field.

Illustration 3.2. *6000 Bodies* by Robert Neustadt and Shawn Skabelund (Photo by Jeffrey Strang).

Over the course of the next few days I visited the site several times. The first time I went, a group of men and women were walking slowly and contemplatively through the field. They were picking up tiny pieces of trash as if they were caring for sacred ground. I overheard students that I didn't know talking about the installation from surrounding sidewalks. People would come upon the +s and look with surprise, asking themselves and their companions what in the world was going on. On the southern edge of the field a banner explained the symbolic meaning of the installation:

> You stand before 6,000 crosses that honor the more than 6,000 men, women and children who have died while trying to cross the border since 1994. This installation does not represent any particular political perspective. Rather, it continues an indispensable practice found in diverse traditions around the world: Bearing witness to suffering and mourn-

ing the dead. The crosses call each one of us to attend to a humanitarian crisis in our midst.

What are the conditions that lead to this senseless loss of precious life? What do you think should be done?

I saw students cry as they stood overlooking the field of 6000 +s. They stared in disbelief as they took in the site. 6000 +s is a lot of +s. If one equates them with dead bodies, the concept is difficult, and powerful, to absorb.

Students quickly filled up the blackboards with comments, and then even started writing their reactions on the sidewalks. Many of these observations reflected heartfelt comments of solidarity. A number of insensitive remarks also appeared: "They deserved to die cuz [sic] they were illegal!," wrote one. "Get a Visa!," scribbled another. The overall effect of reading the negative comments proved ironically powerful. Seeing these invectives scrawled within the context of the installation reminded viewers that xenophobia does in fact inhabit our apparently progressive, academic community.

On Wednesday night I received a call from Campus Police around 9:30 pm. "There is a group of guys re-arranging the +s, uh, I guess they are sort of making their own art thing out of it. Do we have a policy about this?" I told him that it was fine. We knew from the on-set that we were placing the +s in a public space and part of the experiment was to see how people would react to, and engage with, the installation. When CADA wrote "No +" on walls in Santiago they never tried to control the response. Neither did we. I was amused and curious to see what the students would produce. I had wondered beforehand if perhaps viewers may want to bring order to the chaos as a way of rendering respect to the dead.

When I arrived on Thursday I was indeed surprised. The group of four students had spent the entire night rearranging the +s. They took each and every + and rearranged them to form letters: "V = IR." I came across furious students who felt that re-writing the installation amounted to an egregious lack of respect. I had no idea what the letters meant. After asking around I found someone who decoded the formula. The students had arranged the +s to write an equation known as Ohm's Law (Voltage = Current/Resistance). He mentioned the macabre possibility that the students were proposing an electrified fence for the border. Perhaps the equation was not meant to mask a malicious political comment. Was this "political," or just an innocent prank by some engineering students? Is everything political? This art action certainly asks, but does not answer the question. I chuckle, wondering if these fellows fell asleep during a final exam the next day. If so, that would be another unanticipated consequence of our art action. Who knows?

Illustration 3.3. *6000 Bodies* by Robert Neustadt and Shawn Skabelund (Photo by Jeffrey Strang).

What we do know is that thousands of students, faculty, staff and community members saw our art installation, *6000 Bodies*. In addition to those who encountered the +s by walking through the area during their daily routines, a number of professors brought their classes to view the installation and asked their students to write reflection papers. Some cried, some laughed and others became angry. The mother of one local high school student told me that her daughter felt so moved that she became a passionate anti SB 1070 activist. Carrying out the action, furthermore, felt empowering. Those of us who were involved in the project became closer with one another. We felt a type of satisfaction that stems from taking action together as a group.

As 4:00 PM on Thursday approached, we had no place to take the +s. I asked several officials at the University if we could store them in a warehouse. Next year, we hoped, we would re-use the crosses and think of a different, equally significant, way to display them. I pondered different designs, such as constructing a spiral or circle of +s. Unfortunately, I could not convince the University to store the +s. We priced storage units and realized that to store 6000 scrap lumber +s would require an extra-large storage locker that would cost an inordinate amount of money. Our predicament proved strangely ironic in that it again reiterated the situation of deaths on the border. In 2005, the Pima County Medical Examiner received so many dead bodies (the majority of these migrants) that they had to bring in a refrigerator truck in order to store the overflow cadavers (Regan, 156). The Department of Homeland Security subsequently financed a larger morgue, and still, they must combine partial skeletal remains and body parts from more than one body on the same shelf in order to accommodate them all (Regan, 156). Similarly, we had no place to store our 6000 symbolic bodies. Faced with the threat of Capital Assets, we transported the +s to a farm outside of town. The 6000 +s crossed another threshold: From lumber to scrap, from crosses to kindling, these 6000 symbols would ultimately find their way into a woodstove to release their energy in the form of heat. Sadly, as the administrator predicted, if we were to repeat this action in 2015, this time we would need to make 7000 crosses. Since 1994 over 7000 deceased bodies have been found in the borderlands.

My "journey" from scholar to experiential educator to cross-maker did not begin at any one moment, though in many respects, I would locate its origins when I began my work as a scholar of the Colectivo Acciones de Arte (CADA). Early in my career, I conducted research from a position of "critical distance," as a scholar who was writing about sociopolitical and artistic manifestations under dictatorship. This distance was, on the one hand, born of necessity since I myself never experienced the Pinochet dictatorship. I theorized that constructing critical distance was a key strategy that artists employed in order to constitute viable political critique within the confusion of postmodernism.[12] I wrote from the safe distance imposed by scholarship. The irony of this distance, nevertheless, derives from the fact that CADA often reiterated Joseph Beuys's idea that "everyman is an artist." As CADA declared, "Cada hombre que trabaja por la ampliación, aunque sea mental, de sus espacios de vida, es un artista" (*CADA día*, 61).

The first step, for me, in adopting a more direct involvement as a cultural agent, began with taking students to the border. There is no substitute for having students bear witness with their own

---

12. See *(Con)Fusing Signs and Postmodern Positions: Spanish American Performance, Experimental Writing and the Critique of Political Confusion*. New York: Garland Publishing, 1999.

eyes. Experiential education provides an opportunity to bridge the gap of critical distance, to bring students across the divide, physically, intellectually and emotionally.

The next step was to go from conducting research and teaching about art, to actually *practicing art*. In the process of carrying out *6000 Bodies*, I crossed the border from scholar/professor to cultural agent. When conducting research on CADA, I reflected on whether there remains a place in the contemporary world for art actions. *6000 Bodies* demonstrated that the language of art actions developed by CADA remains relevant today as a strategy with which to force the public to engage with images that call forth the "invisible" tragedy taking place on the border. Connecting Lotty Rosenfeld's *Una milla de cruces*, CADA's *No +*, Arizona's *No más muertes* and our 6000 +s, marks a path of crosses—a path across the border from the relative detachment of scholarship to the active engagement of cultural agency.

Works Cited

Bacon, David. "How US Policies Fueled Mexico's Great Migration." in *The Nation* (January, 2012): http://www.truth-out.org/how-us-policies-fueled-mexicos-great-migration/1326205463

Bencastro, Mario. "Arizona." *Paraíso Portátil*. Houston: Arte Público Press, 2010.

González, Daniel. "Migrant Deaths fell in Arizona in 2011." *Arizona Republic* (Dec. 29, 2011). Consulted online: http://www.azcentral.com/news/articles/2011/12/29/20111229arizona-migrant-deaths-arizona-fell-2011.html

Kennedy, Rory. *The Fence/La barda.* (HBO Film, 2010).

Lebrón, Marisol. "'Migracorridos': Another Failed Anti-Immigration Campaign." *NACLA: North American Congress on Latin America* (March 17, 2009): http://nacla.org/node/5625

Marosi, Richard. "US to Extend Border Fence 300 feet into Pacific." *Los Angeles Times* (Nov. 25, 2011). Consulted online: http://articles.latimes.com/2011/nov/25/local/la-me-border-fence-20111124

Neustadt, Robert. *CADA día: La creación de un arte social*. Second Edition. Santiago: Editorial Cuarto Propio, 2012.

———. *(Con)Fusing Signs and Postmodern Positions: Spanish American Performance, Experimental Writing and the Critique of Political Confusion*. New York: Garland Publishing, 1999.

Regan, Margaret. *The Death of Josseline: Immigration Stories from the Arizona Borderlands*. Boston: Beacon Press, 2010.

CAPÍTULO IV

CULTURAL AGENCY IN THE MODERN LANGUAGE CLASSROOM: DOCUMENTARY, PEDAGOGY, COMMUNITY[1]

STEPHANY SLAUGHTER
Alma College

ABSTRACT:
This chapter explores the intersections of documentary film with pedagogy and community outreach through a critical analysis of a case study as a means to consider making a film as part of an upper-level content-based foreign language course promotes cultural agency as a creative agency of change within the classroom that lays the groundwork for reaching beyond the classroom to the greater community. The approaches to teaching and learning examined here seek to embrace the potential to rethink the relationship between professor and student, as well as the relationship between the student and course content, with the goal of empowering students in their quest for knowledge, encouraging them to engage critically with knowledge and their role as knowledge creators in the world beyond the classroom.

---

1. This chapter was inspired by the panel discussion I co-sponsored with my colleague Dr. Mike Vickery, "Crossing Borders through Making Films: Documentary, Pedagogy and Community," as part of the 11th Conference on the Americas: Creative Agents of Change: Facing Challenges in our Communities hosted by Grand Valley State University in November 2010. Without the open an honest participation of my students in that panel, this contribution would not be possible. I would also like to acknowledge the students in both sections of SPN 352 and thank them for their feedback, as well as my colleagues Dr. Deborah Dougherty, Dr. Julie Arnold, and Dr. Kristin Olbertson. I thank the editor of this anthology, Dr. Zulema Moret for the opportunity to take the time to reflect critically on pedagogy, which has begun conversations in my department that will have lasting impacts on our program, and might well radically transform it.

Keywords: Pedagogy; documentary; critical pedagogy; cultural agency; knowledge; digital literacy

> *Pedagogy is always political because it is connected to the acquisition of agency. As a political project, critical pedagogy illuminates the relationships among knowledge, authority, and power.*
> Henry Giroux

Teaching, like learning, is a process that requires constant critical reflection and revision. This essay forms part of my process to analyze an upper level survey course that is offered in some form or other in practically every Spanish program of every U.S. college or university: "Hispanic-American Culture and Civilization." Questions emerge from its very title: What does "culture" mean? "civilization"? "Hispanic-American"? And all of that in one semester? The truth is that it is an impossible course and nevertheless we keep offering it. I have not found a colleague yet who has been completely satisfied with their version and my own dissatisfaction pushed me to think of the possibilities, within the impossibility, of rethinking the relationship we (professors and students alike) have with the content. I do not offer here a finished course with a set of polished assignments as a model, but rather, a series of questions and reflections based on personal experiences in a course in (re)development. Through an analysis of methodologies, assignments, and assessments used in the course, I offer but one imperfect opportunity to reconsider how we approach teaching and assessing learning in an upper-level content-based foreign language course. The approaches to teaching and learning examined here seek to embrace the potential to rethink the relationship between professor and student, as well as the relationship between the student and course content, with the goal of empowering students in their quest for knowledge, encouraging them to engage critically with knowledge and their role as knowledge creators in the world beyond the classroom. In order to reach this goal, we must first guide students to take advantage of the opportunity of agency by giving them the tools and training they need to recognize critical ways of seeing and interacting with knowledge. This article will analyze the pedagogies and methodologies employed, including course development and assignments designed to increase student participation in critical thinking and knowledge creation, building from writing assignments, to presentations, and culminating in a film project. Through the specific example of the film project as an alternative assessment, I suggest that involving students in cultural production—and by extension in the production of knowledge—through creating an original short documentary as part of their coursework promotes cultural agency as a creative agency of change within the classroom that lays the groundwork for reaching beyond the classroom to the greater community. The hidden curriculum here hopes that if students can recognize themselves as cultural agents within the classroom, they can also imagine themselves as political actors in the world.

I began contemplating power structures within the classroom inspired in part by a quote I pulled from Facebook (yes, Facebook) that hangs on my office wall above my desk, copied from film scholar Sergio de la Mora's status update: "Inspirational words from Luz Calvo and Nelson Maldonado Torres: 'The university is the knowledge production wing of US imperialism, patriarchy, heteronormativity.' In the current crisis, our goal is not just to 'save the university' but to radically transform it." In planning courses, especially the survey course on Hispanic-American Culture and Civilization (SPN 352), my eyes return to that Foucaultian reflection on the marriage between knowledge and power and I find myself reflecting on my own role in intellectual imperialism. As a "gringa" Mexicanist, I am often conscious of the north-south relationship of my scholarship and have participated in many discussions about the dangers of neo-colonization through "Imperial Eyes" gazing south to analyze cultural production. I have witnessed far fewer discussions about questioning and problematizing our role as pedagogues and how we perpetuate intellectual colonization in our classrooms through not only what we teach (or don't), but also *how* we teach it—how we might look to pedagogy as a means of radically transforming the university. Outside of education departments, we are seldom encouraged to reflect on our teaching beyond reading (and sometimes reacting to) course evaluations. Infrequently do we truly consider if our approaches to teaching "walk the walk" of the kinds of theory we talk—especially those of us who espouse theories that question power relationships such as post-or de-colonial and gender theories, two of my favorite theoretical frameworks for scholarly meditation and analysis. In some circles, especially for those of us whose locus of enunciation is in the "north" and whose "subject" is in the "south," we are pushed to consider if our scholarship repeats traditional paradigms of colonization, but how often do we look to decolonize our classrooms?

Setting the Stage for Cultural Agency Through Critical Pedagogy

I did not set out to design a course informed by critical pedagogy, but in analyzing the course, critical pedagogy provides an access point for deeper thinking about methodologies I have used, how they might be improved, and how they fit within the goals of the institution where I teach. Having started as a high school teacher in the 1990s, I, like many language teachers, was trained to reject the "banking system" of education that Paolo Freire criticizes in his landmark *Pedagogy of the Oppressed* (a book targeted in Arizona to be left off the curriculum as part of the ban on ethnic studies in public schools in 2010).[2] Writing in the late 1960s, Freire explains that under this system, "the students are the depositories and the teacher is the depositor" (72), setting up a completely passive role for students whose contribution to the learning process and creation of knowledge is ignored and discouraged since, "knowledge is a gift bestowed by those who consider themselves knowledgeable upon those whom they consider to know nothing" (72). This approach to education is not new, nor are the criticisms of it. For example, student-centered pedagogies have been at the core of language instruction for decades—especially for basic language courses.[3] Howev-

---

2. For more information on HB 2281 and its fall-out see the press release from Tucson school district from January 2012, "Reports of TUSD book ban completely false and misleading," and the 2013 articles regarding the federal court decision about the constitutionality of the law, such as Fernanda Santos's NYT article "Arizona: Most of Law on Ethnic Studies Is Upheld." Freire's book was one of seven reportedly "un-banned" in Tuscon in 2013 (see Roque Planas's "Mexican American Studies books Un-Banned in Arizona" from October, 2013). Tensions between TUSD and the office of the AZ Superintendent of Public Instruction have continued. In January, 2015 the 9th District Circuit Court of Appeals heard arguments in *Maya Arce, et. al v. John Huppenthal et. al*, a suit filed by teachers and students of the TUSD challenging the constitutionality of aspects of what has come to be known as the Ethnic Studies Ban (AZ Revised Statute 15-112). The court reserved judgement on the case.

3. To contextualize this article, it is important to recognize my own point of enunciation within the U.S. educational system. Currently an Associate Professor of Spanish at Alma College, a small liberal arts institution in mid-Michigan, my pedagogy is still shaped by predominant theories of the 1990s when I went through a teacher education program and became certified to teach Spanish and English in secondary school. My professor emphasized theories of multiple intelligences and

er, with current educational practices in the public school systems, after more than ten years of responding to policy that focuses on standardized testing as a measure of school success or failure ("No Child Left Behind," followed by "Race to the Top" and "Common Core"), Freire's concerns seem particularly current. Writing in this context, Henry Giroux, a proponent of critical pedagogy who draws on Freire's work, analyzes the state of public education in the U.S., where predominant pedagogies focus on "memorization, high-stakes testing, and helping students find a good fit within a wider market-oriented culture of commodification, standardization, and conformity" (*On* location 161). Students are treated as customer-clients and teachers teach to the test, creating an atmosphere of student passivity (ibid, 207). Because these tests tend to demand a "right" answer at the expense of creativity and critical thought, many of our students at the college level come to us having been trained not to question, but to memorize, to store the knowledge that their teachers have deposited until they are asked to make a withdraw for a test. This is not to say that there is no room at all for memorization. Arguably this skill needs practice since technology has trained us that for many things we don't need to memorize because we can "Google" practically anything, practically anywhere—all the more reason to need to train students to question their sources of knowledge. How can students reach a level of critical thought if they have no knowledge base to engage at a higher level of thinking? The more

---

> taught me to recognize different kinds of knowledge as valuable (not only what has traditionally been measured and valued, but also bodily-kinesthetic, musical, inter and intrapersonal intelligences, to name a few), an approach to knowledge that has helped me to develop alternative assessments that would allow students to work from their strengths. I don't recall ever hearing about critical pedagogy in any of my education courses (though I wouldn't be surprised if my professor had been informed by it judging by his approaches to teaching) and it is notable that even as we discussed the need to push beyond recall of information to reach higher levels of thought, beyond what Freire describes as the "banking system," Freire himself was absent from our own textbooks, as confirmed by a recent review of the teaching texts we used 20 years ago that I found gathering dust on a shelf while researching this article. I didn't learn of Freire's seminal work until graduate school. Indeed, it wasn't until graduate school and my introduction to post-colonial and gender theories that I really began to see many of the hidden power structures constantly present around us, and to consciously work to "visibilize" them in my classroom, in the hopes that students might also begin to identify the glasses/blinders they wear. All this to say that my pedagogical approach to content is generally through these theoretical lenses, even if imperfect.

challenging question becomes, how do we, as professors, help them to build the base necessary to be able to reach upper level thinking?[4] What teaching and learning models best promote critical thinking?

How do we Know what we Know?
Applying Critical Pedagogy to Course Content

How is knowledge constructed in our classrooms? What kinds of knowledge make it into our course syllabi and why? What is left out and why? And what do both the inclusions and exclusions say? What "texts" or "artifacts" do we choose as the corpus of our courses? And what do those choices say about the kinds of knowledge production we (de)value? If we want students to think critically about sources of knowledge, we must make visible the role of our courses in selecting and producing knowledge—from constructing the syllabus, to selecting texts, to planning assignments and assessments.

In designing my version of SPN 352 for the first time in late 2009 to teach beginning in January 2010,[5] these questions were

---

4. Bloom's Taxonomy, first published in 1956 and revised in the 1990s, has provided educators with a popular tool for thinking about hierarchies of learning that moved from "simple to complex and from concrete to abstract. Further, it was assumed that the original Taxonomy represented a cumulative hierarchy; that is, mastery of each simpler category was prerequisite to mastery of the next more complex one" (Krathwohl 212–13). The original categories of Knowledge, Comprehension, Application, Analysis, Synthesis, and Evaluation were updated to Remember, Understand, Apply, Analyze, Evaluate, and Create (214). Though still considered hierarchical, moving from simple to complex, these categories are also seen to overlap more than in their original iteration (215). The goal for teachers is still to push students towards the upper end of the Taxonomy. Instructors must assess where students fall on the taxonomy in order to adequately guide them towards upper level thinking, building on each kind of knowledge along the way. This course attempts to do that, with the film project as an example from the "creation" category of knowledge.

5. SPN 352 is typically offered every other year, depending on the needs of our students at any given time. This article focuses on the versions I offered during W1 10 and WI 12. As we begin the section of the article that looks specifically at my case study, it is important to recognize that our upper-level Spanish courses tend to have 6–12 students, though due to several atypical factors, my WI 10 class

brought to the fore by the Texas textbook controversy where, among other topics such as erasing Hispanic deaths at the Alamo and "white-washing" slavery, Oscar Romero was disappeared from history, supposedly because someone on the committee had not heard of him and therefore he was not important enough to be taught. The second iteration in 2012 was in the context of a ban on ethnic studies in Arizona with HB2281, where once again legislators decided what knowledge is officially (de)valued in public classrooms. Both cases emphasized for me what is at stake when choosing materials or designing the syllabus for a course. Each case also helped inspire discussions about sources of information and authority over the (re)production of knowledge as part of the course itself, while tying course content to current debates beyond the classroom.

Throughout the course we returned to the driving question, "How do we know what we know?" Students were actively encouraged to question the authority of sources of knowledge, such as the textbook (and the professor too). Student frustration with this kind of questioning of knowledge-authority, especially at the beginning of the course (each time I have taught it), is revealing. One student, who happened to be an Education major, exclaimed exasperatedly, "But the book is about facts and if it is a fact, how can I question it?" Aha! A teachable moment! "What is a fact?" I asked "and who gets to decide what counts as 'fact'?" Few of my students were comfortable with this line of questioning, having been trained in an educational system focused more on recall-based testing than on critical thought—the "banking system" described above. This system has taught them not to value their own role in the negotiation of knowledge (re)creation. Feminist scholar bell hooks addresses this issue in *Teaching to Transgress*:

> Since the vast majority of students learn through conservative, traditional educational practices and concern themselves only with the presence of the professor, any radical pedagogy must insist that everyone's presence is acknowledged. That insistence cannot be simply stated. It has to be demonstrated through pedagogical practices. To begin, the professor must genuinely *value* everyone's presence. There

---

had 25 students. In general, with such a small setting in our upper level classes, there are approaches I can take that would be far more difficult to implement with larger classes.

must be an ongoing recognition that everyone influences the classroom dynamic, that everyone contributes. These contributions are resources. Used constructively they enhance the capacity of any class to create an open learning community. Often before this process can begin there has to be some deconstruction of the traditional notion that only the professor is responsible for classroom dynamics. (hooks, 8)

This begs the question, how do we "genuinely value everyone's presence"? How do we begin to rethink shared responsibility for classroom dynamics? I decided to experiment with having students participate in developing the course, thinking that this would recognize and value their input while at the same time encouraging them to engage critically with sources of knowledge and how they know what they know. Starting from admitting that we cannot study all of "Latin American" (or "Hispanic American") "Culture" and "Civilization" in all of time in fourteen weeks, I wanted to make visible the process of knowledge selection—if we cannot cover it all, there must be inclusions and exclusions. I decided to invite the students to be active participants in the selection process. I wanted students to feel the responsibility of these choices and to perhaps even feel empowered by the opportunity to participate in the process, one from which they are normally excluded in the classroom. I began with informational surveys (Why are you taking this class? What do you hope to learn?) and had students scour our library to search for books and other non on-line resources they felt should be part of our class reserve list, an exercise that invited them to help physically build some of the core shared materials where students justified their selections, assessing them as sources of information.[6] I also asked for students to participate in the material selection process through several assignments, including daily writing assignments, and class presentations, all building up to a film project—where they would participate in *creating* a source of knowledge. If there is any hope of guiding students towards valuing their roles as knowledge creators and recognizing the accompanying responsibility, we must

---

6. Additionally, considering that an informal poll revealed that almost all of the students "research" any given topic almost exclusively through on-line sources and that few of them had any means of analyzing the quality or reliability of the on-line sources, I wanted to re-introduce them to books and scholarly sources. We also had a library session to teach them how to assess on-line sources to help them gain critical media literacy (Kellner and Share).

model and practice critical interaction with sources of knowledge. One project alone is not enough. They need constant reinforcement and support throughout the course (and beyond). With this in mind, I designed several assignments with the goal of reinforcing critical questioning habits, while at the same time aspiring to create an atmosphere that would value student participation in the negotiation of (re)creating knowledge.

One basic assignment that sought to encourage student-centered learning, the "Práctica Escrita Diaria" (PED), asked students to critically engage with assigned materials by producing a written "analytic commentary" and a question or topic for discussion. These short daily written assignments not only allowed for practice with writing skills in the target language, they also provided a student-centered basis for discussion. Students who came prepared with this assignment always had something they could contribute to the discussion (especially helpful for students who are less confident with speaking in the target language) and it allowed student input into what to include in the course by asking them to identify aspects of the "text" or "artifact" assigned that they found especially important or relevant. Additionally the activity allows a needed forum for students to practice critical questioning and analysis of sources of information (and of each other) so that they develop this line of thinking and can begin to interrogate their sources more regularly and begin to recognize their individual roles in the negotiation of meaning of any "artifact." With a small class, I require students to submit this assignment before class so that I can help focus discussion towards their interests and provide opportunity to pull in their comments and questions (students have actually commented that this makes them feel valued).

Another way to address bell hooks' challenge is through having students participate in choosing material to be included through presentations. As part of my experimentation with having students take some of the responsibility for the material to be included in the course, each student participated in several mini-presentations and gave at least two more formal "presentations" during the semester. These "presentations" asked students to lead class discussions where they would prepare approximately five minutes of introductory material, followed by an activity to help classmates engage critically with the topic. Part of their responsibility was to identify the background information their classmates needed in order to successfully participate in activities and to suggest homework assignments. I have found tremendous value in student-led discussions, especially in a language classroom where this engages speaking and listening skills. As explained in the description of the assignment, part of the reasoning behind these presentations "is to keep the class as student-centered as possible so that we can concentrate on the kinds of topics and methods of discussion that are most appealing and effective" for the student. Considering that "[l]earners learn what is meaningful to them" and "[l]earners learn better if they feel in control of what they are learning" (Reagan and Osborn 67), I wanted to allow students from different majors (we have very few students who major exclusively in Spanish) to choose topics they found particularly relevant to other areas of their lives and therefore gave them significant freedom in choosing topics, though I started with a base of choices for them (for example a particular chapter or chapters in the book or a geographic region and/or time period) and, through required one-on-one or small group meetings outside of class, always guided them to refine their topics in such a way that combined their interests with what I deemed to be productive for the course as a whole.[7]

Although some students truly thrived under this model and embraced the opportunity from the outset ("Awesome—course was aimed at students' interests"), others expressed an initial discomfort that led to a feeling of freedom ("At first I didn't like not being told what I needed to do exactly, but I grew to like the freedom. I liked being able to choose films and topics that interested me"), while still others absolutely loathed it and did not appreciate my attempt to ask them to share in the responsibility for what was learned in class ("I hated it! I shouldn't have to be responsible in choosing what we learn! Suggestions are fine, however actually choosing the subjects shouldn't be our responsibility"). Especially the first time I taught the course, several students felt that the class was too student led, that I was not teaching enough, and that they wanted to hear the information from me rather than their classmates ("I don't learn well from other students presenting. I wish it was more lecture style").[8]

---

7. This approach has points in common with Inquiry Based Learning (IBL) and other Constructivist methodologies such as Discovery, Problem Based, and Experiential Learning. It is not a perfect match for any of them though.

8. Admittedly, the first time I attempted to implement this model, I fell into one of the pitfalls that Duffy and Raymer warn against in their article, "A Practical Guide and Constructivist Rationale for Inquiry Based Learning" where they take on common misconceptions of IBL (Inquiry Based Learning). They point out that this approach shouldn't be "sink or swim"—guidance is crucial; "[h]owever, the

It would seem that one impediment to the successful implementation of this kind of model, where the professor genuinely values student presence and knowledge production as empowering, is the lack of value students place on their own and each others' contributions. At the same time, these kinds of comments suggest that some students are more comfortable with a traditional lecture-based model—they are more comfortable in a passive role where they have limited responsibility. Part of the goal of the approaches in this course is to shift students' perceptions of their role in the classroom from passive to active so that they become more aware of their role in the development of contemporary culture—to go from passive recipient of culture (for example, mass media) to an active agent who recognizes her capacity for involvement in shaping culture.

From Critical Pedagogy to Cultural Agency: Film as a Source of Knowledge.

As we ask students to question sources of knowledge, we must ask them to consider the role of technology in the creation and dissemination of knowledge. Our students more commonly consult Google searches or Wikipedia entries for research than books or journals and

---

guidance is focused on promoting the students' critical thinking rather than taking away the need to think by simply telling them what to do or what to pay attention to" (4). Our role is to help them see *how* to look, not what to see. I met with each presenting group several times to guide them, but this role was not always evident to other students during class. Duffy and Raymer go on to explain that "lectures, demonstrations, and other 'instructional' approaches are very often an important part of the learning environment. In contrast to traditional classroom instruction, however, the lectures and demonstrations are provided after the learner has already wrestled with the issue. That is, they have worked on the issue and they now recognize a need for learning" (4). Normally after student presentations I would fill in the gaps and expand on information; however, on the days that two groups presented, I seldom had time to intervene. I have taken student comments to heart and in addition to the notable advantage of a smaller class size, with subsequent versions of the course I chose a schedule that would allow 1 hour 20 minutes per class session twice a week versus 50 minutes three times a week. Even on the days it is necessary to schedule two presentations, there is still time to augment the presentations, correcting if necessary, filling in gaps, and prompting further questioning.

are constantly bombarded by audio-visual sound-bytes through 24 hour cable news, YouTube, Twitter, and other social media accessed instantly on their cell phones from within our classrooms. Speaking from the intersections of media cultural studies, and critical pedagogy, Kellner and Share argue that, "[t]hese changes in technology, media, and society require the development of critical media literacy to empower students and citizens to adequately read media messages and produce media themselves in order to be active participants in a democratic society" (3). Many of our students already participate in the creation of this type of knowledge every time they post a "tweet," a *Facebook* update, a Vine, or a video on YouTube. As we work towards the goal of producing media, in this case in the form of a film project, the hope is that if we ask them to interact in this cultural creation of knowledge in a more intentional and self-critical way, it will carry over into becoming more intentional and self aware in their daily contributions to cultural production—that they will become more reflective of the ways that their "tweets" and updates contribute to a cultural context of knowledge production in a broader community. Before we can ask students to intentionally and reflectively create media-based knowledge, we must first help them acquire the critical media literacy necessary to assess the media around them in order to apply these skills to their own creations.

Advances in technology have made it easier to bring authentic cultural materials into the foreign language classroom, which has enabled a multi-media approach to teaching a course like SPN 352, supplementing the base text with a variety of materials. The Internet has greatly aided access to films and documentaries, through more official channels such as streaming video from Amazon or Netflix, and less official access to clips on YouTube and similar sites. As McClennen points out in her analysis of Latin American Civilization and Culture courses, "many professors use a combination of cultural sources in their classes. Of the courses I surveyed, almost all the teachers had their students work with visual culture, using documentaries or feature films for classes." Often textbooks offer suggested films to supplement the text. For my version of SPN 352, I have included film as an important source to interrogate (I still remember seeing Mel Gibson's 2006 *Apocalypto* with my grandmother and cringing when she commented "I guess that's how those people were") and as a starting point for visual literacy, hoping that if students become more adept at actively questioning the films they see rather than passively viewing them, they will learn to apply this to other contemporary visual media. In each version of the course we used fiction film to discuss representations of history and versions of "truth" where students were pushed to question the "truth" of visual images, especially in documentary film where many of them tended to approach viewing documentary as they did reading a textbook: as a purveyor of "facts." Especially in the second version of the course, we emphasized how this kind of filmmaking creates reality rather than merely representing it through considerations of how composition and editing work together to create a narrative message. We are especially interested in interrogating the ways cinematographic aspects work together to impart implicit messages that reveal points of view and cultural bias that might not have been apparent on first glance. In order to aid this process, the second time teaching the course, I provided them with a list of questions intended to prompt them to think critically about how content and technique combine to create a film. By considering how the two main mechanisms in making a film, the frame (including composition—what is in the shot? Angles, light, colors, etc.), and the connecting of frames (editing) work together to tell a story, students are better able to detect and analyze the explicit and implicit messages created by those choices. With the help of Andrew Bare, Alma College's Assistant Director of Instructional Technology who has experience making and teaching documentary film,[9] we gave students examples of different techniques from several documentaries with topics related to the course (for example, framing of interview subjects from *Farmingville* where the background either enhanced or undermined the interviewee's credibility; Michael Moore's use of dramatic music in the segment on Cuban health care in *SiCKO*; different narration

---

9. With Tim O'Brien, Andrew co-directed and co-produced the 2006 documentary *Closing Doors*, which aired on PBS in 2007. Andrew's support has been crucial to the success of this project, especially in terms of training students to use technology (iMovie). We scheduled two short sessions and one longer editing session during class time, but he was also available for individual appointments to help not only with the technology, but also could draw on his experience with filmmaking to guide them to produce a better quality, more thoughtful film. Throughout the process I stress that in terms of this class, the content is more important than the quality of their filmmaking (this is not, after all, a course on making documentary film, but rather a course that is using making a film as part of other course goals). Nevertheless, students need support in order to navigate the technology so that they are able to reach the content goals. I recognize that without the collaborative opportunities we have here, or without the access to lab space with the software and hardware needed, the project would not be a viable option.

styles and their effects using the same *SiCKO* clip in comparison to a clip from *Which Way Home*). Since part of the process of learning to make documentary is learning to view documentary films with a critical eye, using these examples as a springboard, we discussed filmmaking decisions that would help students recognize these choices in films they view in order to gain critical media competency that could then be applied to better planning their films in order to make them more self-aware cultural agents.

Why make the jump from viewing and analyzing film to making one? Admittedly, part of the inspiration for the film project came from having had the incredible opportunity to play a small part in the creation of the film, *Which Way Home* (Rebecca Cammisa, 2009), a documentary that follows unaccompanied child migrants as they travel by train ("the Beast") across Mexico in their quest to reach the United States.[10] The film's director, Rebecca Cammisa, fully embraced the role of documentary in contributing to knowledge, to how we know what we know about immigrants, stating that her goal in making the film was to "humanize migrants in a dehumanizing process." Students in the 2010 course were able to hear her say this first hand as we invited her to campus that semester for a screening of the film. In 2012 we screened *Las Abuelas de la Plaza de Mayo: The Search for Identity* (2012), followed by a question and answer session via Skype with one of the film's producers. Students were able to ask questions about content that related to their classes (clarifying doubts about Argentinean history, role of the courts, human rights issues, etc.), but also about the filmmaking process. Questions included decisions about including or excluding types of information (who was or was not interviewed; why they included the role of the U.S. they way they did, etc.), the process (how did they start, advice for student filmmakers, funding), and filming/framing choices (why use close-ups, angles, etc.). Both Q and A sessions with directors helped students understand that documentary film-making involves decisions about what to include and exclude that impact messages (overt and hidden) present in the film—a key understanding for their media literacy.

---

10. The film was nominated for an Oscar for Best Documentary Feature the year I taught the course and went on to win multiple awards, including the 2009 Emmy for Outstanding Informational Programming—Long Form, an award that I have the honor of sharing due to my role as one of seven Field Producers.

One of the goals of having students make a film was to have them experience this decision-making process first hand and to perhaps have a greater understanding of the potential implications of this process to then allow them to become more critical viewers of the media that bombards them daily. Embracing the possibility that "alternative media production can help engage students to challenge media texts and narratives that appear natural and transparent" (Kellner and Share 4), I assigned a mini-documentary as a final project for SPN 352. Students were asked to create a "visual final paper" through a 3–5 minute original documentary in Spanish related to an issue facing contemporary Latin America, accompanied by a written self analysis of the experience that incorporated reactions to peer feedback.[11] Where a traditional final paper focuses on written production in the target language (and sometimes reading if the sources for the paper are all in the target language), in terms of foreign language pedagogy, the concept of a visual final project shifts the focus to include other linguistic competencies as well, including listening and speaking. Additionally, the learning a student demonstrates in a traditional final paper is all too often only shared with the professor, whereas these visual papers were shared with the class and became part of the corpus of "texts"/"artifacts" to be analyzed. Some students acknowledged a feeling of responsibility that accompanied the project, reflecting that, "[k]nowing that we were presenting this to the class, we felt a sense of accountability to our peers to make sure that we had a valuable 5 minute production. Essentially, I believe that (pedagogically speaking), creating a video made us dig deeper into our subject and evaluate our topic more thoroughly."

Almost all of the eight groups in 2010 spontaneously interacted with Spanish-speaking communities in Michigan and almost all chose topics related to issues that illustrated ways in which Latin American "issues" touch Michigan. Though this was not a requirement the first time through, it has been since in recognition that this important community interaction provided a stepping stone for students so inclined to expand on community involvement. For example, a student who worked with ESL for migrant communities near her home discovered ways to become involved locally through a classmate's presentation. Another student who worked on a film about migrant access to healthcare went on to do an internship at an

---

11. See appendix for guidelines for the project and writing assignment.

agency that her group had interviewed. These two examples suggest the possibility that this kind of project can provide opportunities for students to become more thoughtfully engaged in their communities.

As groups reached beyond standard classroom interaction to the college community and even the Hispanic community beyond campus, pedagogically speaking, this project also addresses the "community" of ACTFL's five C's (Communication, Cultures, Connections, Comparisons, Communities), sometimes referred to as the "lost C."[12] As one student remarked two years after the course, "I liked getting involved with the community on this project. It helped put what we were learning in the classroom to actual use in the 'real world.' I think that's good for us to keep into perspective as college students. Sometimes we get stuck in the Alma bubble and our lives on-campus that we forget there is a bigger world out there, in which we will enter shortly."

In some cases the community involvement allowed students to change their relationship with their sources of information by interacting directly with these human sources. One student, who presented as part of the conference panel and later went on to become an active foundational member of Alma College's Hispanic Coalition,[13] commented,

> I think it was vital to incorporate this project into our LA Civ and Culture course. It helped me personally understand illegal immigration from LA, specifically Mexico. Also, I was

---

12. The "Five C's of Foreign Language Education" were first introduced by ACTFL (The American Council on the Teaching of Foreign Languages) in 1996 as national standards for foreign language learning. My experience seems to echo the profession at large according to "A Decade of Foreign Language Standards: Impact, Influence, and Future Directions" published in 2011, which reports that "Communities has often been termed the 'Lost C', with the literature expressing the difficulty in teaching toward Communities and its consideration as an application task after the basic language is learned, a sentiment also found by other Task Forces on this project. These results support notions of Communities, but also of Comparisons, as having a lesser impact on the profession than the other three areas" (Phillips 6).

13. Formed at the end of the 2011–2012 academic year, Hispanic Coalition (HisCo) is our version of a Spanish club, but with the intention to go beyond what language clubs typically do by creating coalitions not only across campus, but also with community beyond campus.

aware of the *illegals* in the United States, but I didn't ever stop and think—"why are they here?" I just assumed they had a negative impact on society, because that's what I've heard all my life. Interviewing Felipe gave me a personal connection to the topic and the ability to understand things more from his point of view, which most Americans don't get to experience. This documentary style is more effective than writing a paper or making a PowerPoint because in the film the audience is actually able to hear the voice of a migrant worker. Although we were not able to show his face, our audience knows he is actually there.

This student's comment suggests that she has internalized what Henry Giroux has challenged educators: to educate "students to become critical agents who can actively question and negotiate the relationships between individual troubles and public issues" (Giroux, Why). She connected with "Felipe" and through interacting with him in the course of this project, she has become an active questioner and critical agent, something that she, as a future teacher, will share with her students.

The project itself is an attempt to promote cultural agency as a creative agency of change within the classroom. Doris Sommer explains that "[a]gency through culture is almost second nature to democratic life, whether we take culture to mean collective and flexible everyday practices or the individual departures from convention that we call art. Cultural agency is a name for the kind of political voice that speaks through aesthetic effects and that can renew love for the world while it enhances the worth of artist-agents" (Sommer 20), or in this case, student-agents. Through doing the project, students did find a voice that seemed to enhance their worth and perhaps achieve what bell hooks challenged us to do, to value the presence (and contributions) of every student. In making a film, students were not only choosing course material, but creating it, changing their relationship to the course itself and destabilizing, at least to an extent, the traditional professor-student hierarchy, which was also challenged in other areas of the course.

Towards a Conclusion: Continuing Challenges

There is a learning curve here, which also applies to professors. The more I analyze what I think I am doing, the more I realize that I fall far short of the lofty goal of decolonizing the classroom through empowering students and the more I see the possibilities for improvement. I don't suggest that every course be taught in this way, nor do I suggest that this approach was completely successful the first time (or the second time) I have tried it, but I do suggest that it has potential. Each time I teach the course, I continually make changes, including trying to "visibilize" the "hidden curriculum"—explaining the methods behind the madness, so to speak.

I do not pretend to suggest that this course radically transformed every student. In fact, it did not. Some, two years later, remember the film project as overly burdensome work that relied on a technology they did not find pertinent or particularly useful. Of those who point to this project as "the best of their four year experience" ("At first I thought creating the film would be way more work and far more difficult than any written exam could be, but once the project was underway I realized how much more fun, personalized, and interactive the experience was. My finished product film was possibly the most rewarding project of my college career."), I have no doubt that many came to the course with a predisposition to critical thought. Although students took advantage of the opportunity to find ways to address knowledges that were excluded from other parts of the course (dance, for example), they did not, however, necessarily recognize their own contributions, nor think critically about the implications of their inclusions or exclusions. Only one group in 2010 seemed to really understand the possible implications of their own editing choices. The way they had cut and edited a quote, they made an interviewee seem to have the exact opposite view from the one he actually held. They did not notice this until this interviewee saw the film and requested it be re-cut to reflect his true position. Reading the self-evaluations revealed the importance of critical reflection on their own work as an essential part of the process to become more conscious of their own learning and to value their contributions, but I also saw ways in which my own questioning potentially limited their growth. For the second version, I reframed my questions in effort to reach this goal of critical self reflection, asking them to evaluate their own projects as sources of information and to reflect on the process of creating a source of knowledge (see Appendix B for the questions and complete guidelines for the assignment). As a result, students commented on how much they had learned about their chosen topic, but they also became more conscious of the complexities of sharing that information with others: "[We] learned so much about the struggle to learn English as an immigrant—the limitations of not having a drivers' license and the lack of a regular schedule and people to practice with—but it was hard to get those ideas across in a coherent way." The same student commented that she learned that "B-roll," the images cut in with interviews in documentaries, "creates meaning as much as the words being spoken" and that what she had learned most from the project is that "communication—at least via this medium—is hard and ambiguous." Nevertheless, she concluded, "All in all, I would not have traded the experience for any other."

Another particularly insightful student responded that through the process of completing this project, she learned that "it is a lot harder to make a source of knowledge than I thought" and went on to reflect about why it was so difficult:

> I have learned that by writing papers and doing documentaries like this you really find out where you stand on certain issues. While making the documentary we have the power to include and exclude everything in order to shape and really create the image that we want people to see. [. . .] I noticed this when [my partner] and I were setting up what we wanted the narrative and the order of the clips to be. The message changed a lot depending on where we moved clips and I was always wanting to move the clips to a position that clearly stated our thesis or what I thought would give a certain position. I don't think we realize this though until we have to decide and come up with a source of knowledge.

For this student, the process of making the project and analyzing her own work helped her to become a more conscious knowledge creator. Unfortunately, her depth of thought and self-critique was the exception and not the rule. Several students really seemed to make the connections that I was hoping for, but others fell short of the ideal goal of becoming critical creators and consumers of information.

Nevertheless, I do know that some students were meaningfully changed and I was able to witness them grow throughout the semester—to see their eyes open to the world around them in new ways. For those in whom I witnessed the most growth, I also acknowledge that multiple factors were at play, in and out of the classroom. Perhaps it is naïve to think that students will achieve cultural agency through this kind of alternative assessment, but I do believe in the possibilities. Optimistically, I hope that as I continue to revise approaches to the project, results will improve. Even so, I also recognize that one project in the context of one course has limits. This is but a small opportunity to grow as part of a life-long process of interacting with knowledge.

One of the driving questions of this anthology asks if Academia is an agency of change and goes on to reflect on exchanges between Academia and the community. I would suggest that it *should* be an agency of change, but that by and large we do not live up to our potential, at least in part because of a lingering hierarchy within our classrooms that extends to a lingering ivory tower separation of the classroom from the community. Before we can reach beyond the campus, we must first look within the campus and ask how Academia might be an agency of change for our students. How might we consider ways that our pedagogy can offer possibilities for cultural agency within our classrooms, that we might then push beyond the campus to form links and exchanges between Academia and the community?

Works Cited

Las Abuelas de la Plaza de Mayo: The Search for Identity. Prod. Charlie Tuggle. 2012. Film.

Barroso Tristán, José María. "Interview: Henry Giroux." *Global Education Magazine.* No. 2. (20 Jan 2013): 20-23. Internet. 2 July 2014. http://www.globaleducationmagazine.com/ global-education-magazine-2/

Cara, Rene. "Reports of TUSD book ban completely false and misleading." *Tuscon Unified School District.* 17 January 2012. Internet. 20 July 2014. http://www.tusd.k12.az.us/ contents/news/press1112/01-17-12.html

Duffy, Thomas and Pamela Raymer. "A Practical Guide and a Constructivist Rationale for Inquiry Based Learning." *Educational Technology.* 50.4 (July-August 2010): 3–15.

Farmingville. Dirs. Carlos Sandoval and Catherine Tambini. 2004. Film.
Freire, Paolo. *Pedagogy of the Oppressed, 30th Anniversary Edition*. Trans. Myra Bergman Ramos. NY: Continuum Books, 2000.
Giroux, Henry. "Data Storms and the Tyranny of Manufactured Forgetting." *Truth-Out*. 24 June 2014. Web. 20 July 2014. http://www.truth-out.org/news/item/24550-data-storms-and-the-tyranny-of-manufactured-forgetting
———. *On Critical Pedagogy*. NY: Continuum Books, 2011.
———. "Why Teaching People to Think for Themselves Is Repugnant to Religious Zealots and Rick Santorum." *Truth-Out*. 22 February 2012. Web. 12 March 2012. http://www.truthout.org/why-teaching-people-think-them selves-repugnant/1329847441
Goodwin, Michelle. "Law Professors See the Damage Done by 'No Child Left Behind.'" *The Chronicle of Higher Education*. 12 March 2013. Web. 29 August 2014. http:// chronicle.com/blogs/conversation/2013/03/12/law-Profes sors-see-the-damage-done-by-no-child-left-behind/
hooks, bell. *Teaching to Transgress: Education as the Practice of Freedom*. NY: Routledge, 1994.
Kellner, Douglas and Jeff Share. "Critical Media Literacy, Democracy, and the Reconstruction of Education." Eds. D. Macedo and S.R Steinberg. *Media Literacy: A Reader*. New York: Peter Lang Publishing, 2007: 2–23.
Krathwohl, David. "A Revision of Bloom's Taxonomy: An Overview." *Theory Into Practice*. 41.4 (2002): 212–218.
McClennen, Sophia. "After Civilization: The Theory and Practice of Introducing Latin American Culture" ADFL Bulletin. 34:2 (Winter 2003): 6–14. Web. 15 March 2012.
Phillips, June and Marty Abbott. "A Decade of Foreign Language Standards: Impact, Influence, and Future Directions." *ACTFL*. Oct. 2011. Web. 12 March 2012. http://www.actfl. org/i4a/pages/index.cfm?pageid=5301
Planas, Roque. "Mexican American Studies Books Un-Banned in Arizona." *The Huffington Post*. 23 Oct 2013. Web. 20 July 2014. http://www.huffingtonpost.com/2013/10/23/mexican-american-studies-book-ban_n_4149048.html
Reagan, Timothy and Terry Osborn. *The Foreign Language Educator in Society: Toward a Critical Pedagogy*. Mahway, NJ: Lawrence Erlbaum Associates, 2002. Print.

Sommer, Doris, ed. *Cultural Agency in the Americas*. Durham: Duke University Press, 2005.
SiCKO. Dir. Michael Moore. 2007. Film.
Which Way Home. Dir. Rebecca Cammisa. 2009. Film.
Wink, Joan. *Critical Pedagogy: Notes from the Real World*. 2nd ed. NY: Longman, 2000. Print.

Appendix A
Film Project (2012 Version)

Working alone or with a partner, you will create a 7 Minute original "documentary" (5-10 minutes would be an acceptable range) related to an issue facing contemporary Latin America that connects to Michigan. You will present to the class the last week of classes. A few expectations:

- 5 minutes must be absolutely original footage.
- May use up to 45 seconds of other video sources (this time does NOT count towards your 5 minute minimum), but like quotes in a paper, they must be integrated, you must comment on them (explain why they are there and how they help your film), and credit must be given to the original source.
- Must use at least 5 sources and at least 1 must present a contradictory or differing point of view about your topic (CLARIFICATION—not all 5 sources should be interviews. Although you might choose to use interviews, you need to have other sources as well. See me if you need additional clarification here.)
- Must interact with a Hispanic community OFF campus
- Make sure to credit all sources properly in the credits at the end of your film project.
- Must connect your topic to an aspect (or aspects) of the course.
- Must include some sort of comparison (can be in time and/or space—for example, a mention of how the topic plays out in a different town/country/etc. and/or a different moment in time; i.e., how has it changed over time).

- **CONTENT of your video is more important than technical aspects of the film.** Content includes how you deal with the issue you present as well as your interaction with the Spanish language. **Think of this project as a visual research paper (rather than a written one).**
- Group grade on the video.
- Individual grade on reflection paper.
- Assessment of group member participation.

Appendix B
Final Project Self-Assessment/Reflection
(2012 Version — Question 6 Added)

Use the following to guide your self-reflection (TYPED). YOU MAY CHOOSE TO WRITE IN ENGLISH OR SPANISH. The goal of this assignment is to demonstrate critical thinking, so choose the language that best allows you to do so.

For your reflection paper, you may choose to write a narrative essay, or respond to each of the questions. Either way, be sure to address all of the topics below, to develop your responses, and to provide adequate justification (each question needs multiple sentences and some may need multiple paragraphs). Be sure to USE FEEDBACK from your film presentation to inform your answers.

I. Project evaluation:
1. Evaluate your final project as a whole (what grade would you give the project as a whole and why?)
2. Explain the goals of your project (Why did you choose this topic and what were you trying to do?)
3. Explain and assess how your project fit with the course.
4. What comparison did you include and why?
5. Assess the effectiveness of your project (how well did you meet your goals? Did your classmates get what you wanted them to? Include at least 2 specific references to peer feedback)
6. Assess your project as a source of information — this project became part of our course materials.

        a. Reflect on the process of creating a source of knowledge. What insights did you gain about creating sources of knowledge?
        b. Step back and analyze your project as you would have analyzed any other "source" from the course. How did your decisions about what to include or exclude in your film impact the overall message? Give at least one example.
   7. Assess your use of sources. Why did you choose the sources you did? What alternative perspective(s) did you include and how effective were they?
   8. What challenges did your group face and how did you deal with them?
   9. What would you do differently next time (as a group or as an individual)? Why? What would you keep the same? Why? (As part of your answer, consider # 6 above)
   10. What did you learn from the activity? (About the material? About the activity itself? About your group members? About yourself?)

II. Member evaluation: Assess your group (approximately 1 paragraph per group member). Evaluate your own participation and the participation of each group member. Include: the names of each member (yourself included), the grade you'd give (and why), and an assessment of effort, intellectual contributions, community involvement, language skills (written and spoken), etc.

CAPÍTULO V

LA EDUCACIÓN POR EL ARTE COMO UNA PROPUESTA EMANCIPADORA

Mirta Colángelo
Ed. Vox, Bahía Blanca

Resumen:
Partiendo de un análisis de la educación por el arte, su historia y su aplicación a los procesos creativos en los diversos lenguajes, se presentan distintas experiencias en variados entornos. La Educación por el Arte persigue hacer nacer y crecer los talentos personales de modo armónico y conjuntamente. El ejercicio de la libertad creativa no sólo depende de los reguladores externos; también se vincula con el grado de confianza que sintamos por nuestras propias posibilidades. Una de las acciones fundamentales para poner en marcha la popularización es la capacitación de los mediadores. Esencial es el papel que juega el mediador. Este ensayo se refiere al trabajo que realicé integrando Literatura y Plástica en el taller "Cuentos con sol" que funcionó durante diez años (1996–2006) en el Patronato de la Infancia de Bahía Blanca, a su proyección y resultados. Asimismo se analizan otras agencias culturales como la de los susurradores de poemas. El susurro alienta la búsqueda de nuevos caminos, de maneras más sensibles para mediar poesía. Inaugura una especie de viaje que va de la voz del mediador al oído del susurrado, estableciendo una peculiar relación entre el susurrador, el susurrado y el poema.

Palabras clave: Educación por el Arte, mediadores, libertad creativa, talleres de expresión creadora, susurradores de poemas.

"¿Puede la enseñanza artística llegar al desarrollo de la transmisión de esa sabiduría personal y cultural que armonice en todas las artes, la lectura y la escritura con el deseo; los objetos artísticos con la identidad individual, histórica y social?" se pregunta Víctor Fuenmayor, educador por el arte venezolano. Y lanza su hipótesis de respuesta diciendo: "No es nada fácil llegar a la inducción de experiencias para acceder a sensibilizar por el arte, a prender el fuego del deseo creativo. Es necesario incentivar de tal manera que los logros del descubrimiento personal puedan llegar a ser la materia posible del arte. El amor y la vocación por el arte siempre han encontrado, intuitivamente, los caminos que hoy forman parte de los saberes, de la reflexión científica y pedagógica, aportando además de las frustraciones muchas comprensiones y compensaciones. El método es un despertar. Apunta a un descubrimiento regulado por actividades y acciones cotidianas y vivenciales. Despertar el registro en la percepción y en la acción de hechos, situaciones u objetos de la vida cotidiana, conduce a una contextualización de las experiencias. Ese registro, integrando el desarrollo de las sensaciones como base misma de la lectura de la vida y de la obra, abre la posibilidad de la expresión y la creación" (1999).

La Educación por el Arte persigue hacer nacer y crecer los talentos personales de modo armónico y conjuntamente, ¿Por qué pensarla como una práctica emancipadora, en la que no se subordinan las inteligencias a una sola, sino que se despliega una relación de alteridad? ¿Cuáles son las razones por las que valdría popularizarla? Enuncio mis propias hipótesis al respecto: Popularizar esta educación haría posible incorporar a la educación formal actividades que propongan desarrollar experiencias revitalizadoras que se sustenten evitando cualquier visión que margine. Esto es integrar y unificar a los implicados generando un ambiente propicio para su desarrollo intelectual, independientemente de la condición social o económica que tengan. Los lenguajes artísticos integrados permiten que sujetos de todas las edades interactúen con su entorno, es decir, interaccionen con su contexto nombrando, significando, creando y recreando el mundo, desde sus propias perspectivas, en un proceso de intersubjetividad permanente. La estimulación de los procesos y mecanismos de la creatividad, pasos imprescindibles de la educación por el arte, son la idea que sustenta la defensa de su condición emancipadora. Claro que la exploración de una vía creativa requiere primero acabar con algunos prejuicios; entre otros, el que considera a la creatividad como un misterio que sólo aparece como inspiración en algunos seres dotados por un talento especial.

Esto puede hacer aparecer la popularización como algo ideal solo desarrollable en personas con ciertas dotes artísticas o creativas especiales. Investigaciones en diferentes campos demuestran que el ejercicio de la creatividad requiere sólo activar las condiciones potenciales que posee cualquier ser humano y que lo relevante es la existencia de un entorno favorable. Para generar ese entorno y de allí planear y llevar adelante las acciones vale el ejercicio de intentar colocarse en el lugar del otro y, hasta donde sea posible, ver el mundo como ese otro lo ve. Ese ejercicio tiene como mínimo dos consecuencias fundamentales: por un lado, favorece el desarrollo de sentimientos de solidaridad en la medida en que el otro comienza a ser visto como si fuese uno mismo, lo que aumenta las posibilidades de empatía y de comprensión de los problemas y soluciones de esos otros.

Por otro lado, ese tipo de ejercicio provoca que, en contraste con otras formas de ver el mundo y de estar en él, el individuo comience a ver las cosas, producto de su propia cultura, y de las peculiaridades, limitaciones y posibilidades de la misma. Resulta importante enfatizar que una mente creativa sólo puede desarrollarse en ambientes de libertad, donde se pueda probar y equivocarse, ir y venir hasta encontrar algo, donde haya tiempo disponible y buen clima para conversar abiertamente. El ejercicio de la libertad creativa no sólo depende de los reguladores externos; también se vincula con el grado de confianza que sintamos por nuestras propias posibilidades. Alcanzar la autoconfianza es fundamental. Se ha demostrado que cuanto más creemos en las habilidades de nuestra mente, cuanto más la utilizamos y tenemos fe en ella, mejor trabaja. Concebir el conocimiento como un proceso creativo, implica reconocer que somos capaces de generar algo nuevo, y que la respuesta que estamos buscando, puede provenir de nuestro interior.

La Educación por el Arte es una propuesta pedagógico-filosófica, fundada por el filósofo inglés Herbert Read (1943) que concibe el arte como medio para la formación integral del sujeto. Su concepción es que la educación debe ser ante todo integradora, mutualista, generadora de compensaciones y equilibrios, una forma incesante propiciadora de felicidad. Read sostiene en su teoría que pueden integrarse los lenguajes artísticos y científicos: "Creo que el defecto de nuestro sistema educativo es precisamente nuestro hábito de establecer territorios separados y fronteras inviolables, El sistema que propongo tiene como único objeto la integración de todas las facultades biológicamente útiles en una actividad orgánica. No hago distinciones entre ciencia y arte salvo como métodos y creo que la oposición creada entre ambas en el pasado se ha debido a una concepción limitada de ambas actividades" (1969).

En Argentina fue fundamental el aporte de las hermanas Leticia y Olga Cossettini, quienes, en la escuela Experimental Gabriel Carrasco de Rosario llevaron adelante, entre 1935 y 1950, la primera experiencia educativa basada en la propuesta de Read. Afirmaba Leticia Cosettini: "El niño adquiría conciencia de belleza en todas las asignaturas y el arte fue parte integral de nuestro vivir. Fomentábamos su crecimiento con un entrenamiento unificador de los sentidos y lo ejercitábamos para la vida. Aun con programas oficiales las materias perdían sus artificiosos contornos y lográbamos una actividad constructiva y creadora...Los niños sienten la necesidad de hacer las cosas bien y que sean bellas. Son igualmente armoniosos cuando cantan, escriben un poema, trazan un plano, construyen geométricamente, responden a experiencias científicas. La llama del espíritu corre y une, solidariza todas las expresiones..." (1962).

El Instituto Vocacional de Arte en la ciudad de Buenos Aires, IMEPA, de Avellaneda, Provincia de Buenos Aires y las Jornadas de Educación por el Arte de Laprida, una pequeña ciudad de esa misma provincia, donde se llevaron a cabo ininterrumpidamente 19 Jornadas a las que asistieron participantes de todo el país y que fueran coordinadas por especialistas nacionales de áreas artísticas y científicas, se constituyen en la Argentina, en promotores de esta educación. En Bahía Blanca funcionó entre 1986 y 1996 "La casa del sol albañil" un taller interdisciplinario de Educación por el Arte destinado a niños de entre cuatro y doce años que fundé y dirigí trabajando con un grupo de especialistas en las áreas de Expresión Corporal, Teatro, Plástica, Música y Literatura. Otra de las experiencias de las que formé parte fue la realizada recientemente por el grupo Galera Sol, hijo de la experiencia anterior, con el que organizamos en Buenos Aires jornadas intensivas para docentes integrando arte y ciencias.

¿QUÉ PAPEL JUEGAN LOS MEDIADORES EN LA POPULARIZACIÓN DE LA EDUCACIÓN POR EL ARTE?

Una de las acciones fundamentales para poner en marcha la popularización es la capacitación de los mediadores. Esencial es el papel que juega el mediador. Sin duda se puede perder la escucha de la voz del arte si el mediador no tiene formación ni está capacitado para ser el puente apasionado que éste pide. Hay en el aire una demanda silenciosa de niños y jóvenes que no llegan o no pueden disfrutar de él por impericia de los mediadores. Muchas veces las propias experiencias de éstos, que fueron atravesados por demandas taxonómicas de una interpretación única de las manifestaciones artísticas, son las que dan cabida a esa pérdida.

A modo de síntesis creo que la educación por el arte es una propuesta genuinamente democrática que acaba con el prejuicio de que la creatividad es patrimonio de algunos elegidos. Apuesta a las búsquedas, a los experimentos y a los curioseos. Acepta intercambiar, refutar, criticar; probar y probarse. Cree en el misterio de la inspiración pero también en las prodigiosas revelaciones del trabajo. Integra lenguajes expresivos que incluyen a la ciencia y habilita a todos los implicados para la expresión y la creación, aunque se trate de aquellos que provienen de contextos sociales desfavorables. Apunta a la realización de experiencias en las que se priorizan los procesos sobre los productos e incorpora, entre otras estrategias, al juego. Le da siempre la bienvenida al azar, al extrañamiento, y a la invención libre. Provocadora, placentera, posible, la educación por el arte es paridora de un modo de estar frente al mundo. Como dice Lope de Vega refiriéndose al amor: "quien la probó lo sabe".

Breve relato de una experiencia

Numerosas experiencias que llevé a cabo durante muchos años en espacios de crisis me permiten enunciar que esta práctica puede ser exitosa. La Educación por el Arte colaboró para que niños atravesados por una adversidad temprana pudieran llegar a querer leer sobre poder leer e integrando lenguajes artísticos, a expresarse y crear. Este breve relato se refiere al trabajo que realicé integrando Literatura y Plástica en el taller "Cuentos con sol" que funcionó durante diez años (1996–2006) en el Patronato de la Infancia de Bahía Blanca.

¿Qué hacer cuando se está frente a chicos institucionalizados con enormes dificultades en la lectura y escritura motivadas por el desinterés y el desencuentro con sus posibilidades imaginativas? En primer término pensar la esperanza. Y así pensar con ellos que es posible habitar de un modo distinto lo que hay, ofreciéndoles recursos simbólicos que permitan inscribir, filiar, que dejen rastros y tramiten una puesta de sentido sobre el mundo, un modo de existencia más humanizante. Construir una experiencia habilitante con la lectura fue el propósito inicial. Dar confianza, para la osadía de las palabras, para animarse a soltar la voz, para dar a luz a lectores trabajados por los textos.

¿Cuáles son los hilos, las claves, que posibilitan esta apertura?

Los modos de tramitar las palabras, la prueba de itinerarios, la celebración de las conquistas en ese andar. Y cuidarse de las anticipaciones que preceden al accionar. Considerar pobres a pibes provenientes de contextos sociales desfavorables suele ser una anticipación que precede generalmente a las prácticas o intervenciones en las que se posicionan muchos adultos con los que los chicos conviven, adultos acostumbrados a manejar un concepto de riqueza que expresa señales significativas de una sociedad que prestigia lo material y lo homogéneo y un marcado cautiverio de la moda y de lo superficial. Una sociedad ajena a la diversidad. Además esta conceptualización no sólo se reduce a lo material sino que incluye la capacidad intelectual y la sensibilidad. Esa cierta impericia que suele adjudicárseles puede ser refutada cuando se les da la posibilidad de socializar las lecturas que hicieron y preceden a las de la letra. Por ejemplo uno de los chicos: Isaías, un genuino lector de pájaros, compartiendo con su grupo de pares sus observaciones acerca de las aves o Ariel, describiendo minuciosamente cuestiones de lagartijas y de viento.

Acceder atentamente a la escucha implica aceptar que la lectura es, entre tantas otras maravillas, una posibilidad de revelación. Es entender que cada lector es un nombrador del mundo y que la existencia de un entorno favorable activa las condiciones potenciales que habitan en cualquier ser humano para la valoración y el desarrollo de la sensibilidad y el ejercicio de la creatividad. Asimismo valorizar y considerar estas lecturas hace posible allanar y enriquecer la otra etapa: la de la conquista inefable de querer leer sobre poder leer. Entre los niños aparecieron verbalizadas lecturas del mundo riquísimas que colaboraron en la trama de los cruces de lenguajes posibilitando formas originalísimas de expresión. La llave de entrada a la lectura de la letra fueron los textos literarios. Textos hechos de ideología, lenguaje y experiencias; textos en movimiento, textos remolinos, porque la literatura es una revuelta que cuestiona la validez del mundo común. Amenaza con su encantamiento provocador la seguridad y la estabilidad de lo que somos. "Lo importante al leer literatura no es lo que nosotros pensemos del texto, sino lo que desde el texto o contra el texto o a partir del texto podamos pensar de nosotros mismos. Si no es así no hay lectura. Y de lo que se trata, al leer, es que a uno le pase algo", sostiene Jorge Larrosa (2000).

Leímos mucho y nos pasaron cosas: a los pibes y a mí, hubo permisos, acuerdos para una exploración no dirigida, porque sucede que los libros a los que accedemos por casualidad y por propia cuenta suelen estar cargados de mayor atractivo que aquellos a los que nos conducen otras personas. Resultará inevitable en muchas ocasiones que gran parte de estos libros autoseleccionados carezca de mérito literario. No obstante, este punto es irrelevante. El aspecto fundamental consiste en que cuando nos vinculamos con los libros sin ninguna obligación aprendemos, al principio con un cierto grado de torpeza, a comparar, evaluar y seleccionar. Este aprendizaje sólo se produce mediante la experiencia directa y con el consiguiente riesgo. Un lector se forma con la frecuencia y la diversidad. Roland Barthes habla de algunos libros que abren en nosotros una grieta y habla de un *punctum*. Punto generador del no olvido: "No soy yo el que va a buscarlo, es él el que sale de escena como una flecha y viene a buscarme" (1989).

Lo literario no se propone una concepción instrumentalista del lenguaje, sino que abre a la posibilidad de acceso al imaginario, a la ensoñación, al pensamiento. Como dice Michel Petit: "(. . .) la lectura que los ayude a construirse, a imaginar otros mundos posibles, a soñar, a encontrar un sentido, a encontrar movilidad en el tablero de la sociedad. . ." (2001). Las múltiples conquistas a partir del encuentro con lo literario, en una perspectiva de producción que sostiene, reconoce y mira al otro en la riqueza de sus diferencias, facilita un campo de comunicación cultural entre hablantes, una vibración que gira en torno a su misterio, un espacio de creación. Y es en este momento donde poco a poco puede empezar a ganar espacio el deseo de leer a través de un trabajo intenso en y con las palabras para dar sentido a los mínimos quehaceres. Fundamentalmente leímos poesía, mitos, cuentos breves. El lenguaje pobre de los comienzos se enriqueció y dio lugar a la alegría de dejar de imaginar en el vacío. El espacio-tiempo dado al juego con la palabra, con la poesía, "ese producto inútil pero nunca nocivo" como dijo Eugenio Montale al recibir el premio Nóbel, permitió una vía posible de acceder a un mundo más amplio de sentidos. "La poesía viaja del misterio de uno al misterio de todos y en ese encuentro gana su transparencia. Pasa sin nombre, sin número, ajena al cálculo y la sumisión, corrige la fealdad y el desamor, abriga en sus tiendas de fuego. Entra en el lenguaje como cuerpo, corazón que interroga y no puede dormir, come los libros de la noche.

El poema se forja en el combate contra lo que no va a decir y así construye rostros que duran la eternidad de un resplandor, o de un miedo, una miseria, alguna dicha, un recuerdo que despertó y no sabe si va a la muerte o a vivir." sostiene Juan Gelman[1]. Ayudar a escuchar, a mirar, a educar el ojo; a sensibilizar, hizo posible ir sacando a la luz lo que en ellos había permanecido en la sombra. Y así se dieron descubrimientos de los lenguajes del entorno que hicieron florecer las conquistas: un asomo a probar la producción y mirarse y mirar a los otros en la riqueza de sus diferencias. Fue creciendo de a poquito un campo de comunicación cultural entre hablantes El trabajo se constituyó en toda una ocasión para habilitar oportunidades a estos chicos que son designados por su condición social pura imposibilidad con un único destino: niños pobres, discapacitados sociales.

En el taller apostamos a la diversidad de significaciones probando y experimentando con el lenguaje. Y esta apuesta propició el comienzo de la escritura de pequeños textos. Escritura colectiva, mucha. Paladear la palabra, más. Y siempre, en todas las ocasiones, celebrar los hallazgos, las conquistas. Algunos textos creados por los niños proveen un ejemplo de dicha producción:

En el eucalipto
vive la bandada
de tordos muy negros
salen de la nada.
Yamila Calfumán (10 años)

La lechuza
es un chistido grave
Suena de noche, cae,
chistido, grave,
cae.
Isaías Vargas (11 años)

Anoche soñé con vos
niña de ojos marrones
me decías mi negrito
cuando pelabas morrones
Juan Vargas (12 años)

Elegante señorita
sube alto y muy veloz

De copete paradito
y su peinado de mister
el tero enamora teras
y si lo mirás perdiste.
Antonela Pignotti (11 años)

Pájaros perdidos
buscan, huelen
como perros
hacia abajo
para encontrar el cielo.
José Guzmán (10 años)

Si lo ves al tiburón
salí nadando ligero
que si te clava los dientes
mamita qué flor de "aujero"
José Guzmán (10 años)

La banana
es una anguila amarilla

---

1. Gelman, Juan. "Esa realidad invisible". *Diario Página 12*. Buenos Aires, 22–1–11.

> *la golondrina parece*
> *una ilusión que voló*
> Yamila Calfumán (10 años)
>
> *le pego un mordiscón*
> *y chilla*
> *anguila amarilla Chilla.*
> Isaías Vargas (11 años)
>
> ¿Cuál es la pregunta
> de la sal de mar
> que trae la ola
> de aquí para allá?
>
> ¿Cuál es la respuesta
> que da la mañana
> a las tijeretas
> negras y emplumadas?
>
> José Guzmán (10 años)

Y hubo cruce de lenguajes: la Literatura con la Plástica. Como educadora por el arte creo en las mixturas. El trabajo con las palabras se cruzó con la Expresión Plástica. El encuentro se dio a partir de la observación, de ayudar a los chicos a mirar, de poner a disposición de los ellos muchas reproducciones de pintura y probar a dibujar, pintar, a hacer collage. Lo figurativo y lo que no. Dar lugar a las asimetrías, a lo fragmentario, a la variedad de soportes y de materiales. Pero sobre todo, mirar, observar y comparar la diversidad de formas de expresión de los creadores, tanto en materiales impresos como en visitas a los museos de arte de la ciudad. Asimismo el jardín del Patronato, sus plantas, sus pájaros, se constituyeron en un ámbito de observación constante, de disfrute, de recolección de pétalos y hojas, de plumas y semillas. Materiales todos que fueron posibilitándoles mirar plásticamente tonalidades, formas y texturas e ir descubriendo la armonía de la naturaleza. Muchos de estos materiales fueron utilizados en las obras que crearon. Toda esta construcción colectiva apostó al poder del arte en la convicción de que las actividades de expresión y creación que fueron surgiendo colaborarían para que estos pibes estuvieran mejor armados para una resistencia frente a los procesos de adversidad y exclusión a los que se los somete a menudo. También con el convencimiento de que la incorporación del arte en sus vidas abriría en ellos intersticios para soñar, para imaginar otras andadas, para hallar alguna respuesta, para legitimar la palabra propia y sostenerse como individuos. Concretamos un trabajo autoral y editorial: la Fábrica de libros "Benteveo", que funcionó como una pequeña cooperativa, publicando tres títulos de tiradas de 200 ejemplares cada una. Todo el grupo realizó una experiencia de arte correo con artistas nacionales, ilustradores de libros para niños. Tuvieron muy buena participación en concursos nacionales de poesía y ganaron el premio "Los destacados de Alija"[2] Varios de los textos que escribieron integran libros de lectura de circulación nacional y muchos dibujos y pinturas se exponen en Le muz, Museo de Arte virtual de niños de París[3]. A modo de colofón: Imaginamos la posibilidad de que a través de la promoción de las actividades creativas que sustenta la educación por el arte, es posible desencadenar procesos que reviertan el avance del racionalismo unilateral y den oportunidad para la construcción de una nueva racionalidad, que pensamos tanto más crítica como emotiva.

Creemos que las estrategias de popularización impulsando la participación de docentes capacitados y artistas de todos los géneros dedicados al abordaje de una enseñanza no formal, cualquiera que sea la metodología empleada, colaborarían para refutar los determinismos sociológicos que pesan sobre los niños de espacios de crisis, rotulados como no lectores o deficientes expresivos y que son mayores cuando más duro es su origen socio-cultural. Un niño no está condenado a convertirse en un no lector, en un analfabeto expresivo por su herencia social. La educación por el arte colabora efectivamente para lograr la reinserción social de los más desprotegidos.

En su libro *Educación artística y desarrollo humano*, Howard Gardner afirma, concediéndole la razón de sus propuestas a Read dice que: "En el trabajo llevado a cabo con mis colegas durante los últimos años se encuentran pruebas convincentes de que los estudiantes aprenden de manera eficaz, cuando su aprendizaje artístico está anclado en la producción artística; cuando hay un intercambio fácil entre las diversas formas de conocimiento, incluyendo las formas intuitivas, artesanales, simbólicas y notacionales; y cuando los estudiantes gozan de una holgada oportunidad para reflexionar sobre su progreso"[4] (1994). Es necesario, urgente, si se quiere tener un país con mejores oportunidades, con mejores personas, con mejor calidad de vida, ceder el paso a una educación más integral, más dinámica, más ecléctica y menos verbalista y academicista.

---

2. ALIJA, Asociación de Literatura infantil y Juvenil de la Argentina. *Revista Virtual Imaginaria:* www.imaginaria.com.ar Nº 206, Los destacados de Alija, 9/5/07.

4. Traducción de Ferran Meler-Orti, Primera edición, 1.994.

El susurro: una nueva manera de media poesía

En el invierno del 2007 me enteré del accionar de *Les souffleurs:* los sopladores[5]. Supe que un grupo de artistas franceses en el año 2001 decidió hacer algo para desacelerar la locura del mundo. Ellos salen con largos tubos de cartón, de ésos que se usan en las sederías para envolver las telas, a susurrar poemas al oído de la gente. Se visten de negro, los tubos también lo son y a veces se atavían con sombreros y esgrimen grandes paraguas debajo de los cuales susurran a los niños en las calles. Inicialmente lo hicieron en París pero después extendieron la acción y andan por el mundo susurrando a miles de personas. La idea me interesó y decidí probarla. Me fabriqué un susurrador con un tubo que pedí en una tienda y lo pinté de negro. Yo misma me vestí de negro y salí a susurrar. La primera vez fue a fines del invierno del 2007 en la inauguración de una muestra en el Museo de Arte Contemporáneo de Bahía Blanca (MAC). Le susurré a unas 60 personas poemas breves. Sin explicaciones: aparición y desaparición. En la semana siguiente recibí 12 correos electrónicos agradeciéndome el instante. Llena de preguntas esta recepción me alentó a seguir probando. Y así ya llevo cinco años impulsando esta práctica por todo el país en mis talleres de poesía destinados a docentes, bibliotecarios y estudiantes. En este momento puedo decir que algo así como un epidemia benignísima se ha extendido por lugares diversos que incluyen escuelas y bibliotecas, talleres, espacios de capacitación y promoción de la lectura del país y del exterior.

El susurro alienta la búsqueda de nuevos caminos, de maneras más sensibles para mediar poesía. Inaugura una especie de viaje que va de la voz del mediador al oído del susurrado: de misterio a misterio. Al susurrar una buena parte del vínculo que se construye está sustentado en la confianza en la recepción poética; en la aceptación de la sorpresa por parte de los que son susurrados, en la espera de una posibilidad de intervenir. "Hay un momento en que el poema se va haciendo con el cuchicheo. Una palabra se te acerca al oído; te declara su oyente" dice Arnaldo Calveyra. El accionar de la voz en el que intervienen la entonación, las pausas, el timbre, los silencios, compromete al cuerpo: el gesto y el movimiento son partícipes directos. Gracias a esta intervención de la voz la palabra

---

5. www.les-souffleurs.fr.

se mimetiza en un cuerpo que habla. En esta práctica está excluida la banalización del hecho poético. La acción de susurrar tiene que ser ajena a toda variante lúdica o de animación. Implica acordar un posicionamiento en favor de un arte que recupere la experiencia sensorial y utilice el lenguaje como flujo. No la mueve ninguna intención de rentabilidad inmediata ni de ligero divertimento. El susurro compromete el aparato fónico y al privilegiar este aspecto de la palabra poética deviene entre soplido y sentido, dando espacio a lo más tenue del lenguaje. Al susurrar habitamos la sensibilidad del que es susurrado apostando a la economía del habla ya que la brevedad es la condición necesaria de la elección del texto a susurrar. Y esta elección no necesariamente tiene que estar ceñida a un poema entero. Pequeñas citas, fragmentos, impregnan al acto de un dinamismo que colabora en la llegada del poema susurrado y propicia que el oyente pueda ver todo con otros ojos, emocionarse, desear otros encuentros con los textos, con los autores. Lo ideal es que el que susurra sepa el poema de memoria. De no ser así han surgido en la práctica distintas estrategias para pasar los textos sin depender o quedar atados a la recuperación de la memoria. Tener a mano una libreta con los poemas copiados, guardarlos en bolsillos e irlos sacando para leer—esta variable incluye el gesto de algunos susurradores que después de leerlos los regalan—agregar pequeños atriles construidos con alambre al tubo del susurrador y allí colocar los poemas. El poema es anticipado por una voz silenciosa, de aceptación: la que recibió la lectura previa de los poemas que hizo el que susurra. En algunas ocasiones grupos que están susurrando por el país, particularmente el grupo *Color Susurro* de Córdoba, incorporaron una variable interesante. Previos unos instantes de silencio dos susurradores proponen susurrar a una misma persona, uno anticipa el texto del poema emitiendo un sonido suavísimo que imita el ulular del viento y el otro dice sobre este sonido el poema. Al susurrar se establece un pacto de secreto entre lo que se va ofrecer y lo que se acepta, sin saber claramente a priori que sucederá. La que acciona es la poesía.

El papel del emisor-mediador como presencia que selecciona la obra a trasmitir es fundamental y puede posibilitar que el oyente se transforme en un recreador del universo poético que se le transmite según sus propias configuraciones interiores. El mediador se desafía, interviniendo casi siempre en diferentes espacios callejeros— especialmente en espacios de libertad—a enfrentar tanto el ruido mediático como el mutismo que paraliza, ofreciendo una experiencia fónica particular y poco frecuente. Murmura la palabra, la susurra, pausada, expresivamente. En tiempos en los que se prestigia la comunicación globalizada el que susurra es un provocador delicadísimo. Propicia un intercambio sólo entre dos con la pretensión de gratificar al dúo que participa sin pretensiones establecidas de antemano. Apuesta al asombro y confía en la disponibilidad del oyente, en su capacidad creativa y de ensoñación. Se ofrece a transitar lo imaginario, a despertar el deseo y el conocimiento, a habitar la morada secreta del que es susurrado como una presencia sensible. Este gesto inaugura para la práctica una especie de rodeo en el que se ejerce una tarea de seducción en el que escucha. Se habilita el deseo de nuevos encuentros con los poetas, con los poemas. Algo así como aceptar a priori los riesgos que los encuentros pueden provocar. La práctica del susurro requiere sensibilizar a los mediadores como lectores de poesía ya que ellos son los que seleccionan el material poético a susurrar. No haber tenido acceso a experiencias lectoras que los hayan gratificado, hace que se pierda, se olvide o se reprima el deseo de ponerse en contacto con la poesía.

"Tome la palabra, pero tenga cuidado. . ." dice el gran cronopio Julio Cortázar. Susurrar es tomarla para recuperar viva a la voz poética, pero, tenga cuidado. . . ". . . y estuvimos hablando del encantamiento. Del placer de encantar y ser encantado. De los buenos poetas, Saer, Juanele, que a veces logran marearte, quiero decir que el lector o el oyente no tienen conciencia plena de dónde está ni para donde lo llevan, pero se dejan llevar y eso es virtud de un tono que logra el que escribe, narra o sabe, sobre la lengua. Además de dónde salió que tener conciencia plena es mejor que estar encantado. . .", concluye Damián Ríos.

Obras citadas

Bachelard, Gastón. *Lo poético de la ensoñación*. México: Fondo de Cultura Económica, 1993.
Barthes, Roland. *La cámara lúcida. Notas sobre la fotografía*. Barcelona: Paidós, 1989.
Bombini, Gustavo y Alvarado, Maite. *El nuevo escriturón*. Buenos Aires: El hacedor, 1993.
Bombini, Gustavo. *La trama de los textos*. Buenos Aires: Lugar, 2005.
Calveyra, Arnaldo. *Poesía reunida*. Buenos Aires: Adriana Hidalgo, 2008.

Carrera, Arturo. *Nacen los otros*. Buenos Aires: Ed. Beatriz Viterbo, 1993.

———. *Monstruos. Antología de la joven poesía argentina*. Buenos Aires: Fondo de Cultura de México, 2001.

———. *Ensayos murmurados*. Buenos Aires: Edit. Mansalva, 2009.

Carrera, Arturo y Arijón Teresa. *Teoría del cielo*. Buenos Aires: Planeta, 1992.

———. *El libro de las criaturas que duermen a nuestro lado*. Buenos Aires: El Ateneo, 1997.

———. *El libro de la luna*. Buenos Aires: El Ateneo, 1998.

Cossettini, Leticia. *Del juego al arte infantil*. Buenos Aires: Eudeba, 1962.

Devetach, Laura. *La construcción del camino lector*. Buenos Aires: Cuadernos de Iberoamérica, 2003.

Díaz Rönner, María Adelia. *La aldea literaria de los niños*. Buenos Aires: Comunicarte, 2011.

Fuenmayor, Víctor. *El cuerpo de la obra*. Instituto de Investigaciones literarias. Univ. del Zulia: Maracaibo, Venezuela, 1999.

Gardner, Howard. *Educación Artística y desarrollo humano*. Buenos Aires: Paidós, 1998.

Gruss, Luis. *El silencio: lo invisible en la vida y en el arte*. Buenos Aires: Capital intelectual, 2010.

Held, Jacqueline. *Los niños y la literatura fantástica*. Buenos Aires: Paidós, 1985.

Jean, Georges. *El poder de leer*. Barcelona: Gedisa, 1998.

Juarroz, Roberto. *Poesía y realidad*. Madrid: Pre-Textos, 2000.

Larrosa, Jorge. *La experiencia de la lectura*. México: Fondo de Cultura Económica de México, 2000.

López, María Emilia (comp.) *Artepalabra*. Buenos Aires: Lugar Editorial, 2007.

Montes, Graciela. *El corral de la infancia*. Buenos Aires: Quirquincho, 1994.

———. *La frontera indómita. En torno a la construcción y defensa del espacio poético*. México: Fondo de Cultura Económica, 1999.

Montes de Oca, Marco Antonio. *Lugares donde el espacio cicatriza*. México: Joaquín Mortíz, 1974.

Padín, Clemente. *Poemas visuales*. Bahía Blanca: VOX, 2006.

Paz, Octavio. *El arco y la lira*. México: Fondo de Cultura Económica, 1970.

———. *El laberinto de la soledad*. México: Fondo de Cultura Económica, 1974.

Petit, Michel. *Lecturas, del espacio íntimo al espacio público*. México: Fondo de Cultura Económica, 2001.

— — —. *Nuevos acercamientos a los jóvenes y la lectura*. México: Fondo de Cultura Económica, 1999.

Porrúa, Ana. *Caligrafía tonal.* Buenos Aires: Entropía, 2011.

Read, Herbert. *Educación por el arte*. Buenos Aires: Paidós, 1969.

Revista Virtual Imaginaria. "El arte de los benteveos". Nro. 207, 23/5/07. En: www.imaginaria.com.ar

Revista VOX, Arte +Literatura N° del 1 al 10, Bahía Blanca, 1996-2004.

Ríos, Damián. *El perro del poema.* Bahía Blanca: Vox, 2008.

Zhumthor, Paul. *Introducción a la poesía oral*. Madrid: Taurus, 1993.

SECCIÓN II

AGENCIA CULTURAL Y PRÁCTICAS ARTÍSTICAS

CAPÍTULO VI

UNA PAREJA PERFECTA: LAS EDITORIALES CARTONERAS Y LA AGENCIA CULTURAL

DJURDJA TRAJKOVIC
University of Tennessee Knoxville

RESUMEN:
La agencia cultural es un concepto que ha surgido en las últimas dos décadas como el master-concepto de los estudios culturales. Este artículo, trabajando con el ejemplo de las editoriales cartoneras, problematiza el optimismo de tal giro. En varias ocasiones, la agencia cultural reproduce las mismas estructuras de la opresión que quiere superar. Por otra parte, presento la historia sobre las editoriales cartoneras en América Latina para iluminar que la agencia cultural necesita tomar en serio las limitaciones de la teoría de la hegemonía si quiere producir los cambios.

PALABRAS CLAVES: agencia cultural, cartonera, hegemonía, estudios culturales.

El interés por la agencia cultural, o *cultural agency,* en la academia norteamericana está rodeado por mucho bombo y platillo. El concepto es principalmente una posición intelectual que significa e incluye "un conjunto de contribuciones sociales a través de prácticas creativas" (Sommer 1). Sin embargo, es superficial entender la agencia cultural como algo novedoso. Los intelectuales y artistas siempre han abogado por el cambio social y siempre han sido los agentes activos en la sociedad, particularmente en América Latina. Doris Sommer, la creadora del término, también lo reconoce (3). La defensa de este concepto, no tiene como objetivo convencer a intelectuales latinoamericanos, sino más bien va dirigida a académicos norteamericanos que estudian América Latina. La principal distinción, en este contexto, es entre los agentes culturales como productores de bienes culturales, la mayoría de ellos en América Latina, y los académicos norteamericanos que buscan la solidaridad como vehículo para futuras transformaciones culturales en América Latina. La teoría de agencia cultural, por lo tanto, quiere reformular y enmarcar esta distinción en una alianza que evite los errores de los estudios culturales. Este ambicioso proyecto ha tenido éxito y Sommer lo explica en su libro publicado en 2006, *Cultural Agency in the Americas*. El libro es un punto de partida importante porque se sitúa en el debate y el diálogo sobre el papel de las artes en el desarrollo de la democracia y la sociedad civil a la vez que aboga por el papel crucial de los humanistas en este proceso.

No obstante, aquí quiero reflexionar sobre el término en sí. A mi entender, la agencia cultural tanto si se refiere al papel del individuo como productor, receptor o reproductor de tal agencia, siempre asume acciones heterónomas y complejas. En otras palabras, no hay *una sola* agencia cultural. Ya que no hay *una única* agencia cultural, como consecuencia, no hay contribución homogénea y consensuada a la vida social.

Dicho esto, no queda claro en la interpretación de Sommer cuáles son los beneficios de tal giro. No sugiero que la agencia cultural tenga que desarrollar una más amplia interdisciplinariedad. Me pregunto simplemente cómo vamos a decidir qué diversas estructuras enmarcan la acción que opera en la agencia cultural. Sommer quiere equiparar los papeles de los artistas y académicos como productores y reproductores de las prácticas creativas. Aun así, ¿cómo vamos a comparar y medir estas relaciones? La *cualidad* de las relaciones en la agencia cultural nunca se ha examinado o cuestionado. Por lo tanto, quiero sugerir que la agencia cultural, por más que necesitemos este tipo de interpretación en la academia, es percibida como inquietante. En este artículo, presento la historia de las editoriales cartoneras en América Latina para iluminar que la agencia cultural puede, algunas veces, producir contradicciones serias que parecen fomentar el debate y que tenemos que tomar en cuenta si queremos cambios.

La editorial cartonera argentina, Eloísa Cartonera, propuso, en 2003, una solución radical a la degradación de la sociedad de post-crisis. Con el objetivo de restaurar la dignidad para la clase trabajadora, Eloísa creó una nueva práctica basada en el fortalecimiento político a través de los talleres para la alfabetización y el activismo cultural. Todos los libros cartoneros se hacen del cartón reciclado comprado de los cartoneros que recogen el cartón de las calles y de la basura.

En muchos casos, los cartoneros toman parte en la creación y producción artística. El proceso reconfigura la relación entre el trabajador y el trabajo evitando así la explotación y manteniendo las cualidades artísticas únicas en cada cubierta del libro producido. Hasta este momento, existen más de 50 editoriales en el mundo que usan dichos principios. La mayoría de ellas están en América Latina, dos en África y cinco en Europa. Por lo menos tres pequeñas editoriales cartoneras se han creado como resultado del interés de académicos norteamericanos. Dos olas de diseminación han sido marcadas por primera vez en la conferencia internacional de las editoriales cartoneras en una universidad pública en los EEUU, la Universidad de Wisconsin Madison, en 2009. Sin embargo, la visión idílica que dibujo sobre el efecto de la cartonera, aunque haya tenido contribuciones prácticas a la vida democrática en todos los continentes, particularmente en Argentina, muchas veces ha sido interpretada y traducida a un contexto local de tal manera que ha reproducido las estructuras hegemónicas con las que, paradójicamente, se quería romper. Para comprender "el fallo" interpretativo, quiero analizar primero qué es lo que cartonera puede o no puede hacer como concepto.

El cartón es vida

Javier Barilaro, Fernanda Laguna y Washington Cucurto, jóvenes artistas y escritores argentinos, crearon una casa editorial pequeña, Eloísa Cartonera, en 2003.[1] La editorial independiente ha producido trabajo para el sector pobre de la zona urbana y a la vez ha publicado a autores experimentales y marginalizados. La premisa editorial es simple. Los libros están hechos de cartón reciclado comprado a los cartoneros al precio más justo, es decir, pagan cinco veces más que el precio fijado en el mercado. Los miembros del colectivo pintan las cubiertas de los libros, e incluso se ha dado el caso de que muchas veces antiguos cartoneros se han incorporado a trabajar en la editorial. Al usar tapas de cartón, el precio de la producción se reduce significativamente. Los libros se venden a bajo precio, entre tres y quince pesos argentinos. Cada libro es único porque no hay dos cubiertas iguales.

---

1. Para una historia más detallada, puede consultar los artículos de Ksenija Bilbija (2008), Craig Epplin (2009) y Djurdja Trajkovic (2009, 2012). Las referencias completas están en las obras citadas.

Con esta política, la editorial desafía la producción de libros y sus dinámicas y lógicas institucionalizadas de las casas editoriales tradicionales. Los miembros de Eloísa Cartonera se niegan a llevar un registro oficial de las copias vendidas. Una vez que los gastos se han pagado, los beneficios se reparten a partes iguales entre los miembros. Además, la editorial no adquiere los derechos de autor. Más bien los autores donan sus cuentos y poemas y en retorno la editorial les paga dándoles copias de los libros. Eloísa Cartonera no tiene un logo. Se ubica en uno de los barrios más pobres de Buenos Aires, La Boca, tradicionalmente habitada por inmigrantes y por clases bajas. La intención es crear un espacio que forme parte de la comunidad y que ésta participe en la producción de los libros y se beneficie del proyecto. Los libros se distribuyen localmente, generalmente, los lectores y compradores más ávidos son los jóvenes estudiantes. Los libros cartoneros se pueden encontrar en las calles, en el centro de la ciudad, y en algunas librerías que apoyan el proyecto u organizaciones que abogan por la justicia social, como por ejemplo, la librería de las Madres de Plaza de Mayo.

Este proyecto artístico postula que la agencia (cultural) se basa en la dependencia mutua y la solidaridad en la comunidad. Por lo tanto, en un momento en que parecía impensable la creación de nuevos trabajos, Cucurto y Barilaro lograron crear nuevos puestos de trabajo. Lo fascinante es que Eloísa construyó un tipo diferente de casa editorial: empezó a trabajar sobre los principios de antagonismo, contradicción y las complejidades paradójicas de los asuntos éticos, estéticos y políticos en un espacio de encuentro entre lo artístico y lo social. Por lo tanto, el concepto sigue funcionado diez años después porque las negaciones y contradicciones siempre se negocian para crear algo novedoso, política y estéticamente hablando. Por ejemplo, el principio económico que esta editorial cartonera aplica, funciona dentro del sistema neoliberal del mercado libre sin destruirlo. En su lugar, dentro del sistema que critica, crea una alternativa. Por ser una editorial que se auto-gestiona, Eloísa tiene que vender un número de determinado de copias para obtener un beneficio. El éxito de la editorial está regulado por el éxito en el mercado. Sin embargo, aunque trabaje dentro del modelo económico prevalente, Eloísa Cartonera también lo desafía creando sus propias reglas del juego. Aun así estas reglas no se guían por la avidez de obtener beneficios. Más bien insisten en la solidaridad, el trabajo en comunidad y la justicia social como denominador común. El giro ético del enfoque económico resulta de la inclusión política y social de los agentes excluidos por el sistema dominante. En palabras de

Jacques Rancière, es el resultado de una política de disensión de la agencia cultural. Rancière argumenta en *Dissensus: On Politics and Aesthetics*, que el desacuerdo hace visible a todos aquellos que están excluidos por el consenso o la mayoría (85). Para que la democracia se reafirme el disentimiento es necesario porque pone en evidencia la falta de acción democrática. La agencia cultural existe en este contexto para desafiar los conceptos exclusivos y excluyentes asociados al Estado, donde el grupo excluido pide cierta redistribución de lo "sensible" de lo que implícitamente fueron excluidos (86). Es en este espacio donde la cultura puede intervenir en el proceso político. Como señala Graciela Montaldo:

> Expulsados del sistema económico y político, regresan a lo social por la ventana de la cultura y del espectáculo. Y es allí donde la cultura *puede* volverse política: acepta lo que nadie quiere, recoge lo que queda fuera del pacto, pero no toma una actitud políticamente correcta. ("La invasión de la política")

Eloísa precisamente postula una posición políticamente incorrecta al hacer libros de la basura, al incorporar a los cartoneros y a los autores experimentales para volver visible lo que el Estado quiere ignorar. Además, los cartoneros consiguen ver su trabajo dignificado. A los autores emergentes les da un espacio para la visibilidad en la escena cultural donde las contracciones en las propuestas estéticas entran en diálogo con la generación previa. A los consagrados, como Ricardo Piglia y César Aira, les permite entrar en las alianzas con la generación siguiente de los productores culturales. "Es una alianza histórica," sostuvo Piglia en 2004. "Estas nuevas redes que se están creando en la Argentina son un modo en que los escritores encuentran formas de conectarse con las nuevas situaciones sociales. No se trata de hacer el culto de la pobreza, más bien, se trata de retar la pobreza" (citado en Brill).

De la declaración de Piglia y la política de disensión de esta visión utópica se puede concluir que se basan, en gran medida y demasiado confortablemente, en un ideal de subjetividad como un todo y de un ideal de comunidad como un conjunto inherentemente unido. Esta afirmación es cierta si no se pone este proyecto en diálogo con el tipo de literatura que la editorial produce, sólo entonces se pueden ver esos antagonismos. En otras palabras, el concepto de Eloísa funciona no solo por sus implicaciones sociales y políticas, pero precisamente porque dialoga con la naturaleza contradictoria de la literatura que produce. El valor literario de las escrituras muchas veces son de naturaleza antagónica. Por ejemplo, la nueva ola de escritores emergentes no ve a Piglia como un modelo. Entonces, formar parte de la "alianza histórica" con él es bastante irónico dada la construcción cultural de Piglia como el centro del campo literario institucionalizado. Sin embargo, ésa es precisamente la razón por la cual este proyecto es sostenible. El bien que produce, el libro, entra en diálogo con una historia más amplia sobre los principios estéticos en el campo literario, mientras, que a su vez, no quiere resolver la naturaleza compleja del debate sobre el valor literario. En sus textos, los escritores emergentes como Washington Cucurto cuestionan la autonomía de la ficción y la literatura e incorporan la idea de la comunidad y justicia social en el campo literario.

El aspecto performativo de la agencia cultural producido por Eloísa Cartonera en ese momento particular en Argentina fue necesario porque creó esperanza. Era posible crear alternativas dentro del sistema neoliberal y su lógica de producción. Al hacer visible los agentes de la sociedad que han sido excluidos por la política consensual del poder dominante, por lo tanto el proyecto reafirmó las expectativas que Rancière expone en su trabajo. La promesa emancipadora del arte reside en "fabricar la experiencia común que cambia la cartografía de lo perceptible, imaginable y factible" (110). Como tal, el arte produce nuevos modos de construcción política de los objetos comunes y nuevas posibilidades de enunciación colectiva que siempre tiene que ser puesta en diálogo con la literatura y los principios estéticos que produce. Aun con tales implicaciones, nadie, incluidos Cucurto y Barilaro, se podía llegar a imaginar el éxito mundial y la traslación de su concepto de agencia cultural. El concepto se puso de moda. Cuajó porque produjo una alternativa a pequeña escala; y porque mostró que el libro era y es todavía la invención más tecnológica de nuestro tiempo. Pero además porque devolvió nacional e internacionalmente el protagonismo a la literatura y a los libros. Finalmente obtuvo tanto éxito porque cartonera demostró una manera "latinoamericana" y original de producir libros. Sin embargo, la diseminación transnacional de tal agencia produjo algunas complejidades intrínsecas. ¿Qué pasa cuando el modelo se traslada a otro contexto? ¿Cuáles son las ventajas y desventajas de la rearticulación y traslación del concepto de cartonera a otros territorios? Y, finalmente, ¿afecta la creación o re-creación de la agencia cultural en el nuevo contexto?

Cartonera es vida

La casa editorial brasileña, Dulcinéia Catadora, fundada en 2007 por un grupo de artistas, fotógrafos, y personas sin hogar en São Paolo, resolvió problemas sociales similares a través de la intervención artística. Bajo la influencia de la casa argentina y con la ayuda de Javier Barilaro, el colectivo brasileño se imaginó alrededor del principio de la "diferencia." La diferencia se refería a diferentes etnias, creencias, y estilos de la vida. Esta definición es obvia en la gran variedad de sus publicaciones. Aunque la editorial crea los libros y publica el trabajo de autores como en otros proyectos hermanos similares, la novedad es la literatura popular marginalizada y producida por autores desconocidos. Como explica en su manifiesto, el término "marginalizado" se refiere a los cartoneros, a los sin techo, o a los que todavía viven en los hoteles y aun así mantienen "una poca, aunque pequeña, parte de su autoestima rescatada" (153). La sensación de dignidad y respeto que Dulcinéia proporciona a los productores artísticos coincide con su concepto de lo que el arte significa, es decir, que "no creen en la autonomía del arte, ni en el arte desconectado de la vida y de las relaciones humanas visto desde dentro de un contexto social, político y económico" (153).

Con el credo de Dulcinéia, el proyecto *cartonera* se transforma en un concepto que reconoce el arte como el proceso de inclusión social a través de la intervención cultural. Dulcinéia combina la publicación de los libros con la "experiencia estética como un acto colectivo" (154). Este tipo de percepción coincide con la definición de Sommer sobre la agencia cultural. Su intervención sobrepasa el espacio privado donde el libro se crea. Los miembros de Dulcinéia participan en las intervenciones urbanas y creen que los artistas, periodistas, y fotógrafos, los artistas privilegiados tradicionalmente también tienen que estar en las calles. Prestando atención al cartón, intervienen en el espacio público mostrando qué es lo que se puede y no se puede hacer con el cartón. Caminan por las calles con el "abrigo" del cartón pintado, leyendo los textos y recitando la poesía de los autores publicados en Dulcinéia.

Esta editorial en particular parece ser la más efectiva en articular las implicaciones políticas de lo que la cartonera como concepto puede hacer. La insistencia en la esfera pública es la respuesta directa a la privatización del espacio público en Brasil. La alianza que se crea entre los artistas y los marginalizados va más allá de la *vampirización* o la objetivización de la pobreza. Los efectos prácticos sobre las vidas de los menos privilegiados son obvios.

No obstante, la glorificación del concepto de cartonera no se puede ni se debe entender como la receta perfecta del funcionamiento de la agencia cultural. Los factores que influyen la creación brasileña, la combinación de la política y estética de disensión, no son siempre obvios como uno podría pensar. En la primera ola de las editoriales cartoneras, hay ejemplos que no corresponden a la ambición de responder a las complejidades de la vida social y artística de la realidad local. En febrero de 2008, La Cartonera en México empezó a publicar textos literarios producidos por escritores locales e internacionales. Esta casa editorial tiene una filosofía en relación a sus proyectos muy diferente a la de sus editoriales hermanas en América Latina.

En esta editorial no hay cartoneros que tomen parte en la producción, o sea, no hay ningún grupo social que posibilite el aspecto de la producción novedosa en el proceso de crear libros. Aunque hacen sus libros de cartón, su intervención se delimita en el aspecto estético de la construcción del libro como un objeto de arte. Como postulante en su manifiesto, el énfasis está en la "labor colectiva de los editores y artistas" (179). Publican en cartón para competir con las editoriales grandes. En sus propias palabras, se conectan más con sus antecedentes como El Mendugo, ediciones de Elena Jordana en los años sesenta, que publicaba los libros de Octavio Paz, Ernesto Sábato, y otros escritores de la época. La idea de esta cartonera difiere de Eloísa ya que insiste en el espíritu coleccionista: cada libro es único y es considerado como una obra de arte producida por el artista local. Cada libro es enumerado y la cartonera tiene una idea en mente específica que es promocionar el arte local como una manera "rústica" de hacer libros. Como expone y explica Ksenija Bilbija, debido a la omisión del aspecto social de su labor artística, este proyecto ha quedado reducido solo a un juicio estético, se puede decir que se ha transformado casi en un proyecto "anti-cartonera", al menos como cartonera fue y es entendida por Cucurto y Barilaro ("Cartoneros" 21). Durante la Conferencia Cartonera en Madison en 2009, en una conversación privada, Barilaro mencionó que hasta cierto punto la postura de la editorial mexicana le había molestado por la falta de responsabilidad social. Barilaro expresó que la ausencia de un proyecto social de parte de la editorial mexicana no era compatible con la idea que ellos, él y Cucurto, habían imaginado. Lo paradójico de la editorial mexicana es que se convirtió en lo que criticaba reproduciendo las mismas estructuras de poder. El colectivo, como cualquier otro, al no tener nada nuevo que mostrar lo convirtió en un producto cultural elitista. Incluso el mismo nombre, La Cartonera, como si fuera la única, molestó e inquietó a Barilaro.

La editorial mexicana no es la única que hizo una interpretación libre o no entendió el proyecto cartonero desarrollado en Argentina. Atarraya Cartonera, la cartonera puertorriqueña, creada en noviembre de 2009 por los estudiantes de la State University de Nueva York, Nicole Cecilia Delgado (poeta) y Xavier Valcárcel (artista visual), exponía en su página web, una descripción del nombre de la editorial, y, además, un largo ensayo donde incluían su manifiesto y una historia de los orígenes del proyecto *cartonera*. Con la referencia a Eloísa Cartonera como modelo, los fundadores explicaban el proceso de creación de libros artesanales y únicos. El tema detrás del proyecto es la resistencia a la lógica neoliberal. Los autores conectan las crisis de 2001 en Argentina a los problemas políticos en Puerto Rico creados por el gobernador Luis Fortuño. El punto de partida de la historia es muy parecido a la encontrada en muchos países latinoamericanos donde las editoriales pequeñas resisten el poder hegemónico de las editoriales transnacionales que saturan el mercado local y nacional.[2]

Durante su primera intervención Delgado y Valcárcel decidieron hacer las primeras 300 copias con el cartón tomado de la librería multinacional Borders. La librería representa, según su página web, una de las fuerzas más dañinas contra el mercado literario y la literatura local porque destruía a las pequeñas editoriales locales. Además Borders es criticado por las elites locales portorriqueñas por haber ignorado por completo la literatura portorriqueña y haberla marginalizado en sus estanterías. Los fundadores de esta cartonera sintetizaron sus ideas políticas y estéticas con las siguientes palabras:

> La especificidad de selección y el uso de este tipo de cartón para los libros es, pues, parte de una lógica y de una esté-

---

2. Jorge Fornet subraya en su ensayo "Y finalmente, ¿existe una literatura latinoamericana?," que los cambios radicales en las políticas editoriales de los 1990 a lo largo de América Latina produjeron la "provincialización" de la literatura. En otras palabras, la distribución de los autores latinoamericanos en el continente ha sido reemplazado por la literatura comercial distribuida por los conglomerados grandes: el Grupo Planeta, controlado desde España, y otras editoriales como Seix Barral, Ariel, Espasa Calpe, Crítica, y Temas de Hoy. Otro ejemplo es el grupo Pirsa Santillana que incluye Aguilar, Taurus y Alfaguara.

tica contra-política, contra-neoliberal, que busca reaccionar frente a la realidad de un país bajo el marco neoliberal, eminentemente dependiente del exterior, saturado de centros comerciales.

Tal lógica contra-política y contra-neoliberal, sin embargo, en esta caso falla precisamente porque la editorial acaba reciclando las estructuras del poder existente a través del postulado que lo político no se puede negociar con lo estético, lo contrario a la lógica de Eloísa y Dulcinéia Cartonera. Se ha de considerar que en su página web se encuentra una llamada al análisis crítico del fenómeno cartonero en las Américas y la idea de preservar las prácticas editoriales. La insistencia en la práctica editorial más que en el aspecto artístico y social se reemplaza con el nuevo centro del poder: el *establishment* literario y cultural en Puerto Rico. La editorial se basa demasiado fácilmente en la lectura lineal sobre cómo funciona la hegemonía. Por más que intente ser auto-reflexiva, la editorial solo se dirige a los miembros exclusivos de un círculo elitista—el *establishment* literario. En su caso, el espíritu de comunidad, solidaridad y dignidad de las clases populares y trabajadoras está totalmente ausente. En una palabra, la editorial no está dirigida a los excluidos de la sociedad, no se producen libros en y para su beneficio. Esta casa editorial no es más que otra empresa que tiene como objetivo obtener beneficios de mercado y mantener las prácticas de lectura dentro del espacio de una elite privilegiada. Sin embargo, por ser una editorial alternativa, se le ha de reconocer su intento de desafiar a un multinacional transnacional, como Borders. Pero no puede ser incluida como un ejemplo dentro de la creación de una cultura alternativa. El proyecto carece de las ideas fundamentales que definen y respaldan el concepto de agencia cultural. Es decir, el beneficio social de la vida diaria popular. La crítica más importante, es que Atarraya Cartonera deliberadamente utiliza el capital cultural que produjo Eloísa Cartonera para formar parte del grupo de excluidos sociales, al que por su filosofía, objetivamente no pertenece. Esto puede parecer injusto, porque no permite a un grupo excluido y popular publicar libros lo que supone que no construye una nueva praxis que conlleve una promesa de emancipación y dignidad de vuelta al espacio local. Con esta afirmación se puede reconocer que ha habido una interpretación alejada, sino desvirtuada, del concepto de agencia cultural defendida por Eloísa Cartonera.

Hay también numerosos ejemplos de interpretación problemática de la idea de Eloísa Cartonera en Europa, como el caso de la editorial española creada en 2010, Cartonera Ultramarina. Aparte de publicar libros al estilo cartonera, esta pequeña editorial también distribuye y vende libros en formato digital. Según sus conceptos fundacionales, los editores buscan reconciliar los dos mundos, el impreso y el digital. Sin embargo, más que diseminar el concepto de cartonera como una forma de práctica cultural comprometida, esta editorial lo que realmente está haciendo es transformándolo en una marca para el consumo de masas, su comercialización y su consumismo sin ninguna contribución social o creación artística de la comunidad local. En su web, encontramos que aunque sus libros están hechos en cartón no hay referencia sobre quien hizo o creó los libros. Es más, los autores consiguen de la venta de copias un beneficio económico. Aunque el discurso de inclusión y de acceso a la lectura a un público lector amplio está presente, el problema fundamental con Cartonera Ultramarina es que su discurso de marca y comercialización del concepto de cartonera simplemente defiende un consumismo. Solo basta observar en su web, cómo anuncian la línea de libros cartonera. Hay una foto de una mujer sonriendo seductoramente sentada al lado de una máquina de escribir antigua, y con el objetivo de cautivar al lector ponen el siguiente enunciado "Ya estás en la tienda, solo tienes que escoger el que te guste más".

Este anuncio, con una carga sexual implícita, evoca a los anuncios que vemos en las librerías más masificadas y comerciales. Además, se encuentran otros textos, como el que aquí cito que solo aluden a la comerciabilidad del producto, como por ejemplo, cuando anuncian que los libros están hechos por "nuestros artesanos cartoneros e ilustradas por talentosos artistas plásticos". Como guinda final, para aquellos que estén preocupados por la calidad del cartón, la compañía les garantiza que es un "regalo de lujo" perfecto. Los libros "solo" cuestan 25 euros en España, 35 euros en el resto de la Unión Europea y 37 euros en Estados Unidos. Es más, el consumidor no se tiene que preocupar porque PayPal asegurará el perfecto funcionamiento del pago y transacción y sino MasterCard y Visa estarán también encantados de estar a su disposición y suplirlo.

Ironías aparte, sin duda alguna, ambos proyectos pueden ser enmarcados legítima y respetuosamente en su contexto. Se ha de reconocer que la editorial portorriqueña está intentando ofrecer una alternativa literaria. Y que la editorial española puede ser leída como una parodia del estado del contexto y del campo literario en España. No obstante, el problema fundamental de ambas editoriales es la falta de transgresión, y el hecho de que ambas se mueven en una ambigüedad conceptual que no acaba de dejar claro si apoyan o desafían a la expresión literaria hegemónica. Esto se ve claramente en el hecho de que la llamada al cambio se enmarca simplemente dentro de un contexto de discurso y por tanto el posicionamiento de ambas casas editoriales es altamente problemático. Problemático porque, después de todo, la pregunta que está sin contestar es quién se beneficia del proyecto aparte de Atarraya y Ultramarina cartoneras. Por lo tanto, es crucial cuestionar si tales posiciones e interpretaciones de cartonera aportan algo nuevo políticamente hablando y si refuerzan el proceso democrático. Se puede incluso afirmar que el proyecto inicial de los editores de cartonera como proyecto sin ánimo de lucro a acabado por ser desvirtuado al ser apropiado para un propósito completamente opuesto a lo que inicialmente iba dirigido. Los españoles lo venden como un producto de lujo que satisface un placer (¿de lectura?) instantáneo. Esta reinterpretación y rearticulación de la primera ola de editores de cartoneras no es solo poco ética sino que además envía un mensaje equivocado y por tanto pone en duda y desvirtúa la idea original defendida por Eloísa Cartonera. Estas críticas son importantes para poder entender la posición de los académicos estadounidenses, que expondré a continuación, como agentes culturales que trabajan en el concepto de las editoriales cartoneras.

Los académicos como agentes culturales

Hasta este momento, me he centrado alrededor de los artistas como agentes culturales. En algunos casos, la agencia cultural tiene éxito y es el vehículo que mejora la posición social de aquellos que están o han sido marginalizados. Siendo el mecanismo que mejora la situación de gente excluida socialmente, ayuda a construir la alianza entre aquellos que están marginalizados creando un conjunto de relaciones basadas en la solidaridad y la justicia social que son complejos y a menudo contradictorias. En otros momentos, estas ideas son mucho más ambiguas y refuerzan la visión dominante de figuras artísticas consolidadas, proyectándose de una manera más elitista. Mientras esta agencia o no-agencia es construida en Latinoamérica con las complejidades inherentes al contexto local, la pregunta sigue siendo la misma: ¿Cuáles son las posibilidades y limitaciones de la agencia cultural en Estados Unidos? Y con esta pregunta no estoy hablando de artistas estadounidenses sino más bien de académicos que viven en Estados Unidos, y que de manera particular, intentan conectarse con los productores culturales en otros países. En estos casos, los académicos interpretan para los públicos locales norteamericanos la agencia cultural creada en Latinoamérica. Estas alianzas tradicionalmente han creado muchas maneras de participar en los diferentes procesos democráticos en ambos contextos. Por tanto, así como hay varios tipos de agencia cultural, también hay diversas maneras en las que los académicos pueden actuar como agentes culturales. Aquí principalmente, mi argumento se enfoca en académicos de universidades públicas en los Estados Unidos, y muy particularmente, tengo curiosidad por el trabajo de académicos de literatura en la Universidad de Wisconsin-Madison.

El modelo de cartonera ha servido como inspiración para trabajos artísticos y sociales en diversas esferas de la comunidad local en Wisconsin. Ksenija Bilbija, profesora de literatura latinoamericana en la Universidad de Wisconsin-Madison llamó la atención del concepto crítico de cartonera en 2008. Ve al fenómeno cartonera como una manera de superar la división entre la "alta" literatura y la "baja" literatura, y por tanto sirva de nexo de unión entre la cultura literaria elitista y la popular ("What is Left" 87). La definición que Bilbija propone sobre lo que cartonera puede aportar—unir dos esferas tradicionalmente excluidas—refleja las maneras novedosas que ella y otros académicos en la Universidad de Wisconsin-Madison redefinen y re-enmarcan cartonera como una vía para sobrepasar y hacer revivir la división entre la academia (aislada en su torre de cristal) y un público más amplio, es decir, la comunidad fuera de las fronteras de la universidad.

En el verano de 2008, Bilbija me presentó la idea de organizar en la universidad la primera conferencia internacional sobre cartonera. En octubre de 2009, junto con Paloma Celis Carvajal (bibliotecaria de estudios iberoamericanos de la Universidad de Wisconsin-Madison) y la estudiante graduada Lauren Pagel, lo pusimos en marcha. Esta conferencia fue significativa e importante por varias razones. Como un evento público universitario pagado por el gobierno federal, UW-Madison mostró un interés en financiar un evento que sería relevante no sólo para académicos, sino también para el público local en general. Además, los editores tuvieron la oportunidad de presentar su trabajo y vender libros a una audiencia mucho más amplia. Los tres días que duró la conferencia se incluyeron varios seminarios para la comunidad local sobre el diseño cartonera, primero en el Madison Children´s Museum y con una comunidad de estudiantes de instituto. Además, la conferencia funcionó como catalizador, punto de partida e inspiración para varios proyectos organizados por académicos y estudiantes graduados de la Universidad de Wisconsin-Madison.

En 2010, Luis Madureira, profesor de portugués en la misma universidad, y una estudiante de doctorado, Saylín Álvarez Oquendo, fundaron la primera editorial cartonera africana, Kutsemba Cartão (Cardboard Hope) en Mozambique. Según su web, las premisas son las mismas que los proyectos presentados por su institución hermana latinoamericana y también tiene como objetivo adaptarse a las necesidades de su contexto local. Por lo tanto, esta cartonera quiere promocionar la difusión de la literatura y alfabetización en Mozambique; además de sostener una red informal con las otras editoriales hermanas y finalmente desarrollar actividades comunitarias que tienen como objetivo incluir gente marginalizada, vulnerable y económicamente excluida en seminarios de creación de libros y otras actividades. Con solamente tres publicaciones de momento, este nuevo proyecto promociona literatura mozambiqueña y tiene el objetivo no solo de llegar a una audiencia académica sino también a un lector local, nacional e internacional. La agencia cultural de Madureira, por lo tanto, tiene el objetivo de promocionar la literatura fuera de la academia, y a la vez asegurarse que la comunidad local no solo se beneficia financieramente pero también tiene acceso a la lectura y escritura.

Mi propio trabajo con estudiantes de una escuela bilingüe de primaria que trabaja con comunidades latinas y Hmong marginalizadas en Madison fue inspirado por el concepto de cartonera. El proyecto fue financiado por una beca pública para humanidades otorgada por la Universidad de Wisconsin-Madison. Duró un año y durante ese tiempo enseñé escritura creativa, ficción en español y les enseñé autonomía social usando el concepto de cartonera a 120 estudiantes bilingües de escuela elemental. Hoy en día, el modelo cartonera está incluido en su programa de enseñanza, y los profesores del área metropolitana de escuelas de Madison utilizan este modelo para introducir trabajos literarios nuevos y para enseñar ejemplos creativos de justicia social y activismo en Latinoamérica.

Sin embargo, no se puede negar que la alianza entre académicos y editores de cartonera ha estado y está plagada también de complicaciones. Uno de los conflictos tiene como fuente el libro titulado *Akademia Cartonera: A Primer of Latin American Cartonera Publishers*. Este libro creado por Bilbija y Carbajal quería ser un testimonio de la conferencia de 2009, y por tanto quería contribuir con los manifiestos de los editores de cartonera y que los académicos escribiesen artículos sobre el fenómeno de cartonera. Este libro tenía que ser una edición bilingüe e iba a ser subvencionado con ayudas de varias fuentes públicas. Una larga porción de los números de la edición bilingüe, 800 copias de 1000, iban a ser donadas a los editores de cartonera que podrían venderlos a los precios que ellos quisiesen. La idea era presentar a los editores de cartonera a una audiencia americana y también presentar los ensayos de los académicos en el resto de América. La web de presentación del libro lo deja muy claro cuando apunta su *raison-d'être*:

> El objetivo de esta publicación es documentar el ejemplo dado por estos editores en los campos cultural, editorial y literario. Este trabajo incluirá ocho manifiestos escritos por ocho casas editoriales cartoneras que estuvieron presentes en la conferencia, además de un prólogo explicando la razón de ser del libro y la narración de cómo estas editoriales fueron fundadas. Habrá una introducción, nueve ensayos académicos y un trabajo sobre el inventario de títulos publicados por cartonera, una bibliografía y varias imágenes. El objetivo de este libro es mostrar una instantánea en el tiempo que documente la existencia de estos editores. (http://www.library.wisc.edu/cartoneras/ book.html.ml.2009)

Sin embargo, en un primer momento, los miembros de Eloísa Cartonera, particularmente María Gómez no veía el valor del proyecto. Le preocupaba que el libro fuese más ventajoso para los académicos y que no se vendiese en Latinoamérica, y que por tanto fuera la usual vampirización de los académicos estadounidenses sobre el objeto de su estudio, las cartoneras. En un intercambio de correos electrónicos el 6 de octubre de 2008, escribió:

> Creemos que lo que ustedes nos proponen es un libro de ustedes para difundir sus ensayos sobre nosotros, los pobres que hacemos libros con cartón. El libro que ustedes proponen no es un libro nuestro, es un libro de ustedes sobre nosotros, por eso no nos interesa participar de ese libro, si no cambiamos la propuesta.

A cambio, la oferta de Eloísa era publicar un libro similar al de la antología *No hay cuchillo sin rosas*, que solo incluiría manifiestos de los editores de cartonera y varios autores de cada país que ellos escogiesen. En palabras de Gómez, esta publicación daría más beneficios porque sería mucho más vendible y por tanto habría posibilidades de vender más.

Lo que vemos aquí es la paradoja y los malos entendidos entre la academia y las editoriales cartoneras. Mientras que la propuesta original de los académicos tendría que haber sido entendida dentro de un intento de acercar posiciones entre el objeto de estudio y el agente con una importante colaboración, la propuesta fue rechazada porque no era suficientemente rentable para Eloísa. Parece ser que los papeles se habían intercambiado, y la academia no ejercía como vampiro y las cartoneras, como objetos de estudio no eran las víctimas, y esto es completamente comprensible. Después de todo, ¿por qué un lector en Argentina querría leer lo que un académico estadounidense pensaba sobre la cartonera?[3] Aun así, la paradoja va hacia el otro sentido, entonces, ¿por qué deberían los académicos estadounidenses editar y publicar textos creados por escritores latinoamericanos? Después de todo, los académicos especializados en literatura no eran editores. Además, Eloísa siempre estuvo orgullosa como editorial de rechazar donaciones, haciendo hincapié en que era autosuficiente y sostenible.

Lo que fue mal interpretado por los miembros de Eloísa Cartonera era que el proyecto inicial quería ir más allá de los dos contextos tradicionales y antagónicos. El libro se había concebido como un proyecto reconciliador que quería mostrar que había maneras, que aunque no podían evitar la vampirización totalmente, al menos reconocían que ambas partes se podían beneficiar de esta vampirización a la vez del libro, con el objetivo de hacer ver el aumento de la pérdida de capital cultural. Varias propuestas se intercambiaron explicando que cada una de las posiciones en el conflicto tenía derecho a beneficios y se llegó a un compromiso que satisfizo a ambas partes. La edición bilingüe incluía manifiestos por los editores de las cartoneras y contenía un CD-ROM con artículos académicos. El libro se colgó en la red y puede ser bajado desde las webs de las cartoneras. Finalmente, la casa editorial Parallel Press, donó a cada cartonera cien copias para ser vendidas en sus tiendas, con el objetivo de obtener una rentabilidad sostenible y ayudar a que sus seminarios siguiesen funcionando.

---

3. María Gómez y Washington Cucurto muchas veces habían mandado mensajes contradictorios. Mientras insistían en no publicar los textos de los académicos, dos libros por el canadiense, David Sheinin, han aparecido en el catálogo de Eloísa un año después: *El boxeador poeta* y *El boxeador incrédulo*.

El resultado fue un éxito y supuso una segunda ola de editores de cartonera que saturaron el mercado de libro en Latinoamérica. En el año que se organizó la conferencia y la publicación del libro, más de veinte cartoneras existían en el mundo. Douglas Diegues, uno de los fundadores de la pequeña editorial cartonera, Yiyi Yambo Cartonera, dijo en una conversación privada que este hecho se debía a que las cartoneras habían recibido la atención de la academia y la sociedad en Estados Unidos con la conferencia de la Universidad de Wisconsin-Madison y el libro de Bilbija. En otras palabras, gracias al respaldo de académicos de literatura en Estados Unidos, el concepto viajó de vuelta a Latinoamérica como un ejemplo de historia exitosa.[4] Y aun así, la pregunta sigue sin ser contestada: ¿hasta qué punto este intercambio influenció el deterioro de la complejidad del proyecto? Después de todo, los miembros de Atarraya Cartonera probablemente supieron del éxito argentino gracias a la publicidad que se originó a partir de la conferencia. Me pregunto hasta qué punto los académicos son responsables por perder el concepto en traducción. Y aquí es donde se debe abordar y analizar la responsabilidad de los académicos y reflexionar sobre los antagonismos y contradicciones en la interpretación de la agencia cultural.

¡La agencia cuenta!

Sommer quiere hacernos creer que la agencia cultural se sostiene por el principio de "reciprocidad empresarial beneficiosa" entre los objetos de estudio y los académicos (5). Según Mary Louise Pratt: "La agencia cultural incluye a ambos, el objeto de estudio y un posicionamiento particular de los académicos en relación con los agentes culturales y las agencias que estudian" (329). La posición que los académicos toman está definida por un conjunto de acciones que "anticipan, promocionan, dan energía y refuerzan" (330). Sin embargo, esta concienciación social y posición políticamente vulnerable parece no ser compartida por todos de la misma manera, hay algunos que son más conscientes de ello que otros.

---

4. Se ha de recordar que una gran parte del público argentino rechazó el éxito de Eloísa Cartonera. Daniel Link, el editor de *RadarLibros*, suplemento cultural de *Página12* ha admitido el fallo de ignorar la editorial.

Los científicos sociales y políticos se han posicionado siempre en un papel activo en la vida pública a través de la creación de la política cultural y educacional, la búsqueda de la justicia social y la construcción de la democracia en los Estados Unidos. Son los académicos dedicados a la literatura que se hallan en el ojo de la mira por la carencia de agencia e implicación en la vida pública, y se sienten incómodos cuando el tema de la agencia cultural se pone sobre la mesa. Por tanto, no nos debe sorprender que en el libro de Sommer solo haya tres ensayos de los diecisiete que están escritos por autoproclamados académicos de literatura.[5] Por tanto, defiendo que para evitar los errores de la teoría sobre la agencia cultural que hace la academia de literatura, tenemos que combinar estos dos verbos transitivos: participar y reflexionar.

Por participar, me refiero a que el académico de literatura que puede formular y articular su agencia cultural e investigación debe mantener una fidelidad y respeto hacia los conceptos que provienen del sur del continente americano, mientras, que a su vez tome en consideración las necesidades de la comunidad local. Por fidelidad a los conceptos que provienen del sur, me refiero a reconocer no solo las visiones utópicas y exóticas que aportan, sino también examinar de manera crítica los límites y contradicciones de los conceptos creados. Además, los académicos de literatura necesitan re-pensar la participación de la condición humana a un nivel práctico: es decir, que participan de la comunidad en la que viven. Finalmente, la distancia que se intenta superar es entre comunidades de colectivos excluidos en el norte y en el sur, especialmente hoy en día cuando hay un aumento de la ansiedad y el miedo por la economía en el mundo globalizado. El trabajo de Bilbija y Madureira nos muestra que esta distancia puede ser cada vez más pequeña. Sin embargo, en términos de compromiso en lo referente a los académicos no puede definirse claramente su participación y contribución en la vida social. Una de las principales razones para defender esta idea es que los proyectos de Bilbija y Madureira son un éxito no porque tengan que generar suficientes beneficios para ser sostenibles económicamente, pero porque tienen la ayuda económica de la universidad pública. La falta de presión para generar beneficios económicos enmarca estos proyectos en trabajos solidarios con la comunidad y,

---

5. De los tres ensayos, uno es la "Introducción" de Doris Sommer y el segundo es el "Epílogo" de Mary Louise Pratt. El único caso escrito por un académico literario es "Conspiracy on the Sidelines: How the Maya Won the War," por Arturo Arias.

aun así, estos términos de acción y fronteras tendrán que ser siempre renegociados, redefinidos y analizados en su contexto.

Y aquí es donde la reflexión es importante. Por reflexión me refiero a algo que tanto Sommer como Pratt han pasado por alto: la *calidad* de la relaciones. El concepto de agencia cultural necesita examinar la naturaleza de la agencia cultural que está en juego. Cuando Sommer argumenta que siempre hay espacio para moverse, pienso que este tema (para ella) es innecesario mientras se mantenga en movimiento. Esto se transforma precisamente en un problema por, como bien argumenta Rancière, la naturaleza misma de la política de disensión y porque como Ranciére enfatiza, la naturaleza de la política de disenso requiere que el arte tenga que involucrar su 'exterioridad' para desafiarse a sí mismo. Es en este contexto donde veo el papel que juega los trabajos que exponen algunos académicos y que no encajan en el marco en los que son narrados. Este es el problema fundamental de Atarraya y Ultramarina Cartonera. Intencionadamente o no, estas pequeñas editoriales no solo fracasan en "contribuir socialmente a través de prácticas creativas" sino que además bajo esta máscara de cartoneras se aprovechan del capital cultural mientras siguen reproduciendo las estructuras existentes que expresan prácticas antidemocráticas.

Por lo tanto, en el caso de las cartoneras, el concepto de agencia cultural es inquietante y a su vez es fascinante porque conecta demandas contradictorias de dónde el potencial político de la literatura se enfrenta no solo en su carácter institucional pero también en sus principios estéticos. El trabajo que explora y se desarrolla en estas particularidades no necesita ni abandonar la ética, ni tener en cuenta las dificultades de la traducción cultural. Después de todo, participar y reflexionar siempre serán conceptos irritantes porque, como Pratt argumenta, los agentes culturales son molestos para el Estado, y por tanto, tenemos que aprender a incomodarnos y retarnos los unos a los otros también. Es solo cuando entremos en este tipo de diálogo que nosotros, los académicos de la literatura podremos reclamar una agencia cultural o giros académicos.

Obras citadas

Atarraya Cartonera. Web. 11 Nov. 2011.
Barilaro, Javier. "And There is Much More...." *Akademia Cartonera: A Primer of Latin American Cartonera Publishers*. Eds. Ksenija Bilbija and Paloma Celis Carbajal. Madison, WI: Parallel Press, 2009. 5–15. Print.
Bilbija, Ksenija and Paloma Celis Carbajal, eds. *Akademia Cartonera: A Primer of Latin American Cartonera Publishers*. Madison, WI: Parallel Press, 2009. Print.
— — —. "¡*Cartoneros* de todos los países, uníos!: Un recorrido no tan fantasmal de las editoriales cartoneras latinoamericanas en el tercer milenio." *Akademia Cartonera: A Primer of Latin American Cartonera Publishers*." Eds. Ksenija Bilbija and Paloma Celis Carbajal. Madison, WI: Parallel Press, 2009. 1–41. Print.
— — —. "What is Left in the World of Books: Washington Cucurto and the Eloísa Cartonera Project in Argentina." *Studies in Latin American Popular Culture* 27 (2008): 85–102. Print.
Brill, Tomas. "Profile of Eloisa Cartonera." New Internationalist 336 (2004): n. pag. Web. 28 Feb. 2009.
Cartonera Conference. Web. 10 Oct. 2010. http://www.library.wisc.edu/cartoneras/book.html
Dulcinéia Catadora. "Manifesto". *Akademia Cartonera: A Primer of Latin American Cartonera Publishers*. Eds. Ksenija Bilbija and Paloma Celis Carbajal. Madison, WI: Parallel Press, 2009. 151–159. Print.
Eloísa artonera. Web. 8 Mar. 2008.
Epplin, Craig. "New Media, Cardboard, and Community in the Contemporary Buenos Aires." *Hispanic Review* 75.4 (2007): 385–398. Print.
Fornet, Jorge. "Y finalmente, ¿existe una literatura latino-americana?" La Jiribilla 6 (2007): n. pag. Web. 5 Aug. 2010.
Gómez, María. "Antología." Message to Ksenija Bilbija and Djurdja Trajkovic. 6 Oct. 2008. E-mail.
Kutsemba Cartonera. Web. 10 Nov. 2011.
La Cartonera. "Manifesto." *Akademia Cartonera: A Primer of Latin American Cartonera Publishers*. Eds. Ksenija Bilbija and Paloma Celis Carbajal. Madison, WI: Parallel Press, 2009. 178–182. Print.
Link, Daniel. "Literatura de compromiso." *La literatura argentina de los 90*. Eds. Geneviève Fabry e Ilse Logie. Buenos Aires: Rodopi, 2003. 15–43. Print.

Ranciére, Jacques. *Dissensus: On Politics and Aesthetics*. New York, NY: Continuun International Publishing Group, 2010. Print.
Sommer, Doris, ed. *Cultural Agency in the Americas*. Durham, NC: Duke University Press, 2006. Print.
Trajkovic, Djurdja. "Literature, Are You There? It's Me, *Eloísa Cartonera*." *Akademia Cartonera: A Primer of Latin American Cartonera Publishers*. Eds. Ksenija Bilbija and Paloma Celis Carbajal. Madison, WI: Parallel Press, 2009. 103–142. CD-ROM.
— — —. "Lost in Translation: *Cartonera* Publishing as a Traveling Concept." *Traveling Concepts and the Metaphor of Traveling in Literary and Cultural Studies*. Eds. Ansgar Nuenning, Beatrice Michaelis, and Sibylle Baumbach, Trier: WVT, 2012. Print.
Ultamarina Cartonera. Web. 11 Nov. 2011.

CAPÍTULO VII

TRADING PLACES: ACADEME AND INTERCULTURAL[1] AGENCY IN SOUTHERN MEXICO

Robert W. Blake
Michigan State University and Cornell University
Elvira E. Sanchez-Blake
Michigan State University
Debra A. Castillo
Cornell University

Abstract:
This article explores social educator actions by academe in ways that echo, connect and create plural discourse. Based on collaborations with Mexican partners, we reflect on the multiplicative effects when students and faculty learn first-hand by crossing borders to frame issues and articulate collaborative research problems. In so doing a more inclusive worldview becomes integral context in needs assessments. This has been our long-standing pedagogical approach in leading undergraduate and graduate students and faculty from around the world on a multidisciplinary inter-generational examination of rural and urban development in tropical Latin America. Greater academic agency through such alliances is needed to achieve equity goals through effective community engagement and applied problem-solving. We summarize a selection of rigorous examinations of agrarian vulnerability and performing culture in southern Mexico revealing collective potentials by bringing academe to the field and the field to academe.

---

1. "This chapter is a revised consolidated version of the authors' published articles: Blake, R. W., Sánchez-Blake, E.E. and Castillo, D.A., both 2015. Crossing Borders: Academe and Cultural Agency in Agricultural Research, Journal of Agricultural Science, 7(2): 9-17, and Bridging Worlds: Academe and Cultural Agency in Southern Mexico, pp. 83-91 In Scott N. Romaniuk and Marguerite Marlin (eds.), Development and the Politics of Human Rights, CRC Press (Taylor & Francis), Boca Raton, FL."

KEY WORDS: academic alliances, agriculture, community engagement, cultural agency, southern.

THE FORGOTTEN

El Bellote and Villa Cuauhtémoc, ejido villages on the Caribbean littoral of Mexico's water-laden state of Tabasco, lie near the biodiversity treasures of the Centla mangroves bordering Campeche. Cattle and copra are key economic activities in this sparsely populated region, where it is easy to observe, as did our students, roadside drying of coconut meat and women gathering fallen fronds for fuel from lush green pastures punctuated with coconut palms. Dr. Fernando Duarte Vera, a crackerjack agricultural professional with the Instituto Nacional de Investigaciones Forestales, Agrícolas y Pecuarias (INIFAP) who engages farmers with ease, organized a visit with four *ejidatario* elders[2], neighbors and friends, all with calloused hands. Split into small groups and trekking to their nearby farms, each host freely shared stories about rural life, eking out a living, land and water management, crop, livestock and market challenges, and school and health services. Members of our group were gratified by our hospitable hosts' receptivity and willingness to share; no less those students from universities in Yucatán and Veracruz. For them, as much as for others in our delegation from more distant countries, it was a first encounter with Tabasco. This also had been the case a few days earlier for Veracruz first-arrivals in Yucatán (and subsequently for Yucatecos arriving in Veracruz). Everyone reconvened with our hosts for closing questions, farewell, and especially to express gratitude for letting us into their lives, their families and communities. We reciprocated with self-introductions, sharing personal interests and observations, and countries of origin. This parting became a metamorphic experience.

Final words were pronounced by our hosts. *Somos los olvidados*. Nobody comes here. Nobody helps us. We have no technical as-

---

2. Our gracious hosts were Alejandro García, Cupertino García, Franklin Hernández and Rafael Ramos.

sistance. We are alone. No one cares. Our children have left in search of opportunity. When we are gone, our lands will be theirs. But will they keep them? Now you know who we are.

Thus instantiated, the subaltern could no longer remain an academic matter or a fiction. Gloom lingered. Perplexing questions loomed about these and other rural communities. Reflections continued for months, in discussions, in complementary library research reconciled against original observations, and in writing, distilling and presenting course projects and problem-solving research proposals. "We are the forgotten" was inscribed in group memory. How might these communities and farmers be aided? Who could provide the needed assistance to help them retain land ownership—a universal aspiration? How about forming non-governmental organizations to assist? How could we Mexicans help? Everyone aspires to own land. Who will get their lands—these spoils[3] of socio-economic strangulation—when they are gone?

Crossing Borders

Ours is a story of encounters and problems needing solution. Different worlds reach out to one another on a transformative life stage obtained by crossing borders. We are the players: you, me, the Other, Indio (and Latino), us, and a diverse collective community richly rooted in history and indigenous identity with pathways to a more hopeful future (De Vos 2001, 187). For more than four decades Cornell University has led students—undergraduates and graduates—and faculty from around the world on a multidisciplinary, intergenerational examination of rural and urban development in tropical Latin America[4]. With library and lecture traded for mountaintops and mangrove swamps, aspiring intercultural scholars learn firsthand from real-world knowledge providers, some highly marginalized. To facilitate respectful dialogue our constituency, including students and faculty from collaborating institutions, is first prepared for this encounter with a semester-length, on-campus course

---

3. Booty acquired from the poor, e.g., ejidatarios.
4. These field courses have been conducted in Puerto Rico, Dominican Republic, Costa Rica, Honduras, Ecuador and Mexico.

to introduce them to cultural, historical, socio-political, literary, an-thro-pological, linguistic, health, agricultural and food system, and social and family welfare issues.

This year-long experience includes the preparatory course[5], followed by an intense research experience[6] that includes two weeks in the field and a subsequent on-campus agenda of distillation, analysis, and reporting. A complementary Spanish section for students with basic language skill was devoted to further discussion of topics from lectures and supported by additional readings in Spanish. In the field, recognizing the authority of "other" voices is crucial. Especially valuable are personal interactions with native speakers "in culturally authentic and acceptable ways (Meredith 2010)", some[7] multicultural acquirers of second language and second culture knowledge and skills themselves. We see this step towards intercultural practice, made more democratic by plural discourse, as obligatory in a world perceived by some to be increasingly dominated by a "globalization that flattens everything in its path" (Godenzzi 2006, 152). This platform, where academe learns from cultural agents[8], evolved into a shared, live, video-streamed seminar during 2008-11 involving our universities as well as Chiapanecan collaborators. Sandwiched between the two campus-based courses was the field experience itself, where we strengthened our ties to individuals and host institutions, including El Colegio de la Frontera Sur, el Centro de Investigaciones y Estudios Superiores en Antropología Social, and INIFAP[9].

This article discusses multiple encounters during living laboratory explorations that helped articulate problems and subsequent

---

5. This course was entitled *Bridging Worlds: Rural and Urban Realities,* http://ip.cals.cornell.edu/courses/iard4010/.

6. *Experience Latin America,* http://ip.cals.cornell.edu/courses/iard6010/.

7. Indigenous peoples with a mother tongue that is not Spanish.

8. Practitioners of cultural agency defined by Sommer (2006, 20) as "a vehicle for agency through creative actions and reflections that influence collective change." Other variants affecting collective action and change may include political agency and community agency.

9. Chiapas field coordinators were Dr. Carlos Riqué Flores and Blanca Concepción (Conchita) Guzmán de Riqué. Host institutions in 2005–2008 were the Universidad Autónoma de Yucatán, Universidad Veracruzana and INIFAP also with student and faculty participation under a Training, Internships, Exchanges and Scholarships project funded by USAID-Mexico through Higher Education for Development.

investigations by students and faculty based on these contextualized settings and inputs by our hosts. We illustrate how this consolidated pedagogical and problem-framing approach contributes to the intellectual growth of students and faculty alike with a sample of agricultural research outcomes built upon issues initiated through boots-on-the-ground field experiences. Less emphasis is placed on the net social and pedagogical outcomes, an undertaking requiring additional resources to differentiate anticipated long-term outcomes from unintended ones. Also incorporated are rich personal episodes of students, issues of community empowerment, and cultural assimilations that produced a context of daily life. William B. Lacy[10] summarized the achievement of this living laboratory undertaking[11].

> *Experience Latin America* is one of the richest learning experiences I have seen in higher education. The dynamic international learning environment is greatly enhanced by bringing together undergraduates and graduates with diverse backgrounds and international experiences with a multidisciplinary, intergenerational group of faculty, administrators, and extension educators. Each of the participants becomes an active learner and teacher... (Blake 2001, 39)

Such a forum is designed to share and to build knowledge, responding to what Godenzzi calls the great challenge of the twenty-first century, "the construction of an ethic of respect and solidarity" (2006, 152). It demonstrates tolerance, inclusion and value enhancement deriving from a celebration of cultural difference. Students and faculty typically represent Africa, Asia and Europe as well as half a dozen countries from the Americas (including other regions in the host country). Accordingly, the program objectives are to explore equity-gap challenges, acknowledging aspects of cultural heritage, improving intercultural dialogue, and fostering greater contact and communication among the players, e.g., in-country hosts, students from afar as well as the host country, faculty and other professionals. Acknowledged gaps include access to food, to education at

---

10. Vice Provost, University Outreach and International Programs, University of California, Davis. Dr. Lacy was the Director of Cornell Cooperative Extension and Associate Dean of the Colleges of Agriculture and Life Sciences, and Human Ecology at Cornell University, 1994–1998.

11. Personal communication appearing in Blake (2001).

all levels, to health services, land and water, justice, markets, credit, capital, and earned income.

Research Problems Articulated

Through the years, graduate and undergraduate student researchers have developed projects and publications with the dual purposes of pursuing real-world issues and giving something back to our hosts and others with similar needs and interests. Other outcomes included policy papers or case study reports shared with communities and government. Recognizing that valuable intellectual work and analysis take place in all disciplines, we incorporated cultural agency into our portfolio of pedagogical interactions and articulations of researchable problems. Compared to the encounter with "the forgotten", a quite different experience unfolded with the Genesis farmers' organization. We had been invited to their annual meeting and *barbacoa* at Rancho El Yualito, on the central coastal plain near Cotaxtla, Veracruz. Dozens of cooperative members who own farms with dual-purpose cattle systems (to produce milk and beef) gathered with their families for business meetings and festivities. Reports included on-farm technology testing (and viewing of livestock), hearing from INIFAP advisors on technical and financial matters, and reviewing collaborative work plans for the coming year.

The Genesis encounter was graciously arranged and co-hosted by Dr. Francisco Juárez Lagunes, a Cornell alumnus working for INIFAP and Universidad Veracruzana (UV), along with Genesis farmers. Our El Yualito arrival was like finding a bustling county fair on a sunny-day—a parking area for vehicles; streams of people, and cattle being unloaded from trucks; multi-colored banners; lively music booming from loudspeakers; Genesis men all in red shirts like twins *requete* multiplied; smiling wives, mothers and daughters assuring order over chaos, organizing tables, chairs, projectors and screens; cauldrons of *carnitas* on open fires; and easels displaying poster reports of on-farm research with figures and photographs. Clearly, this too was a celebration of successful cooperative action.

Our international delegation was warmly received by José Ausencio Muñíz Morales, owner of El Yualito, and his nephew, José Miguel Ruíz Espinoza. Dapperly dressed in coat and tie, José Miguel, a former high school exchange student in the US was prodded to engage us on equal ground as Genesis' bi-lingual spokesperson. Greetings and introductory remarks led to a farm tour, presentations, questions and individual conversations, and observing men and women's groups in action with INIFAP advisors. Our attention seized on a key organizational principle tied to their work-ethic: Genesis insists on a membership comprising only committed, active participants. Subsequent discussions in our small groups highlighted radical differences in agency and voice between those muted and forgotten, just a few hours away, and the active chorus of Genesis *socios*. This theme was later repeated in the highland community of Micoxtla, above the city of Coatepec, Veracruz. Micoxtla residents expressed the desire to organize cooperatively in order to enter higher-value local and regional markets. On behalf of an INIFAP team working with them, Dr. Gabriel Díaz Padilla informed us that most families struggle with seasonal food insecurity and economic instability.

Field encounters in our pedagogical approach helped bring to life the need for communities and families to better secure their futures. This need was emphasized in the end-of-mission report by United Nations Special Rapporteur Olivier De Schutter (2011). Despite gains towards Millenium Development Goal #1 by reducing the percentage of underweight young children (<5 yr of age), the Rapporteur nonetheless pointed out that progress has been unacceptably uneven between rural and urban populaces. Dramatic disparities persist in the right to food. About 80% of the 18 million Mexicans living in municipalities characterized by high marginalization are in rural areas. Consequently, it was recommended that the Government of Mexico act to transform self-determination in rural communities by assuring greater local participation in capacity building; in other words, community agency to promote action and collective change. This counsel included implementing mutually reinforcing environmental, agricultural and social protection actions, among priorities intended to improve public policy, education, diets, health care, and family incomes. Calling for a "Third Agrarian Reform" the Rapporteur cited a growing income inequality fostered partly by unequal public support of agriculture (a limitation similarly acknowledged by Colombia, see PNUD 2011). This reform was charged to provide greater public good expenditures, among them greater access to credit and financial services, agricultural technical assistance, and support to producer organizations and cooperatives. Correspondingly, many students articulated research problems aimed at helping rural families and communities diminish their own vulnerability. These projects typically incorporate multiple goals—social, cultural, environmental, technical and economic—compatible with the sets of resources and opportunity horizons already dealt to families and communities.

Rooted in our cross border exchanges with families owning livestock, some of the nutrient constraints and farming system dynamics underlying agrarian vulnerability in Mexico's Gulf region were tackled with a set of allied research projects led by five graduate students—Australian, Japanese, US and two Mexicans. In every case, coalitions with farmers, farmer organizations, communities, local researchers and students enabled problem definition and project field work. Key institutional partners were INIFAP, Universidad Autónoma de Yucatán (UADY), Unión Ganadera Regional de Yucatán, Unión Ganadera Regional del Oriente de Yucatán, UV, and Genesis and Tepetzintla farmer organizations in Veracruz[12]. These collaborations constituted a kind of international consortium of its own making.

Cattle Systems

Animal agriculture is fundamental to the economy of Mexico's Gulf region. Cattle herds like those owned by Genesis farmers constitute an important livelihood in rural Veracruz, a major supplier of Mexico's beef and milk. However, information for improving the productivity, profitability and sustainability of dual-purpose cattle systems is scarce in tropical Latin America, including Mexico, and likely in tropical agro-ecosystems around the world, especially regarding the benefits and costs of alternative management strategies (Blake and Nicholson 2004, Blake 2008). Assisted by INIFAP Genesis members have worked to improve farming performance by substituting traditional forages with more nutritious species to increase milk sales from their herds.

Therefore, working together with INIFAP and Genesis herd owners in what are probably the first published tropical case studies

---

12. These organizations are widely known as a Grupo Ganadero de Validación y Transferencia de Tecnología (GGAVATT), or GGAVATT Génesis and GGAVATT Tepetzintla.

to systematically examine complex energetic interactions[13], Absalon-Medina and colleagues (2012a, 2012b) evaluated limitations and productivity and the potential improvements in milk production and profitability from alternative nutritional management. Other students similarly evaluated approaches to overcome productivity bottlenecks in Yucatan beef cattle herds (Baba 2007) and juvenile female replacements in Tepetzintla herds of the low Huasteca region of Veracruz (Cristóbal-Carballo 2009). These projects identified a consistent pattern of key biological (energy) and management constraints on animal performance across this wide swath of the Gulf region, which portends broader potential application for improving cattle system performance.

Heretofore unrecognized vulnerabilities were revealed through a study designed to evaluate herd performance limitations parsed by age of cow, physiological status and forage season of the year. The most susceptible management groups were non-lactating cows of all ages and forage seasons, and young cows and herd replacements (heifers) suffering growth retardations. Energy deficits signify repeated opportunity losses across an animal's lifetime, which are manifested in delayed puberty of heifers, fewer offspring born, and less total milk per cow over expected lifetimes. Like past efforts by Genesis farmers, these impediments could be ameliorated by investing in nutritional management and improved forage quality. As a result, diets formulated with better quality grass and legume forages were predicted to increase milk sales by up to 74 percent with large economic incentives, about $600 to $1100 greater predicted net margin per cow. This increase in net margin is large, equaling or exceeding in value the total milk from an additional full lactation per cow lifetime. A similar dietary strategy to assure normal growth also based on low cost, locally-produced feeds, especially available forages (e.g., grass hay, sugarcane, legumes), resulted in heifers that were 20 percent younger at first parturition (signifying earlier commencement of milk sales) with lower rearing costs, heavier body weights and greater adipose tissue reserves (Cristóbal-Carballo 2009).

Large marginal rates of return, the change in net margin per unit increase in variable costs, indicated clear economic incentives to alleviate inherent energy deficits and impaired growth. However, alternative management options may be difficult to implement if they

---

13. These interactions involve dietary energy balance, milk production and expected growth, and indirectly, their potential effects on herd reproduction.

are little practiced, thus generating little knowledge among farmers about potential profitability, and if options are perceived riskier than *status quo* practices. *Ex ante* economic assessment of strategies requiring greater nutrient inputs is important because higher production per animal is not always more profitable (Absalon et al. 2012b).

Crop-Livestock Systems

For more than three millennia the shifting cultivation *milpa* system in the Yucatán Peninsula has involved the cutting of forest after a fallow period, burning, and planting of maize mixed with squash and beans. *Milpa* cultivation has been purported to be the only food production method available to farmers in forested areas without draft animals. Slashing and burning clears rocky soils for planting, releases nutrients from slashed vegetation for crop growth, and controls the population of weed seed. A major limitation to the productivity of *milpa* systems, indeed to food production in the developing world, is soil nutrient depletion. Nutrients and organic matter from animal manure—the world's oldest fertilizer—is a vital input for growing food. Agricultural systems of Yucatán have long comprised multiple species of livestock; and the incorporation of hair sheep, a recent practice, is likely driven by market demand for lamb and mutton in the central region around Mexico City. While all adopters of this practice let manure accumulate by corralling animals, only one third of them fertilize with it. Most of these smallholder producers also cultivate a *milpa*, but cannot bear the expense of commercial fertilizer. Parsons et al. (2011c) summarized, "Farmers have only recently added sheep to their systems to increase household income, and opportunities may exist to develop greater complementarities between these two farming system components, particularly through manure use." Thus, a prime research objective was to evaluate the effectiveness of sheep manure fertilization rates combined with weed control in sustaining the productivity of *milpa* cultivation. A study of nutrient fluxes in the *milpa* system of Yucatán with continual maize cultivation and stover removal to feed animals showed that manuring with four metric tons of dry matter per hectare would sustain the soil stock of phosphorus, but not nitrogen or potassium, indicating threats to sustainability from lost fertility (Parsons et al. 2011c).

A companion study suggested that fertility losses and higher weed pressure were important causes of falling maize yields in *milpas*. Chemical control required much less labor than hand weeding, and fewer weeds mean greater maize production. Manure fertilization also increased grain and biomass yields. By third and fourth years of cultivation, high maize yields could be achieved only through a combination of manuring and weed control. "Small sheep flocks could theoretically provide a sufficient quantity of manure to fertilize a *milpa*, potentially allowing fertility to be maintained beyond the normal two years. Technologies that increase yield and maintain plots for a longer period have the potential to change elements of the current *milpa* system. The success of such practices ultimately depends on livelihood needs and aspirations of the households and the communities in which they live" (Parsons et al. 2009).

Mixed farming systems are enterprises where animal husbandry and crop cultivation are integrated components of one farming system: livestock are fed crop byproducts or residues (e.g., stubble) and significant income is earned by cropping. These systems provide many benefits to low-resource families and although smallholder households produce a large proportion of the food in the tropics, our understanding of the functioning of their farming systems is limited. To address this gap Parsons et al. (2011a) developed an integrated crop-livestock model to assess biophysical and economic consequences of farming practices incorporated into sheep systems in Yucatán. The resulting dynamic model comprising stocks, flows and feedbacks integrates scientific and practical knowledge of management, flock dynamics, sheep production, nutrient partitioning, labor and economic components. It also accesses information about sheep performance (productivity and manure quantity) and cropping (weather, crop and soil dynamics) obtained from other simulation models. Thus this simulation model embodies some of the complex interactions occurring between smallholder farmers, crops and livestock; it is a tool for examining selected suites of integrated crop-livestock practices compared to specialized cropping. Studies using this tool revealed that mixed farming scenarios with sheep provide more family income than specialized enterprises. This outcome capitalized on a lower on-farm price of maize grain, efficient utilization of surplus labor, and exploiting the availability of common land. However, more was not always better. It was most profitable to sell excess grain and maize stover, and instead of stover to use common land to feed livestock, thus warning that more integration may not always improve economic outcomes

(Parsons et al. 2011b). This systems-oriented approach drew upon local knowledge, synthesizing it in a manner that added value. Humans often have a limited ability to predict outcomes in dynamically complex systems, such as agriculture, where short-term and long-term behaviors may differ.

Collective Action: Value-added Agricultural Products

Rural communities like the Veracruz highland community of Micoxtla, where most inhabitants work in agriculture, confront multiple livelihood challenges. These include food insecurity, unemployment, and low and variable family incomes, which may be surmounted by the creation of income-generating opportunities. Value-added agricultural products are a potential strategy for earning higher incomes. However, biological and economic uncertainties often must be reduced, especially for this strategy to benefit smallholders. Households may be unable to enter or to compete in high-value agricultural product markets because of low access to market information, seasonal production shortfalls, inconsistent product quality, costly market access and poor infrastructure, all of which increase transaction costs (Holloway et al. 2000). Collective action may help overcome these barriers. Value-added products manufactured and marketed by farmer groups or cooperatives might reduce uncertainty by improving rural livelihoods through collective bargaining, smaller transaction costs, and higher average net incomes.

Most Micoxtla families struggle with seasonal food and economic insecurity. After meeting household needs, the principal sources of cash family income are sales of goat's milk, young goats for meat (*cabrito*), and eggs. Community members identified growing demand for specialty products for the tourist trade in the nearby city of Xico, including aged cheeses made from goat's milk, as one potential component of a rural development project assisted by INIFAP. The community wanted to explore this option to increase incomes, which would require initial funds beyond the capacity of individual families. Further risks from producing and marketing premium cheeses stem from dynamic biological, economic and social processes like weather patterns, market access, and available land to produce forages. Founding an agrarian cooperative supported with startup technical services and training by INIFAP could help reduce these risks.

Consequently, McRoberts (2009, 2013) worked with the community and INIFAP advisors to assess the *ex ante* potential of cheese production and marketing through a dairy cooperative comprising 25 families. This assessment was enabled by participatory group action to develop a dynamic mathematical simulation tool. With caveats acknowledged the resulting analysis indicated that a cooperative has substantial potential to improve community incomes while controlling risk under a broad range of environmental and market conditions (McRoberts 2009, 2013). Furthermore, this Micoxtla case supports De Schutter's admonishment (2011) to help foster community self-determination using participatory approaches, in this case through both identification and *ex ante* assessment of potential development interventions. Undertaken with a leading Mexican research and development institution, this case importantly demonstrates a methodological contribution to research and development programming. This approach could be applied more broadly to understand the potential behaviors over time resulting from proposed interventions, to determine their benefits and pitfalls, and to better inform decisions about potential investments by governments, donors, communities and families.

Although these projects cover a limited disciplinary footprint compared to the many needs that were identified, they clearly exemplify learning from cultural agents with efforts to return the favor. Collectively they respond to De Schutter's criteria by providing technical assistance, better understanding of food system function and with methodology and action plans to support local communities' escape from poverty and growth of social capital through collective action. In addition to research publications to inform global audiences, project results were shared with local communities and farmer organizations through our collaborators. On the occasion of an invited presentation[14], Yucatán farmers generously expressed gratitude for the thought-provoking results about cattle system opportunities across the Gulf region. Thus, these agrarian research cases illustrate academe's role in transferring information from the

---

14. "Limitaciones y Manejo Alternativo para la Producción de Carne en los Trópicos", invited presentation by R. W. Blake (2010) at *Día del Ganadero 2010*, INIFAP Sitio Experimental Tizimín.

community context to a broader public audience, creating discourse and analysis, and abetting social change along the way.

Intellectual Gains from Cultural Context

Our integrative curricular approach, incorporating both formal and communal knowledge producers, has co-evolved in ways that parallel the intercultural discourses by Godenzzi, Sommer and others in *Cultural Agency in the Americas* (Sommer 2006). The tools of collective change range from agrarian, urban and civic development practices to elements of cosmovision and performance. Consequently, we have sought to also occupy some of the social "wiggle room" identified by Doris Sommer (2006, 20), spaces created by pushing back boundaries and for collective resistance in an active negotiation of change. This plea for greater social and cultural understanding is echoed also among autochthonous voices in Meyer and Maldonado's *New World of Indigenous Resistance: Noam Chomsky and voices from North, South, and Central America* (2010). Similarly, "performing culture"[15] provides a valuable mechanism for sharing information, framing problems, engaging in critical discourse and promoting social change. In this respect, we take a cue from Chiapanecan theatre today, especially grassroots and indigenous initiatives like the women's theater group, Fortaleza de la Mujer Maya (FOMMA), and Lo'il Maxil, the theater troupe associated with the indigenous non-governmental organization, Sna Jtz'Ibajom, discussed by Sánchez-Blake (2014). Especially noteworthy is the case of FOMMA, where women have fostered new codes and behaviors without breaking traditional values. Instead both women and core values are fortified with pride and dignity. Conveyed are complex intersections of tradition and modernity, the inside and the outside, gender, ethnicity and agency.

Godenzzi reminds us of the injustice to subaltern peoples whose memories "are neither recognized nor recorded" with this

---

15. Performing culture is a term coined by Diana Taylor to describe a wide range of behaviors including observance of ritual, engagement in public political action, as well as more traditional forms of performance like theater, puppetry, and socio-dramas. It "allows for agency, thus opening the way for resistance and oppositional spectacles" (Taylor and Villegas Morales 1994, 13–14).

Cochabamba graffito, "Official history is not written by memory; it is written by what is forgotten" (2006, 149). Connecting this reality to the social responsibility of academe, Godenzzi (2006, 166) helps frame a challenge for educators to cross-foster better communications in developing intercultural agents:

> The plurality of discourses and the role these play in the construction of knowledge and in cultural creativity pose an important challenge for cultural studies and the social sciences with respect to education. This challenge is to communicate research results, discourse analysis, and critical reflections with the agents of that education so that these may enrich curricula and pedagogical interactions. In this way, these disciplines will be contributing to the formation of intercultural agents capable of reinventing our life in society.

Taking up Godenzzi's challenge, we submit that academe is cultural agency's natural partner. To better fulfill its social educator role academe must provide curricula and pedagogy in ways that echo, connect and create plural discourse among multiple dimensions and disciplines of society. Multiplicative effects may be gotten when students and faculty, key agents themselves and trainers of intercultural agents, learn first-hand by crossing borders. In so doing a more inclusive worldview about life in society is found through another lens, thus providing critical context for needs assessments, as earlier discussed.

The reminder of this article reflects upon vignettes of encounters and outcomes from field experiences prompting research explorations by students at all levels, like in the agrarian sample presented above, that resulted in an example of performed culture using a devised drama framework[16]. We also provide a representative sample of responses by other students challenged to find ways to give back to their hosts, which helps further establish linkages between academe and cultural agency. A major section tells a story of transference on a shared stage transported from Chiapas to a U.S. home institution and local communities in a well-researched, collectively created play, *Kan Balaam (Jaguar Serpent)*, co-written by students and faculty. We conclude with a summary of ways that ac-

---

16. Devised drama frameworks combine a transformative goal with a performative mode intended to reach all parties in the relationship.

ademe has coupled with cultural agency in meeting Godenzzi's educational challenge to build more reciprocal societal relationships. Priority targets are the inequalities affecting marginalized peoples, acknowledging lessons from Meyer and Maldonado and colleagues (2010) that communitarian education is action that recuperates and fortifies communal life and builds local autonomy.

Breaking Silence

There are many ways to break with the past. Some may go unrealized until transformation is complete. One's own nature finds a new genesis, emerging as another from a cocoon after a rain, or like a liberating flight from memory into a new self. This is what Petrona de la Cruz tells us in her story of Maya performance as cultural agency, in an interview with Sánchez-Blake: "El teatro ha sido una forma de sanar mis heridas. Pude gritarle al mundo, al público, el dolor que sentía por dentro" (Sanchez-Blake 2012, 22). Petrona's colleague, Isabel Juárez, added: "romper el silencio tuvo un efecto multiplicativo en las mujeres y sus comunidades. Las miembras de la organización comenzaron a hablar y a ganar confianza. Muchas mujeres ni siquiera sabían que tenían una voz" (Sanchez-Blake 2014). Voice is consequential. This dynamic plays out in the contextualized discussion forums during our living laboratory, where the outspoken are seemingly advantaged. All other things equal, students from diverse cultures may have different propensities to speak out, and different English or Spanish-as-a-second language capacities affecting their participation. Thus, these international students may be less likely to negotiate their viewpoints with more outspoken *gringo* peers. Some maintain silence. Inviting forums where everyone is encouraged to speak is a challenge. To address this gap the sharing of alternative viewpoints was a primary pedagogical goal, where everyone is expected to contribute to roundtable discussions. A valuable enhancement, when possible, has been to engage our hosts in the discussion as knowledge consultants and content interpreters to aid understanding.

Breaking silence may result especially from one's own resolve, exhausted patience with other expressed viewpoints, or both. This may have been the case for Gregorio Soto, a mid-career Guatemalan maize geneticist and doctoral student, who was an attentive and contemplative participant in an outspoken group. Older than most other students, if not all, and a family man, Gregorio naturally carried a wealth of life experience, including many professional interactions in rural Guatemala and elsewhere in the isthmus. Because of this and his heritage as one of our Latin American cultural liaisons, like many predecessors, Gregorio was a key talent resource in forming a functional group dynamic to help interpret our face-to-face encounters with new realities. Quiet by nature, he observed but seldom participated in discussion. This was largely inconsequential in the on-campus preparatory course. However, needs were different in the field and the faculty very much wanted Gregorio's valuable addition to our international learning forum. Nonetheless, the first week of a stimulating two-week field course reverberated with wonderful presentations by gracious hosts, enthusiastic discussion by an intrigued group of 30 students, and active listening by Gregorio.

Something spurred breaking silence in the second week, and it had nothing to do with faculty action or pedagogy. Maybe he tired of shortfalls in the alternative viewpoints that had been voiced. Whatever the reason, Gregorio abruptly opened up. And the flow did not abate. All welcomed it. *Como un faro,* all were bettered by his guiding hand with a special lens that helped everyone to see, to understand and culturally interpret the workings, choices and history of our surroundings. Our hosts also perceived this, which made us better guests; more respectful, more worthy. After the field trip we were delighted to hear Gregorio was more talkative with colleagues upon returning to his maize research laboratory. Using Gregorio's case as illustrative, we give heartfelt tribute to every international student through the years that enriched our explorations in crossing bridges of intercultural agency. Overcoming certain challenges, these key protagonists may come to see themselves as if through a dual lens. Learning may arise by more carefully examining their own experiences, and also by re-examining themselves using the "outsiders" lens as a new tool.

Jan DeVos reminds us that Maya peoples refer to themselves in mother tongues, not as natives but as "hombres verdaderos" (2001, 17). Moreover, one's identity, or true origin, is rooted not in the tongue used but in their place of belonging: their community. Hence, for example, one identifies not as Tzotzil but instead is from San Juan Chamula or Zinacantán. Our Chiapas courses found indelible lessons in these highland communities. Antonia López is a charming, irrepressible *Zinacanteca* businesswoman. With her mother and younger sisters she manufactures and markets beauty in colorful hand-loomed weavings, tapestries and other artisanry; and the woolen embroidery art that distinguishes Zinacantec couture. Like other artisans, Antonia's creations represent another level of cultural transference, where sunny day brightness of local flower gardens is projected onto woven canvases. We met Antonia in search of a rich field encounter to tie together issues of culture, custom, history, entrepreneurship, gender and family heritage. When Antonia decided to shift from marketing her goods to selling them from home, our friends and field coordinators Carlos and Conchita Riqué recommended also serving cultural hospitality to tourists to complement their Zinacantán shopping experience. And so, Antonia's mother now keeps their open hearth ablaze, and visitors warm and happy, with a steady supply of coffee and hot tortillas fresh from her *comal* along with black beans, crumbled cheese, *chile* and *salsa* for tasty tacos. Over the years we have grown closer. Partly because of the agency by our students (some soon returning for internships or research projects), and despite new faces from year to year, each new encounter with Antonia and her family grew into warm homecoming. Maybe this explains her confidence and amazing courage in breaking silence with us in January 2011.

Following a delicious Zinacantec lunch with coffee and conversation, students wanted to know more about Antonia, to hear her story. Granting the request, she began as anyone might. For Antonia, everything begins with an idea, with a desire—"I wanted to have my own bed." Antonia shared her story, one sadly similar to that of many women around the world. Storms of family violence. A drunken father's hurting hands. Her injured mother's bed-ridden recoveries. A wish for men more respectful and caring of their families. A father throwing her into the street, disowning her for buying her own bed, and a house in which to put it. Pleading to convince her mother to escape the domestic violence and move in with her. Finally, a mother's breaking point after another severe beating requiring night-and-day attention by the village healer. Her mother and sisters move into Antonia's house. Tracked down, a father bursts in, dragging her mother to the door by her hair. Brandishing a broom, Antonia defends her family in reprisal for years of beatings. Shouted insults; a father's warning never to seek his help. Antonia closed her story in a waterfall of tears to a riveted audience, "We never did."

This was not a story of abuse, however, but of survival, resilience, and pride. Antonia proudly showed us the house she designed and had built with her own funds, earned by the work of her hands. She brags about sisters finishing high school, and her own newly achieved literacy in Spanish, her desire to learn English so as better to serve international visitors and reach other markets. She hands out her business cards, encouraging students to email her, and asks how to develop better business plans. We sit on her bed, in her room, and talk. We believe this victory of family, community and dreams still plays, lingeringly, for those who were witnesses. Which marks will become indelible? Who is to say, not for a lifetime? Antonia's story could join the FOMMA repertoire of productions. Deeply touching many students, Tricia Bradford decided to write a narrative epilogue project based on this encounter and others during our Chiapas exploration, also utilizing social media to share its messages with friends via Facebook.

One final vignette is a story of access denied. Don Antonio Gómez Entzín and his family raise vegetables for the market in San Cristóbal de Las Casas on a steep hillside high above Huitepec. Their hard work, and that of neighbor families, pays off when there is enough water for their crops. In addition to rainfall, good yields typically require irrigation from the mountain top stream running on family land just above their farmstead. Gathering together with Antonio, his wife and children after a guided walkabout we learned more about their livelihood, chores, markets, family, and schools. Family income from vegetable sales was deteriorating because farmers could no longer irrigate their crops. Huitepec waters had been diverted to feed the Coca Cola bottling franchise at the base of the mountain. We were told the government was supporting corporate demands amid complaints from Huitepec residents of less access to water resources, which are stewarded by them. Along with Antonia's story this encounter especially provoked reactions and reflections in our group and with Chiapanecans and beyond about power, privilege, pride and subaltern needs for cultural and community agency.

Shared Stage: The Kan Balaam Story

In 2008-09, *Experience Latin America* and *Hispanic Theater Production* courses were linked through the felicitous circumstance of a substantial core of students taking both courses. This resulted in a mutual collaboration fueling an integrative process building awareness, knowledge and culture transmitted through performance. Best known by the troupe name, *Teatrotaller* exists both as a course and a student organization with the mission of promoting Hispanic culture through the production of high quality theater in Spanish. Student-founded in 1993, and primarily attracting undergraduate students with a steady sprinkling of graduate students, staff and community members, *Teatrotaller* has directed, staged and performed over 50 Spanish, Latin American, and US Latino plays, which have been performed in festivals over the years in the US and abroad.

As we have shown, the living laboratory provides opportunities to gain awareness and knowledge about a distant world that encompasses many issues separately addressed by the academy. Farm visits initiated learning and insight about real-world issues concerning food production, land and water, climate change, biodiversity, family and community welfare, and the economic challenges faced by agrarian society. Conversations with farmers, indigenous people and other hosts helped articulate needs and contemporary challenges, which led to research inquiries like those we have discussed.

A better understanding about maize provided a significant inspiration for all, including those whose motivations and intellectual curiosity pointed in the direction of performance. This quintessential nutriment of the Maya, and the important role of maize in Mexican life, from the ancient cosmovision in the *Popol Vuh* to current diets and heritage foods, attracted learners from all backgrounds to a broadly shared cultural common ground. Students and faculty also learned about sacred Maya beliefs in particularly impressive visits to the San Juan Bautista church in San Juan Chamula with the Chamula leader Don Manuel Pérez López. In this place, past and present blend with sacred rituals and religious ceremonies, epitomizing the syncretism of Christian and Maya creeds, tradition and modernity, and only through Don Manuel's whispered guidance were we able to sort out the myriad images and activities. UADY archeologists Lilia Fernández and Guillermo Kantún helped us to peer beyond a superficial appreciation for the majesty of Maya civilization and heritage at spectacular ruins in Palenque, Uxmal, Toniná, Bonampak, Yaxchilán, Chincultik and Izapa. Our explorations also included special meetings with the Zapatista authorities at the Oventik *caracol*, a seat of civil government, where the Zapatista concept of good and bad government was differentiated alongside their model of indigenous regional autonomy. Conversations with personalities who overcame their own challenges, like Antonia López, Antonio Gómez, and Petrona de la Cruz, stimulated considerations of meaning and values, putting the music of their voices in our ears.

Upon returning from Chiapas, co-enrolled *Teatrotaller* students and faculty decided to continue efforts through the creation of a Spanish play to re-enact some of the main challenges facing Chiapanecans, projecting their realities, and past and present, onto a local stage. Combining acting and language instruction is not in itself novel: drama techniques have long been shown beneficial to language learning. Ryan-Scheutz and Colangelo indicate that drama provides language learners "opportunities to speak in less controlled and more creative ways... bring(ing) learners closer to real-life use of the target language" (2004, 375). Our students took these lessons a step further into a complexly-staged performance in which both cultural and language learning were encouraged through a fully realized devised drama structure.

This seems a natural next step, but is by no means an obvious one either for performance or language pedagogy. Not long ago, The Association for Theater in Higher Education devoted a special issue of its journal, *Theatre Topics*, to the question of devising (Vol. 15.1 2005). Reading through the issue is a peculiar experience because there is not a single example of, or case study from, the Hispanic or US Latino world despite the widespread acknowledgment of the influence exerted by Brazilian Augusto Boal's fundamental work in his Theater of the Oppressed. This blind spot adds a rather ironic perspective to comments like that of Anne Berkeley, who stresses that devised theater highlights, "The uses of theatrical performance for ALL students in the work of forming identities and values" (2001, 3). At the same time, we take seriously the repeated message of these articles: devised drama and its radical pedagogies are typically seen as having a transformative mission, and it is a performative mode that speaks, or should speak, to all. As Ronlin Foreman of the Dell'Arte School comments, "The goal is to create a courageous theater, based on people in relationship, passing beyond the peripheral situations of our lives and into the circumstances that define the human condition" (2005, 97).

Profoundly concerned about the limited political and social power of the groups with whom we interacted, our students committed to finding an appropriate artistic response that would supplement other forms of activism in the area. Accordingly, a devised script, *Kan Balaam* (Jaguar Serpent), was co-written with students through collaborative initiative to elicit awareness and understanding about socio-cultural issues. Script development began with eager discussions in Chiapas assimilating information that ranged from background facts about subaltern lives, to observations about styles of social interaction, clothing, how men and women in communities speak and how they occupy space with their bodies, and the process was completed at home through extensive research, writing, editing, rewriting and composing assisted at a crucial stage by input from the well-known Mexican-American playwright, Carlos Morton. Through this challenging process, *Kan Balaam* emerged as an integration of Maya myth and cosmology from the *Popol Vuh* with contemporary conflicts in indigenous communities. Some of these conflicts are many centuries old but manifested anew as modern invasions into traditional culture and its territories by globalized economic structures.

The title, *Kan Balaam*, refers to the Maya belief of opposing forces. "*Kan*," the serpent, represents Kukulkán, the Maya god of creation, and his manifestations—the sun, fertility and life—in opposition to the jaguar *(balaam)* and its manifestations of night, death and darkness. The *Popol Vuh* segment was pivotal in linking the overarching metaphor of the continuity between present communities and past beliefs. The story line of *Kan Balaam* focuses on the fate of an indigenous couple (Carlos and Felicita) who are unable to have children. The couple's infertility dilemma parallels other aspects of their barren lives and landscapes, worsened by drought and denied access rights to their communal river, which have been ceded to the Coca Cola bottler. The maize harvest fails and the community faces starvation. Carlos takes to drink and constantly blames his wife for inability to procreate. Meanwhile, a delegate from the bottling plant visits Carlos, offering him a job in exchange for procuring village support needed for construction of another bottling plant near town. The delegate turns out to be an old neighbor from their hometown of Chamula, who has become a city person *(ladino)*, changing his name, language and dress. He urges Carlos to do the same by forsaking old ways and traditions. Felicita, overhearing the conversation and fearful of her inebriated husband's response, scurries to the Chamula church to recruit a *curandero* to perform a ritual to make her fertile. The church ritual transports Felicita (and the audience) to the past, where she is reminded of her Maya roots.

The creation scene based on the *Popol Vuh*, where the world and its animals and plants come into being, is completed by emergence of the Man of Maize, who is powerful enough to resist water and fire, but humble enough to worship his creators. Afterwards, Felicita sees herself in a past life as a young maiden, Cuzán *(Golondrina)*, who is chosen by the Maya king to be offered to the gods by casting her into a sacred *cenote*. In this scene she discovers her infertility is due to an act of rebellion toward the rain god (*Chaac*) when Cuzán refuses to deliver the message ordered by the Maya priest. By opposing this mandate, a curse falls upon the Maya bringing horrors of bearded white men and white gods who conquered, enslaved and destroyed their civilization.

When Felicita returns to the present day, the healer empowers her to break the curse. She must convince her husband to understand the gods' message and return to their people's roots. When Felicita tries to do this Carlos is drunk. She falls into despair. Meanwhile, Carlos dreams that Kukulkán and Cocacoalt (the dark Coca Cola god) fight to gain control of his soul. While Kukulkán attempts to convince him to return to his people because they need him, Cocacoalt invites him to follow his *compadre* in taking up the Coca Cola offer to forsake his people. When he awakens, Carlos suddenly understands the message and makes up his mind. He searches for Felicita and finds her just as she is about to pitch herself into a *cenote* in despair. As they embrace in a common bond of responsibility to their people, thunder echoes from contented gods with the promise of rain and fertility. In the final act Carlos has become a leader in his community. He defeats the Coca Cola delegate by refusing his proposal and condemning intrusion on their lands. Led by Carlos, the entire community joins forces with the Zapatistas pledging support in opposing the invasion. In the end Carlos and Felicita are blessed with the long awaited promise of a child.

In sum, *Kan Balaam* integrates Maya myths and cosmology with contemporary issues facing Chiapanecan communities as interpreted by students. Students shared their heightened trans-cultural awareness and learning with a larger audience, in a gesture of gratitude and intellectual responsibility for the gift of shared narratives and information bestowed by gracious Chiapanecan hosts. A church ritual mimicked observations in the San Juan Chamula church melded with investigation of ritual traditions, not a facile task. All costumes, props and sets were original creations. We were also fortunate to be assisted by UADY archeologist Dr. Lilia Fernández who helped finalize costume and set design, advised on types of feathers, gowns, masks, and makeup used by the ancient Maya. She was a critical consultant also in choreographing the "ball game" in the ancient Maya legend scene. The entire theater company worked in an environment of comradeship, where Spanish was the language of the workplace, inspired and spurred by our Chiapas exploration. The play presented in Spanish is available at http://courses.cit.cornell.edu/ iard4010. Through this second living laboratory, students enhanced cultural understandings and linguistic skills. The urgent social issues addressed in this play gave a particularly forceful quality to their applied research inquiries, an especially satisfying result both in terms of intellectual and personal growth. As one of the students writes in her final reflection on the year-long course:

> The entire process for the creation of *Kan Balaam* was really an experience and a collective group effort. From its very beginnings as a raw idea in Chiapas, to the script writing, the set making, the masks, the costume design, the lights, the stage—everything came together because there was a communal group goal. It can be argued that the same group effort that was put into the creation of *Kan Balam* is parallel to the community effort of the people of San Juan Chamula in the play when they are trying to get rid of the Coca Cola company . . . As I watched the play I felt like I watched my *Experience Latin America* course condensed into one play with all the issues I learned and with classmates from whom I learned while acting them out on stage.

CONCLUDING REMARKS

We have illustrated ways in which academe has employed cultural agency to embrace a more inclusive worldview that helps to effectively frame and pursue problems. By trading places, where our hosts from other walks of life and cultures are the professors and subalterns are at the table, students and faculty become co-learners and collaborators charged with social responsibility in delivering voice, knowledge and understanding to extended audiences. We contend that greater academic agency through alliances like those embodied in *Experience Latin America* is needed to achieve equity goals through effective community engagement and applied problem-solving. It also helps ensure that all can participate in public policy decisions, which is part of "reinventing our life in society", Godenzzi's challenge to education.

We have described a series of encounters between social realities and academe, briefly touching on them by selecting from a rich array of learning experiences and agrarian research outcomes. By remembering, re-enacting and transmitting these stories, including technical research publication, we hope to contribute to a stronger voice with greater understanding and visibility for the forgotten people of our hemisphere. By revealing instances of silences broken and culture performed we have demonstrated the potential realized by bringing academe to the field, and the field to academe, as part of a reinforcing educational process that promotes understanding and social transformation.

We also analyzed the power of performance as an engine of cultural agency that naturally connects with community and reinforces academe. Thus, cultural attitudes and perceptions are transformed, knowledge is created through research and disseminated, and social awareness and respect are raised in ways like those urged by De Schutter (2011). The performing culture theatrical experience described in this article condenses into a clear example of the adoption of cultural agency by academe. Exposed to an enabling cultural landscape, one that carries messages of cultural and other substantive contexts, students winnow and amplify them through their own engagements, lenses and reflections, finally delivering them through an egalitarian process to academe and society writ large.

ACKNOWLEDGMENTS

We thank Emily Holley and Charles Nicholson for their helpful feedbacks on drafts of this article.

WORKS CITED

Absalon-Medina, Victor Antonio, Robert W. Blake, Danny Gene Fox, Francisco I. Juárez-Lagunes, Charles F. Nicholson, Eduardo G. Canudas-Lara, and Bertha L. Rueda-Maldonado. "Limitations and Potentials of Dual-purpose Cow Herds in Central Coastal Veracruz, Mexico." *Tropical Animal Health and Production* 44. 6 (2012a.): 1131–1142.

Absalon-Medina, Victor Antonio, Charles F. Nicholson, Robert W. Blake, Danny Gene Fox, Francisco I. Juárez-Lagunes, Eduardo G. Canudas-Lara, and Bertha L. Rueda-Maldonado. "Economic Analysis of Alternative Nutritional Management of Dual-purpose Cow Herds in Central Coastal Veracruz, Mexico." *Tropical Animal Health and Production*. 44. 6 (2012b): 1143–1150.

Baba, Kotaro. "Analysis of Productivity, Nutritional Constraints and Management Options in Beef Cattle Systems of Eastern Yucatan, Mexico: A Case Study of Cow-calf Productivity in the herds of Tizimín, Yucatán." Master's thesis. Ithaca, NY: Cornell University, 2007.

Berkeley, Anne. "Myths and Metaphors from the Mall: Critical Teaching and Everyday Life inUndergraduate Theatre Studies." *Theatre Topics*. 11.1 (2001): 19–29.

Blake, Robert W. "Tradition and Transition: INTAG 602 and the Graduate Field of International Agriculture and Rural Development." In *International Agriculture 602 Millennium Conference on Agricultural Development in the 21st Century*. International Programs, College of Agriculture and Life Sciences, Cornell University, 2001: 36–40.

— — —. "Perspectivas de la Investigación Pecuaria en el Mundo Tropical: Utilización de Recursos Genéticos de Ganado Bovino." In *Perspectivas de Conservación, Mejoramiento y Utilización de Recursos Genéticos Criollos y Colombianos en los Nuevos Escenarios del Mejoramiento Animal*, edited by C.V. Durán and R. Campos. Universidad Nacional de Colombia, 2008: 1–17. ISBN: 978-958-8095-44-8.

McRoberts, Keenan C., Charles F. Nicholson, Robert W. Blake, Terry W. Tucker, and Gabriel Díaz-Padilla. "Group Model Building to Assess Rural Dairy Cooperative Feasibility in South-Central Mexico.", *International Food and Agricusiness Management Review*, 16(3) (2013): 55-98.

Cristóbal-Carballo, Omar. "Management of Heifer Growth in Dual-purpose Cattle Systems in the Low Huasteca Region of Veracruz, Mexico." Master's thesis. Ithaca, NY: Cornell University, 2009.

De Schutter, Olivier. "End of Mission to Mexico: Mexico requires a new strategy to overcome the twin challenges of "food poverty" and obesity, says UN food expert." Office of the High Commissioner for Human Rights, 2011.http:/www. ohchr.org/en/NewsEvents/pages/displaynews.aspx?NewsID=11173.

De Vos, Jan. *Nuestra Raíz*. Mexico City: Ed. Clío, Libros y Videos, 2001.

Foreman, Ronlin. "Potholes on the Road to Devising." 15.1 (2005): 91–102.

Godenzzi, Juan Carlos. "The Discourses of Diversity: Language, Ethnicity and Interculturality in Latin America." In *Cultural Agency in the Americas*, edited by Doris Sommer. Durham: Duke University Press, 2006: 146–166.

Holloway, Garth, Charles F. Nicholson, Chris Delgado, Steve Stall, and Simeon Ehui. "Agroindustrialization through Institutional Innovation, Transaction Costs, Cooperatives and Milk-market Development in the East-African Highlands." *Agricultural Economics* 23 (2000): 279–288.

Meredith, R. Alan. "Acquiring Cultural Perceptions during Study Abroad: The Influence of Youthful Associates". *Hispania* 93.4 (2010): 686–702.

Meyer, Lois, and Benjamín Maldonado-Alvarado, eds.*New World of Indigenous Resistance: Noam Chomsky and voices from North, South, and Central America*. San Francisco: City Lights Books, 2010.

McRoberts, Keenan. "Rural Development Challenges: System Dynamics *Ex Ante* Decision Support for Agricultural Initiatives in Southern Mexico." Master's thesis, Cornell University, Ithaca, NY, 2009.

McRoberts, Keenan C., Charles F. Nicholson, Robert W. Blake, Terry W. Tucker, and Gabriel Díaz-Padilla. "Group Model Building to Assess Rural Dairy Cooperative Feasibility in South-Central Mexico.", *International Food and Agricusiness Management Review*, 16(3) (2013): 55-98.

Parsons, David, Luis Ramírez-Aviles, Jerome H. Cherney, Quirine M. Ketterings, Robert W. Blake, and Charles F. Nicholson. "Managing Maize Production in Shifting Cultivation Milpa Systems in Yucatán through Weed Control and Manure Application." *Agriculture Ecosystems and Environment* 133 (1–2) (2009): 123–134.

Parsons, David, Charles F. Nicholson, Robert W., Blake, Quirine M. Ketterings, Luis Ramírez-Aviles, Danny G. Fox, Luis O. Tedeschi, and Jerome H. Cherney. "Development and Evaluation of an Integrated Simulation Model for Assessing Smallholder Crop-livestock Production in Yucatán, Mexico." *Agricultural Systems* 104 (2011a.): 1–12.

Parsons, David, Charles F. Nicholson, Robert W., Blake, Quirine M. Ketterings, Luis Ramírez-Aviles, Jerome H. Cherney, and Danny G. Fox. "Application of a Simulation Model for Assessing Integration of Smallholder Shifting Cultivation and Sheep Production in Yucatán, Mexico." *Agricultural Systems* 104 (2011b.): 13–19.

Parsons, David, Quirine M. Ketterings, Jerome H. Cherney, Robert W. Blake, Luis Ramírez-Aviles, and Charles F. Nicholson. "Effects of Weed Control and Manure Application on Nutrient

Fluxes in the Shifting Cultivation Milpa System of Yucatán." *Archives of Agronomy and Soil Science* 57 (3) (2011c.): 273–292.

PNUD (Programa de las Naciones Unidas para el Desarrollo) *Colombia Rural. Razones para la Esperanza.* Informe Nacional de Desarrollo Humano. Bogotá: INDH PNUD, 2011.

Ryan-Scheutz, Colleen and Laura Colangelo. "Full-Scale Theater Production and Foreign Language Learning." *Foreign Language Annals.* ACTFL. 37.3 (2004): 374–400.

Sánchez-Blake, Elvira. "Teatro Maya y Resistencia Indígena: El Caso de Chiapas." *Letras Femeninas* 38.1 (Verano 2012): 17–31.

———. "Mayan Cultural Agency through Performance: Fortaleza de la Mujer Maya—FOMMA". In *Mexican Public Intellectuals*, edited by Debra Castillo and Stuart Day, 163-181. London, UK: Palgrave, 2014.

Sommer, Doris. "Introduction: Wiggle Room." In *Cultural Agency in the Americas*, edited by Doris Sommer. Durham: Duke University Press, 2006: 1-28.

Taylor, Diana, and Juan Villegas Morales. *Negotiating Performance: Gender, Sexuality, and Theatricality in Latin/o America.* Durham: Duke University Press, 1994.

Taylor, Diana. "DNA of performance". In *Cultural Agency in the Americas*, edited by Doris Sommer, 52–81. Durham: Duke University Press, 2006.

CAPÍTULO VIII

PRÁCTICA ARTÍSTICA EN LA GRIETA: APUNTES PARA UNA INVESTIGACIÓN ESPACIAL DEL DESPLAZAMIENTO FORZADO

Ludmila Ferrari
University of Michigan

Resumen:
El artículo parte de la experiencia un proceso artístico comunitario llevado a cabo en Ciudad Bolívar, uno de los asentamientos informales, o "barrio de invasión" de Bogotá, Colombia. Desde allí reflexiona sobre las condiciones de existencia de una práctica artística colectiva estructurada como interrogación del discurso artístico en relación a la violencia expropiativa del desplazamiento forzado. Hacia el final del texto se analizan tres dibujos elaborados por participantes de PAG, como metonimias de una producción violenta del territorio, la cual, instala una espacialidad del "umbral" como parte de los procesos de desarraigo y desterritorialización.

Palabras claves: práctica artística, expropiación, umbral, desplazamiento, espacio, territorio.

Me gusta mucho plasmar nuestros sentimientos en la tela,
dándonos a conocer de dónde venimos,
quiénes éramos... nosotros no venimos de casitas desechables,
ni de un cartucho... eso es lo que la gente nos quiere hacer sentir...
¡no!, queremos que la gente sienta y vea que nosotros teníamos tierra.
Sara
Participante del PAG

"Práctica Artística en la Grieta" parte del desencanto del arte como discurso privilegiado y pregunta por las posibilidades de generar una práctica políticamente artística. Este proyecto fue desarrollado junto a un grupo de población desplazada en la localidad de Ciudad Bolívar, uno de los llamados 'barrios de invasión' de Bogotá, Colombia. El proyecto tuvo una duración de tres años en los cuales se extendió a lo largo de tres sectores de Ciudad Bolívar, vinculando a un total de 160 personas. Práctica artística en la grieta busca despertar, revivir y valorar a través del ejercicio artístico las fuerzas sociales y morales socavadas profundamente por el destierro y la violencia en la población desplazada. El proceso colectivo de PAG se emprendió como un proyecto de investigación artística contingente a una pregunta por el arte y la práctica artística. PAG no partió de la pregunta: ¿qué tipo de producción artística se puede realizar *para* Ciudad Bolívar?; la reformuló para pensar: ¿cómo articular el ejercicio artístico *desde* Ciudad Bolívar? Por tanto, no se dio aquí la implementación de un "proyecto" sino, una exploración práctica de los límites del arte, sus puntos flacos, sus inconsistencias, así como de sus posibilidades de encuentro y apertura.[1]

De esta manera, PAG se dio como un agenciamiento formado en una coyuntura política específica: la transformación geopolítica del territorio colombiano en tiempos del capital neoliberal: desplazamiento forzado, guerra interna y expansión del régimen extractivista del monocultivo. Dado que tanto el desplazamiento forzado, como la sedimentación procesos espaciales violentos que dan lugar a un sitio como Ciudad Bolívar, son opuestos a las dinámicas históricas de constitución y centralización de la esfera institucional, académica y comercial del arte, la investigación de PAG estuvo tensada por las siguientes preguntas: ¿Cómo se desarrolla una práctica artística en relación al desplazamiento forzado sin reproducir la violencia expropiativa que lo constituye y lo representa? ¿Cómo des-articular los pesados relevos institucionales del arte (artista, obra, público, museo) a la especificidad de un *sitio* como Ciudad Bolívar (*site specificity*)?

Ubicada en la periferia de Bogotá, Ciudad Bolívar es un aglomerado urbano-rural conformado a partir de las sucesivas migraciones del campo a la ciudad, migraciones masivas producidas principalmente por la violencia y el desplazamiento forzado. Los

---

1. Para un recuento detallado del PAG consultar *En la grieta: práctica artística en comunidad*. Ferrari, 2015.

habitantes de la localidad fueron y son en gran parte reinsertados, desplazados y campesinos colombianos que recurren a Bogotá en busca de una respuesta estatal a la incertidumbre del conflicto armado. Durante los últimos diez años la población de Ciudad Bolívar ha aumentado significativamente y la tierra de algunos de sus 252 barrios continúa siendo ilegal, invadida, reñida al milímetro y ocupada en demasía. Ciudad Bolívar es el resultado de la progresiva sedimentación espacial del desplazamiento forzado como dinámica desarrollista y neo-extractivista que opera en el país desde los años 40.[2] Ciudad Bolívar es entonces resultado de las violencias constitutivas de la necropolítica del Estado colombiano, así como de la narrativa estatal del desplazamiento: el hacinamiento, la discriminación asistencialista—el asistencialismo como forma de discriminación—y la inversión de una deuda que forzosamente instala una economía de la victimización y la dependencia que se perpetúa (El campesino expropiado de su tierra se convierte en deudor del Estado, cuando es el Estado el que está en deuda con el campesino). ¿Qué salidas tienen estas personas de este régimen espacial/económico de configuración territorial? Realmente pocas más allá de su posible incorporación como mano de trabajo pauperizada. En Colombia, el desplazamiento forzado es el ejercicio de la acumulación primaria[3] del Estado sobre las tierras de los campesinos, como tal, esta dinámica despoja al ciudadano de todos sus derechos y lo reinscribe como reserva de su economía de guerra.[4]

---

2. Los datos utilizados durante el desarrollo de PAG fueron tomados de los documentos "Guía urbanística de Ciudad Bolívar" y "Diagnóstico físico y socioeconómico de las localidades de Bogotá D.C. Recorriendo Ciudad Bolívar" de la Alcaldía Mayor de Bogotá.

3. El artículo "Ten Notes on Primitive Accumulation" de Alberto Moreiras analiza el concepto de Marx de acumulación primaria como violencia constitutiva del territorio Latino Americano y elabora en el problema de la separación en relación a la vida nuda. Su texto abre el camino en dos sentidos que considero importantes. En primer lugar, Moreiras lee la acumulación primaria, como aquello que une y separa la expropiación territorial a la vida nuda: "*It is placed between no-separation and complete separation, and it achieves or realizes neither. Complete separation: naked life. No-separation: naked life as well*" (346). En segundo lugar y siguiendo a Marx, Moreiras examina la acumulación primaria como impensable punto de partida del ciclo del capital. La acumulación primaria rompe con el principio de razón suficiente de la economía política al constituir el origen sin origen de la constant territorialización (imperial) del capital: "*Outside history, it grounds history. It is an ongoing phenomenon: no capitalism without primitive accumulation*" (346).

4. Sigo aquí la descripción y problematización del desplazamiento forzado elaborada por Bello. Martha Nubia Bello en *Desplazamiento forzado: dinámicas de guerra,*

"Práctica Artística en la Grieta" se estructura sobre dos acciones básicas: la construcción de una huerta comunitaria en el barrio Caracolí y la elaboración de cartografías testimoniales con la técnica del *patchwork*. La huerta operó como epicentro del proyecto, es desde allí que se tejen los primeros lazos de comunicación entre los participantes. La huerta fue concebida como una zona autónoma de transferencia, un paréntesis trazado en medio de la multitud, una grieta en el concreto de la homogeneidad del desplazamiento. La huerta funcionó como un "territorio libre" en donde se recuperaron y rescataron saberes campesinos sobre la tierra y el cultivo, conocimientos discriminados en el contexto urbano. Simbólicamente, la acción de cultivar se extiende del cultivo de la tierra al cultivo de relaciones e historias. Como proceso productivo *Cultus* busca recuperar la desde la tierra la autonomía y desde el alimento la dignidad de cada persona. A partir de la huerta surgió la idea de recoger las historias del desplazamiento de cada uno de los participantes en una serie de mapas hechos con telas. Con la idea de las cartografías se inicia un ejercicio de inscripción que contesta a las representaciones hegemónicas de los desplazados como una población indistinta y victimizada, un conteo demográfico que se extiende del número de desplazados, a las cifras de los dineros invertidos en saldar una deuda incalculable; en cerrar una grieta no-suturable.

La cartografías se llevaban a cabo en sesiones de costura colectivas que llevaban el nombre de "Taller de Telas"; el taller era completamente abierto, gratuito y se daban todos los materiales, los participantes solo se comprometían a volver una vez por semana. De está manera simple, fue como la cantidad de personas fue incrementando hasta que fue necesario tener el "Taller de Telas" en tres barrios diferentes de Ciudad Bolívar. Al igual que en el proyecto *Cultus*, las cartografías testimoniales tienen un carácter colectivo en varios niveles. En primer lugar fue necesario crear toda una red de agentes sociales, fuera y dentro de Ciudad Bolívar para gestionar diferentes recursos materiales y espaciales necesarios para el taller; por otra parte, los talleres se armaban en grupos de veinte a treinta personas, y muchas veces varios de ellos trabajaban en una misma tela. De esta manera se elaboró una producción colectiva que iba más allá del soporte físico del *patchwork*, y se extendía a lo social y lo procesual. Así en PAG existieron dos tipos de producción relacionados entre sí, una producción material—mapas, dibujos y los cultivos

---

exclusión y desarraigo (2004) y en *Investigación y desplazamiento forzado* (2006).

de la huerta—que vehiculaba una serie de producciones colectivas no-objetuales: interacciones entre los participantes, con las redes sociales vinculadas al proyecto y con procesos de narración e historización autobiográfica. A partir de la tela como soporte material se dio lugar a un tiempo y un espacio compartido en donde se tejía una colectividad como soporte social.

Es precisamente esta producción no-objetual, activada por el proyecto, lo que constituye su finalidad. Son las relaciones, los procesos y las ideas generadas en torno a la "producción", es decir, todo lo que se desencadena al alrededor de la fabricación del *patchwork* y todo lo que sucede antes, durante y después del cultivo de la huerta, lo que constituye a PAG como una práctica artística comunitaria. En el proyecto PAG la marginalización, lo comunitario y lo no-objetual se vincularon a través de la problematización de la representación como entrada de lo político. La marginalización predeterminó el proyecto como una respuesta a los procesos de representación de la periferia elaborados desde el ojo observador del artista. Por este motivo fue necesaria la estructura comunitaria del proyecto, entendida como estrategia de subversión de la autoridad artística de representar al Otro. Asimismo, la elaboración de narrativas de auto-representación a través en dispositivos espaciales como fueron las cartografías; permitió el desarrollo de procesos no-objetuales de (re)presentación política.

PAG es entonces una investigación de esta grieta, una investigación que llega como necesario desvío del arte. En estos 'mapas de la memoria', elaborados con retazos de telas, encajes y botones, se fue creando un lienzo fragmentario, móvil, modificable en que se trabajaba la pérdida violenta a partir de un agenciamiento colectivo. PAG no se desarrolla como un proyecto de educación artística ni de arte terapia. Si bien, a través de los talleres de costura se aprendían diferentes técnicas, el aprendizaje se hacía de manera espontánea y colaborativa y no como instrucción. Por otra parte, es cierto que existe un contenido sanador en el arte, especialmente en experiencias traumáticas como el desplazamiento forzado; sin embargo, las cartografías testimoniales no fueron pensadas con la intención de tratar pacientes para luego reintegrarlos a la sociedad. PAG es una investigación sobre la vulnerabilidad como condición generativa (re-generativa), una pregunta por lo político y el arte, su producción y el problema de sus límites. Por lo tanto, dentro de esta estructura colectiva el eje central del proyecto no fue producir una experiencia instructiva o de enseñanza técnica del arte, sino buscar los medios por los cuales las narrativas silenciadas pudiesen visibilizarse. Por lo tanto, no se buscaba la transmisión de la *expertise* de un 'maestro' hacia un grupo de alumnos; sino la producción colectiva del conocimiento a partir de la tela como soporte material, como documento de las historias personales que habían llevado a cada uno de los participantes a Ciudad Bolívar.[5]

Las prácticas artísticas en comunidad requieren que el poder de la representación sea distribuido entre el grupo, y no concentrado en la figura del artista. La estrategia del proyecto PAG fue facilitar el espacio y vehicular los medios materiales necesarios para que la representación del desplazamiento la hicieran quienes lo vivieron, desde la particularidad de cada experiencia y no como resultado plástico de la mirada del arte sobre ellos. De esta manera, con la construcción de cada cartografía testimonial, se iniciaba un proceso de (re)presentación que, por una parte, al rescatar la historia personal resistía visualmente a las narrativas homogeneizantes del Estado; y por otra, daba inicio a procesos no-visibles de representación y resistencia. Movimientos que en el nivel intrapersonal comportan el empoderamiento de lo comunitario en el marco del desplazamiento forzado.

PAG propone entender la práctica artística como interrogación compleja, heterogénea, multimedial y colectiva; para lo cual es necesario flexibilizar la mentalidad del *proyecto* desarrollada alrededor de un sujeto que observa, proyecta, ejecuta, y abrir la posibilidad a un emerger colectivo del arte; así, la práctica excede los límites de la individualidad. Por otra parte, es necesario descristianizar la relación del arte con lo comunitario. No es salvación, no es ayuda. Esa es la mirada centralizada que subalterniza, es la mirada incapaz de concebir otra idea de artista y de comunidad. ¿Qué es entonces lo que se está practicando aquí? ¿Y por qué llamar artística a esta eventual práctica? Es importante llamarla "artística" para que el lenguaje nos guíe hacia una interrogación por el "arte" y no necesariamente porque esta práctica implique la creación de un objeto de arte, su producción o contemplación. Por otra parte, ¿podemos hablar aquí de una práctica política? Sin duda, aquí está en juego un ejercicio de representación visual por parte de los participantes. Sin embargo, hay aquí una diferencia importante, esta no es una representación

---

5. Por estas razones, las instrucciones para la elaboración de las telas y dibujos era mínima y generalmente se llevaba a cabo en forma de preguntas. Asimismo, al elegir una técnica conocida por la mayoría de los participantes, no fue necesario una explicación exhaustiva sino que se iban haciendo pequeñas modificaciones y adiciones a medida que las telas eran elaboradas por los participantes.

política en el sentido de que no se está construyendo un sujeto de representación política "los desplazados", este rótulo ya es el trabajo representativo que hace el gobierno. Contrariamente PAG indaga por la producción de una fuga a estos regímenes de representación a partir de aquello que entendemos como "arte" o "práctica artística". ¿Cuáles son implicancias políticas de tal posibilidad? O ¿Qué tipo de política es posible pesar a partir de esta experiencia? Esas preguntas comportan el horizonte de la siguiente reflexión.

Los dibujos: territorios en producción

Esta segunda sección se desenvuelve ya no en la explicación y anotadas reflexiones de la iniciativa de PAG, sino con una de sus huellas: el archivo de dibujos que acompañaban el trabajo del patchwork. A diferencia del patchwork, los dibujos son muchas veces preparatorios para el trabajo aunque otros son piezas únicas, en ambos casos los dibujos responden a una inscripción más inmediata y no sujeta a una modificación tan amplia como las telas, el dibujo es siempre "imperfecto" y en esto radica su especificidad. Con lo cual se puede decir que estos dibujos constituyen un corpus de análisis en sí mismos y que por tanto demandan una investigación de su lectura. Como parte del proceso de trabajo en Ciudad Bolívar, éstos dibujos representan además de un registro, un *paratexto* de otros componentes del trabajo: en ellos se haya una huella de la narración del desplazamiento forzado en Colombia, una inscripción no estadística, ni geográfica de esta historia. Dadas las características de PAG descritas en la sección anterior ¿Cómo leer de estos dibujos? ¿Como testimonios históricos, como piezas artísticas, como resultados aleatorios de una práctica colectiva? Los dibujos por supuesto permiten varias lecturas, sin embargo quisiera proponer una lectura en clave territorial, una lectura en términos de la producción / expropiación espacial y existencial que se da con el desplazamiento forzado. Este ejercicio de lectura busca vincular el arte y el desplazamiento desde una mirada no-victimizante, ni apologética de la experiencia testimonial del trauma y abrir el texto gráfico a una pregunta más amplia por las implicaciones de la violencia como fuerza des-territorializadora.

En su conjunto estos pocos dibujos muestran una cartografía atomizada del Estado-Nación. En ellos, la territorialidad hegemónica indivisible y centralizada de la nación se deshace. Lo que aquí tenemos son sus puntos más aislados, pequeñas veredas en las montañas, recorridos que se van trazando entre puntos periféricos del país y no entre las grandes ciudades o los nodos geopolíticos.[6] Es *otra* geografía de Colombia la que aquí se despliega, una que desde la inherente parcialidad e incomplitud de la muestra, nos habla de la incalculabildad del desplazamiento: no es posible un mapa "total" del desplazamiento, no solo por la diversificación de los focos y modos de desplazamiento, sino porque como dinámica de expropiación/acumulación primaria su ejercicio es constante. Este ensamblaje parcial no necesita referir a una unidad de significado territorial, el *todo* al que estas partes refieren no existe más que como proceso de expropiación. Por lo tanto, estos dibujos no son una metáfora del desplazamiento, son por otra parte resultado de un desplazamiento metonímico que resulta en la inscripción individual de estas geografías dejadas atrás. Con lo cual, los dibujos resisten una lectura descriptiva o científica del desplazamiento forzado, abriendo la posibilidad a una lectura no-cuantitativa de la relaciones entre desplazamiento forzado y producción espacial. En el ensamblaje de esta cartografía desplazada se produce una limito-grafía territorial que excede las subdivisiones del mapa político del país.

El archivo consta de veinticinco dibujos de diversos tamaños y temáticas. Los dibujos fueron todos realizados en el 2008 en Jerusalén, Ciudad Bolívar.[7] A pesar de no tener un criterio formal unificador, sí es posible observar la reiteración de algunos elementos compositivos en la división del espacio de la hoja. La mayoría de los dibujos se dividen en dos componentes espaciales: porciones de espacios habitacionales, en donde se sitúan las casas, los animales y las personas; circundados o atravesados por franjas, caminos, ríos, o líneas usadas como marcas temporales (antes/después)

---

6. Por otra parte al constituir cartografías que no solo contienen una narrativa expresiva de, por ejemplo, el momento del desplazamiento, estos pueden ser cotejados con registros legales de desplazamientos forzados ocurridos en las siguientes localidades: Las ferias, Villa Santana, Cunday (Tolima), Dorada, Damasco (Putumayo), Santo Domingo (Meta), Magdalena, Santa Rita (Huila), San Pedro Macoño, Vereda de Tescual, Vereda Mirador, San Miguel de la Laguna (Tolima), Pitalito (Huila).

7. En Jerusalén los talleres se llevaban a cabo en el Centro –Escuela coordinado por el equipo del proyecto de Vidas Móviles. Principalmente la Facultad de Medicina de la Universidad Javeriana.

o para dividir el espacio habitacional del espacio de conflicto y muerte. Es así como el espacio habitacional resulta atravesado, dinamizado y determinado por las líneas de contención, movimiento y fuga. Como los resultados de la articulación de estos elementos gráficos son múltiples y varían de cada uno de los dibujos, me limitaré al análisis de tres dibujos en los cuales interrogar la relación entre desplazamiento forzado y espacialidad resulta singular. La primera es la separación entre el espacio del pueblo y el espacio de conflicto, como veremos en el dibujo de José; la segunda es la integración de perspectivas múltiples como aparece en el dibujo de Florencio; y la tercera es la aparición de un umbral en los dibujos de Florencio y Alicia, como espacialidad reactiva al impacto violento. Este análisis representa un primer paso de una investigación en proceso.

Ilustración 8.1. Dibujo, José.

El dibujo de José no narra su desplazamiento, ni el recorrido que emprendió hasta Bogotá, a diferencia de la mayoría de los dibujos, el suyo ofrece una explicación gráfica del conflicto armado en su pueblo Damasco. José tiene doce años y es parte de un grupo de familias que se desplazaron hacia Bogotá a raíz de la violencia en el departamento de Nariño, al sur del país.[8] La declaratoria del sistema de alertas tempranas (SAT) recibió las primeros registros de riesgo de conflicto en el área en el 2003 a raíz de un incremento de presencia de AUCs en un territorio guerrillero a partir del año 2000. José llegó a Ciudad Bolívar en el 2008 con lo cual podemos discernir que durante los últimos cinco años José estuvo expuesto al crecimiento del conflicto en su localidad; logrando adquirir una dimensión espacial del conflicto lo suficientemente detallada como para elaborar un dibujo que traza las mismas divisiones geopolíticas del conflicto descritas en la declaratoria: el pueblo ubicado entre la montaña y el cauce del río Patía. Una barrera divisoria separa el pueblo de la rivera del río en donde se concentra el foco del conflicto: actores armados, tráfico de narcóticos y ejecución violenta de personas.

    El dibujo de José difiere de aquellos realizados por los adultos que lo acompañaban, en su interés por identificar los actores del conflicto en la descripción de su pueblo y por describir con claridad las acciones y la necesaria interrelación que vincula a los diferentes agentes violentos. Por otra parte, la acción que describe José no es la del momento del desplazamiento, como es el caso en la mayoría de los dibujos, sino una escena violenta. El dibujo de José muestra claramente a su pueblo en medio de la montaña, la "tierra de coca", y el río Patía, escenario de tráfico (el "comerciante de coca"), violencia (en el "terrorista" que dispara y el "muerto" que cae) y conflicto ("el grupo de guerrillas" armadas). El pueblo está claramente separado de esta área por una franja roja (una reja o una quebrada) y por alambre de púas que franquea la "entrada". José dibuja de manera diferenciada cada uno de los edificios del pueblo y les agrega su nombre—"sementerio", "gallera", "Bar", "iglesia"—también dibuja y nombra los diferentes agentes de conflicto. Éstos por otra parte, son las únicas figuras humanas del dibujo. No vemos a ningún habitante de Damasco, a excepción de una figura esquemática dentro de la "piscina" y por el mensaje que sale de una casa y que nos dice: "aquí vivo yo". A no ser por esta casa, en la que José nos indica que vive, el pueblo aparece deshabitado.

    Hay aquí una clara división entre: el espacio habitacional del pueblo ocupado por casas y tiendas, pero vacío de personas y vida

---

8. Los primeros registros legales de declaraciones de alarmas tempranas (SAT) datan del 2003, afirmando un claro incremento del riesgo desde el año 2000 cuando las AUC toman control de la región previamente manejada por las FARC. Fuente INFORME DE RIESGO No. 042-05 AI.

cotidiana; y el espacio del conflicto ubicado frente al río y su puente, en donde suceden las acciones humanas que configuran la dinámica del dibujo: la reja protectora/divisora del pueblo marcada con alambre de púas que divide en dos el margen inferior del dibujo, y el comerciante que atraviesa el pueblo en su camino hacia las montañas. Paralelo a esta direccionalidad de los agentes de conflicto (de la montaña al río), el llamado de la casa de José funciona como un foco diferente de atención. De esta manera, el dibujo genera un doble movimiento en quien lo observa. Por una parte, el movimiento amplio del esquema de la violencia local como geopolítica del conflicto. Por otra parte, el llamado desde de la vivienda: "aquí vivo yo" nos arroja a la singularidad de la vida de José *dentro* de una casa en el pueblo, aquella ubicada entre el cementerio y la escuela. Y es desde esa casa que se concibe la organización espacial del pueblo en dibujo y que en este caso es aquella determinada por el conflicto. Así el dibujo de José no nos muestra un desplazamiento, sino su experiencia espacial del conflicto.

Ilustración 8.2. Dibujo, Florencio.

El dibujo de Florencio (Dibujo 8.2.) nos describe un espacio habitacional dentro de cuatro límites definidos: la tierra de cultivo, la quebrada, el cielo y el camino. En el centro de la hoja dibuja una casa y una puerta abierta de la cual varias figuras que salen dirigidas hacia el camino que sube por el margen derecho de la hoja. Esta es una escena del momento mismo del desplazamiento. A diferencia de José, Florencio no nos muestra las causas o causantes del desplazamiento, sino el movimiento/ momento mismo en que deja la casa y toma el camino.

La estructura compositiva que a primera vista parece estática, revela en una segunda mirada una doble dinámica. El dibujo combina tres perspectivas diferentes: una perspectiva aérea del camino que sube, una perspectiva frontal de la casa situada detrás de un primer plano de flores, animales y plátanos, y una perspectiva lateral del campo florido ubicado sobre el margen izquierdo y paralela al camino. El centro de la composición es la casa, en cuyo centro tenemos una puerta roja que por el efecto de sombreado también funciona como el interior de la casa. En medio de esta puerta-espacio, en medio de este umbral, aparece una figura parada que enfrenta la mirada del espectador. ¿Es esta la última persona en dejar de la casa? O por el contrario ¿es alguien que no logró salir? ¿es esta una figura independiente o es parte de la secuencia de fuga de las figuras hacia el camino? No sabemos quien es esta figura que Florencio privilegia en su composición. Quizás sea él mismo, quizás sea alguien a quien él recuerda haber visto desde el punto de vista del observador. Volveré a este punto hacia el final del texto. El grupo de cuatro personas que salen de la casa hacia el camino parecen unirse a otras tres personas que integran el camino guiados por un animal, esto probablemente señale que este desplazamiento implicó a más de una familia en la localidad. A medida que las figuras salen de la casa y toman el camino, el uso de color va desapareciendo, solo quedan las líneas rojas que describen y contornean indistintamente a las figuras y a su rutas en un mismo espacio en movimiento, un espacio en producción que une la puerta de su casa y el camino.

La casa ubicada en el centro de la composición está inclinada hacia el camino, contribuyendo a intensificar la direccionalidad del dibujo, como si la casa misma se estuviera fugando junto con sus habitantes. Es siguiendo esta dirección que la perspectiva del margen izquierdo puede entenderse como una vista lateral desde el camino. Así, el dibujo de Florencio está animado por la dinámica misma de la narración y por las líneas que connotan movimiento, es decir, por la incorporación del tiempo en la representación del espacio. Hay aquí en el uso sintético de recursos gráficos representacionales, de límites dinámicos y de inclusión de perspectivas múltiples que acompañan el movimiento del mismo Florencio por el paisaje de su recuerdo.

Finalmente está el dibujo de Alicia, (Dibujo 8.3 y Dibujo 8.4), quien venía con una de las familias desplazadas de Damasco y era por tanto víctima del mismo desplazamiento que José. Alicia utilizó dos hojas en el dibujo de su viaje, el cual describe desde la casa en la cual vivía hasta la casa en donde vive actualmente.

Ilustración 8.3. Dibujo, Alicia.

En el primer dibujo de la diáspora de Alicia (Dibujo 8.3) vemos cómo ella parte de su casa, cerca de la quebrada y del pueblo Damasco, toma el camino hacia el río Patía, el cual cruza a pie sobre el puente para luego retomar el camino hasta el Remolino de la Panamericana y dos horas de camino mas tarde, llegar a la ciudad de Pasto.

El segundo dibujo (Dibujo 8.4) se inicia en la Vereda Tesqual ubicada cerca de Pasto, la cual conecta con una terminal de bus y finalmente con Bogotá. En el final de su recorrido, Alicia muestra tres construcciones de Jerusalén, una de las cuales es su casa actual. Esta aparece dibujada en lápiz negro en la esquina final de la hoja e invertida con respecto a todas las otras casas del dibujo. Muy cerca del margen de la hoja Alicia escribe: "Vivo yo". Al igual que el dibujo de Florencio, en el de Alicia también hay un momento en donde se abandona el uso de color y se limita a un composición a lápiz. Sin embargo, aquí hay un uso del lápiz diferente, con cual Alicia vuelve sobre sus pasos completando detalles, desde el final del segundo dibujo hasta el primer dibujo. Esta segunda ruta a lápiz nos lleva de vuelta a "la casa en donde yo vivía" en donde además Alicia agrega detalles a su terreno: dos figuras y varios animales: pollos que se mueven, "cuyes", "perro" y una vaca. De alguna manera, el dibujo de su recorrido es también el trazo de un regreso (¿del recuerdo?) en el cual se refuerza la profunda diferencia entre las dos casas, entre los dos mundos: aquel lleno de significado y detalle, y aquel escuetamente dibujado a lápiz en el margen final de la hoja.

Ilustración 8.4. Dibujo, Alicia.

En la lectura de su recorrido vemos que la principal división del dibujo no es el hecho de que estén en dos hojas diferentes, sino la línea marrón que divide la primera página en dos: su vida en el campo, la vida que "vivía", de la que "vive". Esta división es tan radical como lo es la línea marrón que marca su salida de un espacio cualificado con colores y detalles, a una composición limitada a la direccionalidad del camino. El viaje "lineal" de Alicia se inicia cuando la línea divisoria se encuentra con el camino y se integra a su línea punteada. En el camino vemos no ya figuras de personas caminando—como en el caso de Florencio-, sino casas que salen expulsadas de la vía hacia un espacio en blanco. Hacia el final del camino, Alicia ubica dos figuras humanas, una sobre un burro y la otra guiando al animal, cruzando el río Patía, dibujado en amarillo y marrón con líneas grises que intensifican la fuerza de su caudal—y muy distinto a la quebrada coloreada en azul que bordeaba su terreno. Esta es la última vez que veremos a estas dos figuras en tránsito, ellas se quedan en este momento de cruce: luego de atravesar el puente y a punto de entrar en la carretera que asciende hacia Pasto. Los dejamos pues en un espacio-umbral—luego solo encontraremos menciones escritas del paso de Alicia por Pasto y la nota final que recuerda: "vivo yo".

Luego de esta lectura un poco más detallada vemos que los dibujos instalan las siguientes preguntas: ¿Qué es lo que se desplaza en un desplazamiento forzado? Por supuesto, que hay un desplazamiento poblacional dramático el cual acusa la gravedad de esta crisis humanitaria y la urgencia de la reparación de su violencia expropiativa. Pero con ellos se desplaza también una configuración hegemónica y coherente del territorio. Estas cartografías del desplazamiento demandan la inscripción de un horizonte des-territorializado en el re-ensamblaje geopolítico del país. Con el desplazamiento forzado la representación paisajística se vuelve caduca, no hay paisajes del desplazamiento sino el desplazamiento del paisaje, una producción visual del espacio atravesada por el movimiento y la violencia. De esta forma, los dibujos muestran, que el desplazamiento forzado no se limita al movimiento de personas por el *territorio*, sino a su transformación profunda (la del territorio). El desplazamiento inserta una espacialidad diferente a aquella inherente a la fundación, construcción del estado-nación y sus trincheras limítrofes; una geografía desplazada que muestra una producción espacial propia de la violencia. La aproximación al problema del desplazamiento considerando la acumulación primaria no sólo permite ver la violencia inherente a la formación del espacio sino que proporciona un marco para interrogar el espacio como *formación* violenta: ¿Es posible pensar el espacio a partir de su violenta y constante fundación/expropiación? ¿Podemos entender la historia de la territorialización del capital y su demarcación violenta, como la constante fundación de un umbral (de)constituyente? A partir de esta lectura de los dibujos, vemos que el desplazamiento forzado genera una espacialidad del umbral, aquella que justamente emerge con la violación del *nomos*, es decir de la íntima relación entre la tierra y ley. El desplazamiento como desterritorialización de la espacialidad soberana se opone a la concepción hobbesiana del Estado, a la vez que se distancia del *nomos* schmittiano, determinado por la apropiación territorial (*Nomos* 345). Para Schmitt el *nomos*, la división, medida y distribución de la tierra, mantiene una relación intrínseca con la ley: "Land appropriation is the terrestial fundament in which all law is rooted, in which space and law, order and orientation meet" (*Nomos* 47), y por tanto con la soberanía: "Land-appropriation internally creates a kind of supreme ownership of the community as a whole" (45). Teniendo esto en cuenta, me pregunto ¿en qué medida el umbral nos permite hablar de un *nomos* desterritorializado? ¿Equivale este umbral a la suspensión de la ley (*nomos*) que acaece con el desplazamiento forzado? O por otra parte ¿Es este el umbral que provee la Ley de Víctimas, territorialidad nomotética del desplazamiento? ¿Cómo imaginar una restitución del estado de derecho desde este espacio intermedio y suspendido? Es decir ¿Cómo reconciliar la espacialidad suspendida que genera la violencia con un proyecto de unidad nacional-estatal promovido por las esferas del gobierno?

En Colombia, la histórica lucha por la tenencia de la tierra y la guerra interna de los últimos sesenta años ha generado, además de la muerte de miles de colombianos y del desgaste de un horizonte de paz, más de cinco millones de personas desplazadas[9]. El desplazamiento forzado ha sido calificado como crimen de guerra y delito de lesa humanidad por las Naciones Unidas[10], dentro de este marco legal, los desplazados son reconocidos con el estatus jurídico de 'víctimas', a partir del cual se regula toda la política estatal de reparación y restitución de bienes y derechos. Obligados a abandonar su hogar y a sufrir el despojo de todos sus vínculos sociales, culturales y terri-

---

9. Según las cifras de IDMC (Internal Displacement Monitoring Center) actualizadas al 17 de agosto del 2016, la cifra total alcanza los 6 millones 200 mil desplazados, cerca del 13% de la población total de Colombia. Cuidad Bolívar es la localidad receptora número uno en Colombia.

10. De acuerdo a las Naciones Unidas y a la Ley 387 de 1997 se considera al Estado colombiano como responsable del desplazamiento forzado de la población civil.

toriales, los desplazados llegan a las grandes ciudades buscando la imposible restitución de aquello expropiado por el conflicto interno, para confrontar la prolongada espera de una parcial reparación. Es este marco que PAG se desarrolló como una intervención en la inscripción violenta e invisibilizante de la narrativa estatal de la paz en Colombia, la cual, se alimenta del discurso censurador de la victimación expectante. Un discurso de la paz como miedo al derecho.

OBRAS CITADAS

Bello, Martha Nubia. *Desplazamiento forzado: dinámicas de guerra, exclusión y desarraigo*. Bogotá: Universidad Nacional de Colombia. 2004. Print.

— — —. *Investigación y desplazamiento forzado*. Bogotá: REDIF y COLCIENCIAS. 2006. Print.

Ferrari, Ludmila. *En la grieta: práctica artística en comunidad*. Bogotá: Editorial Javeriana, 2014. Print.

Marx, Karl. *The Capital a Critique of Political Economy*, Vol 1, Part VII "The So-Called Primitive Accumulation." Ed. F. Engels, New York: International Publishers, 1867. Print.

Moreiras, Alberto. "Ten Notes on Primitive Imperial Accumulation: Ginés de Sepúlveda, Las Casas, Fernández de Oviedo". *Interventions* Vol. 2(3) 343-363. New York: Routledge 2000. Print.

Mbembe, Achille. "Necropolitics." *Public Culture* 15 (2003): 11-40. Print.

Schmitt, Carl. The *Nomos* of the Earth: in the International Law of the *Jus Publicum Europaeum*. Trans. G. L. Ulmen. New York: Telos Press, 2003. Print.

DOCUMENTOS PÚBLICOS

Bitácora Vidas Móviles. Bogotá: PUJ. 2007.

Alcaldía Mayor de Bogotá D.C. Departamento Administrativo de Planeación Distrital. Análisis sectorial y por localidades de la encuesta de calidad de vida en Bogotá. Bogotá. 2004.

Alcaldía Mayor de Bogotá D.C. Departamento Administrativo de Planeación Distrital. Guía urbanística de Ciudad Bolívar. Bogotá. 2001.

Alcaldía Mayor de Bogotá D.C. Departamento Administrativo de Planeación Distrital Diagnóstico físico y socioeconómico de las localidades de Bogotá D.C. Recorriendo Ciudad Bolívar. Bogotá. 2004

Defensoría Delegada para la evaluación del riesgo de la población civil como consecuencia del conflicto armado Sistema de Alertas Tempranas—SAT INFORME DE RIESGO No. 042–05 AI. Septiembre 02 de 2.005.

CAPÍTULO IX

GAUDIA CANTORUM Y XOJANEL KELETZÚ: AGENCIAMIENTO CULTURAL EN LA MÚSICA DE DOS CONJUNTOS DE MARIMBA EN GUATEMALA[1]

Andrés R. Amado
The University of Texas Rio Grande Valley

Resumen:
En este ensayo reflexiono sobre como dos jóvenes conjuntos de marimbas de Guatemala (Gaudia Cantorum y Xojanel Keletzú) se vuelcan a géneros musicales transnacionales para expresar sus respectivas identidades locales. Con base en análisis musical y entrevistas con los músicos, cuestiono hasta qué punto su música manifiesta algún grado de agenciamiento cultural y hasta que punto evidencia sus límites. Sugiero que al sobrepasar intereses comerciales y destacar valores e identidades locales, la música de estos jóvenes manifiesta formas de agenciamiento que a su vez se ven limitadas por los contextos socioculturales en donde se desenvuelven. Propongo el concepto de "hegemonías en competencia" de Sherry Ortner, como un posible marco interpretativo para reconocer agenciamientos locales dentro de marcos nacionales y transnacionales.

Palabras claves: Guatemala, música, hegemonía, marimba, identidad, comercialismo, etnomusicología.

---

1. Prefiero el término "agenciamiento" a "agencia" como traducción del término "agency" en inglés. Ciertamente, las traducciones literales como "albedrío" o "voluntad" no llevan las mismas connotaciones teóricas. Aunque el reutilizar el vocablo "agencia" para nuestros propósitos académicos es una buena alternativa, prefiero el neologismo "agenciamiento" para destacar la capacidad de movimiento y de acción implicada en "agency." El neologismo "agenciamiento" también evita confusiones con otros posibles significados de "agencia."

En su Introducción a *Cultural Agency in the Americas,* Doris Sommer remarca que "los músicos, los bailarines, los poetas, y los pintores pasados y presentes no son todavía el tema de estudios académicos, pero pueden no obstante inspirar el tipo de reflexión creativa que se asciende al nivel de contribución cívica" (3).[2] Tal vez una razón por la cual las artes han recibido poca atención en algunos círculos académicos es la suposición engañosa que los artistas, músicos, poetas y pintores de los márgenes han sido de algún modo acondicionados por las fuerzas hegemónicas de la comercialización, la globalización, etcétera, al punto que no pueden hacer más que re-articular este acondicionamiento en su propio trabajo. El musicólogo Timothy Taylor ha contemplado esta suposición con respecto a los músicos que incorporan con creatividad varios idiomas musicales para confeccionar piezas en estilos "híbridos". Al comparar los casos de fusión entre los idiomas occidentales y los no occidentales en la música popular, Taylor explica que la industria de la música reconoce más frecuentemente a los autores occidentales como los creadores de formas de expresión musical "híbridas", y a su vez la misma industria caracteriza injustamente las obras "híbridas" de autores no occidentales como mediocres imitaciones de los estilos occidentales (Taylor, 160).

Comprender la contribución cívica y la reflexión creativa que las formas artísticas de expresión cultural pueden inspirar puede resultar aún más difícil si, como también lo sugiere Sommer, "la meta ya no es el crepúsculo del capitalismo antes del alba de una utopía igualitaria, sino más bien muchos focos menores de reforma" (7). La palabra "menores" puede merecer mayor exploración en vista de movimientos recientes de indignación, tal como los movimientos "Occupy"[3] en los Estados Unidos, o el crecimiento de orquestas

---

2. Todas las citas de fuentes en inglés que aparecen en español son traducciones mías.
3. Uno de varios tipos de movimientos de indignación ciudadana ante el dominio de los bancos y las corporaciones que contribuyó a la crisis financiera mundial del 2008. Uno de los movimientos hermanos al "Occupy Wall Street" (Ocupa Wall Street), se enfocó directamente en las artes, cuando los manifestantes ocuparon la plaza del Lincoln Center en la ciudad de Nueva York el primero de diciembre del 2011, precisamente en la noche que la Ópera Metropolitana presentó la obra de Philip Glass "Satyagraha", la cual justamente trata el tema de la resistencia pacífica. Glass se unió a los manifestantes unos momentos y compartió con ellos versos del libreto de su ópera. http://www.theawl.com/ 2011/12/at-satyagraha-and-occupy-lincoln-center Accedido en marzo 2012.

juveniles que siguen el modelo venezolano de "El Sistema" a través del continente. En todo caso, corremos el riesgo de ignorar manifestaciones de agenciamiento en los focos menores si no tomamos en cuenta los contextos sociales en los cuales surgen estas y otras formas de expresión cultural.

Atento a la relatividad con la que se puede concebir la innovación cultural, y consciente de no subestimar las reformas menores, resalto el agenciamiento cultural en Guatemala por medio del estudio de la música y los músicos de dos conjuntos de marimba. Me baso principalmente en investigaciones etnográficas que comencé en el 2007 (Amado, "Swimming in the Musical Current"), cuando tuve el privilegio de reunirme con dos conjuntos mayormente compuestos de hombres jóvenes menores de treinta años de edad. El conjunto Gaudia Cantorum se ha entregado a rescatar el patrimonio cultural guatemalteco, en el cual la marimba funciona como emblema de la identidad nacional. Los jóvenes del conjunto Xojanel Keletzú se identifican como mayas y tocan música para promover sus valores indígenas. La música de ambos conjuntos incorpora tanto elementos de estilos locales como estilos de origen ajeno.

En este ensayo sugiero que la interacción de estos conjuntos con idiomas musicales transnacionales es de hecho una manifestación de agenciamiento. A través del análisis musical y de entrevistas con éstos músicos me empeño en mostrar que los esfuerzos de "actualizar" el repertorio de la marimba en el caso de Gaudia Cantorum, y los referentes a la música sudamericana en el caso de Xojanel Keletzú, van más allá de los intereses comerciales; localizan lo transnacional con creatividad para avanzar metas sociales. Primeramente, sitúo a Gaudia Cantorum y a Xojanel Keletzú dentro de las tradiciones musicales ladinas y mayas a las cuales pertenecen. Resalto que el tocar música como voluntarios es parte central del etos de estos conjuntos. Una vez asentada esta base, analizo ejemplos musicales que ponen en primer plano las diferencias y similitudes en las estrategias de arreglo y composición que sugieren la existencia de agenciamiento cultural. Luego propongo algunas reflexiones teóricas, contemplando el agenciamiento de estos conjuntos y su fragilidad dentro de diversas capas hegemónicas.

Conjuntos jóvenes, tradiciones antiguas

Xojanel Keletzú y Gaudia Cantorum se sitúan dentro de la larga trayectoria histórica de la música de marimba en Guatemala. Aunque la evidencia más contundente sugiere que la marimba probablemente vino a Centroamérica desde África (Chenoweth, Garfias, Godínez), los pueblos indígenas de Guatemala la han acogido al punto de convertirla en un componente integral de su modo de vida. Aún las menciones más tempranas de marimba en registros guatemaltecos (que datan de 1680) la describen como un instrumento "que usan los indios" (Chenoweth, 74; Godínez, 89). En 1894, músicos ladinos (mestizos o no indígenas) de Quetzaltenango buscaron expandir el repertorio de la marimba añadiendo teclas cromáticas al instrumento—equivalente a las teclas negras del teclado del piano (Godínez, 121-26).[4] Poco después, los ladinos comenzaron a tocar música de origen europeo y estadounidense en marimbas, derivando varias obras del repertorio pianístico. Entre las nuevas piezas para marimba se destacaban obras pertenecientes a géneros musicales de orígenes extranjeros y locales como valses, marchas, polkas, pasos dobles y oberturas de ópera. A medida que otros estilos musicales ganaron popularidad a lo largo del siglo veinte—como el fox trot, el swing, y los estilos tropicales de la región caribeña—los ladinos continuaron incorporándolos en el repertorio marimbístico. Paralelamente, los conjuntos de marimba se transformaron para acomodar las nuevas tendencias musicales. Las adiciones incluyen la marimba tenor (una marimba secundaria, más pequeña y de tono más agudo para acompañar a la marimba más grande), el contrabajo, la batería y otros instrumentos de percusión, e incluso una sección de instrumentos de viento en el caso de la marimba orquesta (Godínez, 194-96).

Con el aumento del uso de la marimba entre los ladinos durante el siglo veinte, el instrumento alcanzó su actual estatus de símbolo nacional. El proceso de la nacionalización del instrumento es complejo y sujeto a debates. Los eruditos arguyen sobre que fue lo

---

4. Se denomina "diatónico" el arreglo de intervalos musicales que corresponde a las teclas blancas del piano. En términos más técnicos se considera diatónica una escala de siete tonos que comprende cinco intervalos de un tono completo y dos semitonos (no contiguos). La escala cromática divide la octava en doce semitonos. Gran parte de la música indígena en Guatemala es diatónica. Los estilos musicales que los ladinos deseaban ejecutar en la marimba requerían un nuevo instrumento que pudiese incorporar tonos cromáticos.

que jugó el mayor papel: ya sea el gobierno y las élites impusieron la marimba como símbolo nacional, adueñándoselo de las clases indígenas y laborales, o bien el agenciamento de los músicos y la recepción pública de su música le dieron a la marimba su mayor impulso (Tacarena, 55-68; Godínez, 126-31).[5] En todo caso, los ladinos parecen haber adoptado la marimba de la población indígena, y subsecuentemente la transformaron, expandiendo tanto los instrumentos como el repertorio. Mientras tanto los pueblos indígenas continuaron tocando marimba en sus estilos tradicionales.[6] Debido a las diferencias entre las tradiciones musicales mayas y ladinas, algunos mayas se identifican más con los sones tradicionales de sus respectivas comunidades que con el repertorio de marimba "nacional".

El músico e investigador Lester Godínez explica que la marimba guatemalteca entró en un estado de crisis en los años 1960, cuando los estilos de música popular como el rock and roll empezaron a incorporar instrumentos eléctricos. La mayoría de los conjuntos de marimba no supo o no quiso aceptar esta innovación y la popularidad de estos ensambles empezó a declinar entre los jóvenes. Como solución al declive, Godínez propone promover la música nacional a través de las marimbas de concierto: conjuntos de marimba que tocan primeramente en el ámbito de conciertos clásicos y evitan amenizar fiestas y otros contextos que relegarían la marimba al trasfondo (237–45).

La música de marimba maya también sufrió una crisis durante el mismo período. La guerra civil que afligió al país desde 1960 hasta 1996, perturbó violentamente el modo de vivir maya, incluyendo sus varias prácticas musicales. Como lo notó el antropólogo Sergio Navarrete en el caso de los maya-achí de Baja Verapaz, la música es central al modo de vida maya. De acuerdo a la cosmología de estos grupos, varios rituales acompañados por sones de marimba y otras formas de expresión musical ayudan a establecer el bienestar individual y comunitario. La relación entre los vivos y sus ancestros ya fallecidos es particularmente importante. La guerra civil no sólo diezmó vecindarios y aldeas, sino también impidió que

---

5. A mi criterio ambos fenómenos jugaron papeles importantes en la nacionalización de la marimba (Amado, "The Fox Trot in a Nation of Cosmopolitans").

6. Dentro de estas tradiciones pueden existir elementos precolombinos así como europeos. Las tradiciones indígenas han acogido influencias estéticas españolas en lo que ahora se considera música auténticamente indígena, como lo demuestra la presencia en los sones mayas de la "sesquiáltera" (figura rítmica proveniente de España, y posiblemente de África si nos remontamos a tiempos aún más lejanos).

los sobrevivientes enterraran y honraran a sus muertos de acuerdo a sus costumbres. La incapacidad de atender debidamente a los muertos—llevando a cabo los ritos necesarios, muchos de los cuales conllevan música—dejó un gran impacto en la psiquis de muchos mayas (Navarrete, 32-51).

En el siglo XXI, Xojanel Keletzú y Gaudia Cantorum responden a las respectivas crisis de las marimbas mayas y ladinas, al intentar promover la música de sus antepasados y darle vigencia. Sus esfuerzos se enmarcan dentro del contexto del actual "renacimiento de la marimba." Como explica el músico y compositor Alex Job Sis Morales:

> En estos momentos estamos viviendo un renacimiento de la marimba en Guatemala. El desarrollo del instrumento quedó estancado por muchos años, por motivo de la prolongada guerra que sufrimos… Ahora se está retomando el amor por ese instrumento por parte de muchos jóvenes, como intérpretes y como compositores… ahora veo que hay espacios libres para desarrollar todo lo que tenga que ver con la marimba. No está todo lo abierto que quisiéramos, pero sin duda está más fluido que tiempo atrás; y hay que aprovechar esa oportunidad para poder trabajarla y hacerla más nuestra. (Agrepress)

Gaudia Cantorum y Xojanel Keletzú demuestran el deseo de más apertura al que alude Alex Job Sis Morales. Ambos conjuntos surgieron al margen de instituciones gubernamentales y comerciales. Gaudia Cantorum (que en latín significa "gozo de cantores") se creó bajo el auspicio de la parroquia de la Inmaculada Concepción, en la ciudad de Guatemala, la cual les proveyó los instrumentos y el recinto en el cual ensayar. Además la parroquia les proporcionó los medios para la producción de dos álbumes. Durante el curso de una entrevista, Erick Suárez (miembro de la agrupación) elaboró sobre la situación financiera del conjunto y las reacciones del público ante él:

> El grupo surgió por iniciativa de Monseñor [Guillermo Flores], quien financió el proyecto… No podemos cobrar, o sea, todos acá estamos aquí por amor a la música. Aquí nadie viene con el interés de generar ingresos, o lucrar con el grupo, no. Entonces es un poco difícil porque a las invitaciones que nos llegan tenemos que solicitarles transporte, tal vez

el hospedaje, la alimentación... A veces no quieren dar el dinero. Y no estamos cobrando como músicos. (CP)[7]

Con la excepción del director del conjunto, José Domingo Velásquez, los músicos de Gaudia Cantorum son estudiantes a nivel secundario o universitario y ven su participación en el grupo como una actividad extracurricular. Después que Lester Godínez fungió como el primer director del Gaudia Cantorum para una ejecución especial ante el papa Juan Pablo II durante su visita a Guatemala en el 2002, los jóvenes marimbistas decidieron hacer el conjunto permanente e invitaron a José Domingo Velásquez a que asumiera el rol de director. Velásquez se desempeña como marimbista profesional y toca también con la Marimba de Concierto de Bellas Artes.

Hasta el 2011, Xojanel Keletzú ensayaba en la casa del marimbista Donato Camey en el pueblo de Chimaltenango. Camey se identifica como maya-kaqchiquel. Los otros miembros del conjunto también se identifican con comunidades mayas. Así como los músicos de Gaudia Cantorum, estos jóvenes tocan como voluntarios. Fundaron el conjunto en el 2004 para "preservar y promover la música de los abuelos y abuelas, para apoyar a artistas de herencia maya" y "promover diferentes elementos de [su] cultura a través del arte" (Marimba Xojanel Keletzú, notas de grabación). El nombre del conjunto combina dos elementos de la cosmología maya. Xojanel se refiere al sonido cósmico que se expande a través del universo, creando balance y armonía al pasar. Keletzú es el mensajero alado (Ajpop) quien, de acuerdo a los mitos, anunció la llegada del primer amanecer (Camey, CP). Cuando conocí a estos músicos, ellos no tenían mayor apoyo económico que sus propias contribuciones y habían adquirido deudas para financiar el álbum que lanzaron en el 2006.

A diferencia de Gaudia Cantorum, Xojanel Keletzú no ha adoptado el término "marimba de concierto"; sin embargo, también evita tocar música para amenizar bailes y otras festividades. Camey explica:

> La cultura [maya] no ve [la música] como una distracción o como un pasatiempos, sino que se ve como parte de la vida ... Por eso nosotros casi no aceptamos dar presentaciones en fiestas de bodas, o en donde la gente toma licor y [la mú-

---

7. Cito las declaraciones provenientes de entrevistas y conversaciones personales como "comunicaciones personales", abreviadas en este ensayo con las letras CP.

sica] se utiliza como una diversión o como un libertinaje. Casi no lo hacemos porque la música para nosotros es sagrada. Es algo que te conecta, te empieza a relacionar con todo. Y te da a entender el respeto, la armonía, el equilibrio. Te da a entender que la vida misma es una danza, es una música. (CP)

El perfil de estos jóvenes desde ya sugiere una cierta medida de agenciamiento. Tomando elementos de las tradiciones musicales ladinas e indígenas operan a los márgenes de los intereses gubernamentales y comerciales. Comparten la meta, en un sentido amplio, de revitalizar identidades culturales locales a través de prácticas musicales que han perdido popularidad con el transcurso de los años. Gaudia Cantorum y Xojanel Keletzú aprovechan la apertura de los espacios aludidos por Sis Morales, a los cuales Sommer se refirió como "wiggle room" o espacio para contonearse (5).[8]

¿Metas similares, estrategias distintas?

Además de las similitudes en la edad de los jóvenes músicos, la falta de apoyo por parte del gobierno, y el relativo desinterés en lucrar, ambos conjuntos también comparten estrategias para atraer al público. Ambas agrupaciones fusionan en su música elementos estilísticos de fuentes hoy consideradas tradicionales con elementos reconociblemente no autóctonos. Gaudia Cantorum sigue la propuesta básica de Godínez. Como marimba de concierto, el conjunto ejecuta en las tres ramas de la tradición marimbística guatemalteca: la música popular (de la primera mitad del siglo XX), la "folklórica" o indígena, y la música académica o de concierto. Sin embargo, en vez de seguir esta propuesta estrictamente, Velásquez la usa como un marco de innovación. Su acercamiento experimental al repertorio de marimba incluye novedosos arreglos de música tradicional y piezas clásicas, y en algunos casos hasta incorpora elementos coreo-gráfi-

---

8. Sommer usa también la expresión brasileña *jogo de cintura* y la puertorriqueña *jaibería* para explicar el concepto de "wiggle room." Este lenguaje metafórico expresa la idea de crear un espacio, por pequeño que sea, que se preste para el movimiento y la expresión.

cos. Xojanel Keletzú también se vale de la innovación, aunque de modo más sutil, para evitar distraer al oyente de las cualidades ancestrales que desean transmitir a través de su música. Este grupo revigoriza las tradiciones mayas por medio de nuevas composiciones que se inspiran en la música de grupos indígenas tanto de Guatemala como extranjeros.

La versión de Gaudia Cantorum del clásico fox trot guatemalteco "El ferrocarril de Los Altos" de Domingo Bethancourt, ilustra la creatividad de Velásquez. Bethancourt compuso esta obra al rededor de 1930 para celebrar la construcción del ferrocarril que conectaba al pueblo de San Felipe, Retalhuleu (cerca de la costa del Pacífico) al altiplano, la región conocida como Los Altos (Lehnhoff, 239).[9] Este fox trot también celebra los logros tecnológicos de la Guatemala de esa época y por ende su modernidad y cosmopolitismo.[10] Desde su estreno, esta pieza ha permanecido en el repertorio de marimba, y se ha ejecutado como una de las obras más representativas del canon nacional, dentro del cual ocupa un segundo lugar relativo al himno nacional, empatado en este puesto con el vals "Luna de Xelajú" y el son "El grito." Siguiendo las convenciones del género del fox trot, "El ferrocarril de Los Altos" se mueve al compás de un ritmo binario en un tiempo moderado. La batería y los silbatos evocan los sonidos de una locomotora en marcha. En su forma tradicional, "El ferrocarril" está compuesto por una introducción y tres secciones. La primera (sección A) es ejecutada dos veces. La sección B la sigue y puede ser repetida una o dos veces más. A la conclusión de la sección B, regresamos a A. Después de una breve transición, dos o tres iteraciones de la sección C terminan la pieza. De acuerdo con la

---

9. Aunque Lehnhoff indica que la fecha de composición fue en 1929, el ferrocarril fue inaugurado en 1930 y parece que la obra fue estrenada en esa ocasión. Sin embargo el sobrino de Domingo Bethancourt, Román Bethancourt, me mostró una grabación de "El ferrocarril de Los Altos" con fecha de 1928. No me ha sido posible corroborar esta fecha de grabación, ni establecer a ciencia cierta la fecha exacta de la composición. Con base en estas fuentes parece haber sido compuesta entre 1928 y 1930.

10. El ferrocarril de Los Altos fue el primer ferrocarril eléctrico en el país y en la región circunvecina. Fue un logro llevado a cabo por la compañía alemana Allgemeine Elektricitäts-Gesellschaft (A.E.G). bajo los auspicios de los gobiernos de José María Orellana y Lázaro Chacón González. En su época el tren fue una maravilla de ingeniería, considerando que necesitaba ascender desde una elevación de 614 metros sobre el nivel del mar en San Felipe hasta la ciudad de Quetzaltenango a 2,330 metros de altura en aproximadamente 45 kilómetros de distancia.

tradición marimbística guatemalteca, las secciones repetidas usualmente incluyen variaciones.[11] Éstas usualmente consisten en ornamentaciones melódicas o elaboraciones rítmicas (Ilustracíon 9.1).[12]

Velásquez se aparta de las ejecuciones tradicionales del "Ferrocarril" en varias formas. Primero, su arreglo luce instrumentos y ritmos de percusión caribeños en la introducción, incluyendo los tambores bongó y la clave. De este modo Velásquez transforma el ritmo de fox trot en ritmo de salsa. Al entrar, la marimba toca un pasaje altamente cromático que le agrega un nivel de complejidad armónica a la pieza. Velásquez también altera la estructura de la obra. Después de la introducción, presenta las secciones A y B, cada una repetida una sola vez. La transición, tan cromática como la introducción, remplaza el familiar retorno de la sección A. Luego de una pausa entra la primera iteración de la sección C, la cual se ejecuta en el tradicional estilo del fox trot (sin percusión caribeña pero con las síncopas esperadas del fox trot). En su versión grabada, Velásquez también le agrega a este segmento un ruido de trasfondo para imitar el sonido de un viejo disco de acetato (Gaudia Cantorum, CD); así la grabación evoca con nostalgia la época del ferrocarril de Los Altos, la cual también se considera la era de oro de la música de marimba en Guatemala. Así mismo, estos elementos rinden homenaje a la composición original de Domingo Bethancourt y sus primeras grabaciones. Con el ruido de una aguja rasgando súbitamente el acetato seguido de un repentino toque de clave, Velásquez termina la primera versión de C e introduce su repetición, pero esta vez, C retorna con ritmo de salsa. El cromatismo de la introducción regresa nuevamente en la forma de una coda para terminar la pieza (ver Ilustración 1).

---

11. El conjunto Marimba Ideal, en el cual tocó el maestro Domingo Bethancourt, es ahora dirigido por su sobrino, Román Bethancourt. Este conjunto incorpora, además de elaboraciones melódicas y rítmicas, una variación timbral en la sección C. En ella, un solista ejecuta en el vibráfono. En sus días Domingo Bethancourt mismo tocaba ese solo. Román tiene una grabación de la última vez en que su "Tío Mingo" (como a él se refiere), tocó "El ferrocarril" antes de fallecer. Esta ejecución de 1979 se encuentra por ahora en YouTube. La Marimba Ideal continúa ejecutando la obra de esta manera. Muchas otras variaciones también existen. (http://www.youtube.com/ watch?v=16sfrtyf_1 c&feature=related, accedido en Junio, 2015).

12. Las figuras que incluyo aquí son versiones simplificadas de las que he utilizado en análisis previos, por ejemplo en mi tesis de maestría ("Swimming in the Musical Current", 55), y en un reciente artículo ("The Fox Trot in Guatemala").

Ferrocarril de los Altos forma tradicional						
Introducción	Sección A (repetida)	Sección B (tocada 2 ó 3 veces)	Sección A	Transición		Sección C (repetida)
			Fox Trot			

Ferrocarril de los Altos Gaudia Cantorum							
Introducción	Sección A (repetida)	Sección B (tocada 2 veces)	Transición	Sección C (efecto especial de sonido)	Sección C	Coda
	Salsa			Fox Trot	Salsa	

Ilustración 9.1. Estructura de la pieza "Ferrocarril de Los Altos" de Domingo Bethancourt en su forma tradicional y arreglada por José Domingo Velásquez.

En una entrevista con miembros de Gaudia Cantorum, Velásquez expresó entusiasmo por el espacio de experimentación que le ha dado este conjunto. Él considera estas innovaciones como parte esencial del ensamble. Cuando hablamos del "Ferrocarril" en particular, explicó que su arreglo ha sido bien recibido entre el público joven. Otto Hernández Xitumul, un músico que toca tanto en Gaudia Cantorum como en Xojanel Keletzú, corroboró la afirmación de Velázquez y agregó su propia experiencia:

> A finales del año pasado [2007] tuvimos un concierto en el museo de la Universidad de San Carlos, y como yo estaba trabajando con jóvenes, yo los invité para que asistieran al concierto, pero algunos no deseaban ir porque decían que se iban a aburrir al escuchar la marimba, pero al finalizar el concierto, todos felices salieron y nos dijeron que les avisáramos sobre otras fechas de conciertos que tuviéramos. Sí les encantó lo que interpretamos, y algunos jóvenes comentaron que el ritmo [de "El ferrocarril de Los Altos"] les gustó mucho. (CP)

Erick Suárez además confesó que públicos de mayor edad han enarcado sus cejas al escuchar este arreglo. Algunos de ellos lo han considerado una falta de respeto hacia Domingo Bethancourt y su famosa composición. Estas críticas tienen a Velásquez sin cuidado. Por su parte, no sólo considera este tipo de fusión importante, sino también lo ve como parte integral de la tradición marimbística de Guatemala: "Pienso que la marimba [se ha hecho popular] por sus adaptaciones de los ritmos extranjeros; eso lo ha hecho desde el momento en que la marimba pasó a ser cromática" (Velásquez, CP).

Paradójicamente, Gaudia Cantorum y quienes apoyan al grupo ven la identidad cultural guatemalteca ligada este tipo de fusiones e importaciones musicales, pero siempre y cuando pasen por la mediación sonora de la marimba. Humberto Samayoa, padre de uno de los músicos ofreció su perspectiva sobre las innovaciones del conjunto, y su relación con la música extranjera:

> Como dice José Domingo, hace falta difusión [de la música de marimba], si en los radio no funciona, en las escuelas no hay..., entonces nos domina la música extranjera, la Radio Ranchera... Todo eso nos tiene acabados, ¿verdad? Entonces la juventud dice: "vamos a oír marimba pero es la idea como decía Otto que van a oír tocar viejitos. No creen ellos que hay niños y cuando ven tocar a estos muchachos: "¡Ala! ¡Pero que alegre que tocan patojos!" y "¡Qué bonito que patojos!" (CP)[13]

Siendo que desde los 1960s las adaptaciones de música extranjera en marimba más o menos se estancaron,[14] el repertorio marimbístico por lo general se percibe como "música del pasado." Consecuentemente la ejecución de esta música por jóvenes se ve como novedosa. Si bien es cierto que los conjuntos integrados mayormente por jóvenes son raros fuera de las instituciones escolares, los marimbistas de mayor edad a quienes he entrevistado aprendieron a tocar de jóvenes; o sea que siempre ha habido marimbistas "patojos". De allí proviene la paradoja: los aspectos innovadores de Gaudia Cantorum perpetúan una larga tradición de importación y nacionalización de estilos musicales extranjeros. Hoy en día, después de la crisis de la marimba continúan una larga tradición si bien rompen con los estereotipos de los conjuntos marimbísticos tradicionales actuales.

---

13. "Patojo" es el modismo guatemalteco que significa joven, muchacho, o niño.

14. No quizás tanto en el ámbito de la marimba orquesta, que continuó adaptando música contemporánea, especialmente ritmos caribeños como cumbias y merengues.

Mientras la novedad de Gaudia Cantorum llama la atención, Xojanel Keletzú importa elementos musicales de otras fuentes más sutilmente. Para promover la cosmología maya a través de la música, estos jóvenes por lo general rechazan estilos de música popular o música de índole ladina, viendo estos tipos música como hegemónicos. Xojanel Keletzú se refiere a su música como "música ceremonial maya". En este contexto la palabra maya no denota a un grupo étnico determinado, sino a la colectividad compuesta por varias comunidades indígenas; por consiguiente, lo que Camey denomina "música ceremonial maya" se refiere a una variedad de diferentes estilos musicales pertenecientes a diversos grupos, entre ellos se destacan los estilos musicales achís y kaqchiqueles ya que varios miembros del conjunto se identifican con estas comunidades. Camey explicó su distanciamiento de la música ladina de marimba de la siguiente manera:

> [Música ceremonial] es lo que tocamos. No tocamos música popular. Aquí no escuchamos "El ferrocarril de Los Altos" o "Luna de Xelajú," que son creaciones de la cultura ladina. No las vemos mal. Las vemos muy bien. Lógicamente, es muy buena música. Pero la música maya en sí se está perdiendo bastante, entonces tratamos de valorarla nuevamente. . . . En su cultura occidental [la música ladina de marimba] tiene su valor. Pero la música maya tiene otro sentido más profundo y cosmogónico. (CP)

Camey también expresó su creencia que la música maya expresa valores universales, de modo que tiene el potencial de ser aceptada por cualquier persona. Su gran obstáculo, según Camey, es la competencia de la cultura dominante. Entonces, de cierto modo, Camey concibe a Xojanel Keletzú como un proyecto político. Cuando le pregunté si él tendría inconveniente en que músicos ladinos tocaran la música ceremonial maya, Camey me indicó:

> No hay ninguna dificultad en ese sentido porque para nosotros es una música universal. El problema es que no somos el pueblo que domina el mundo. Y como el pueblo que domina el mundo produce rock, produce todo ese tipo de cuestiones, entonces eso es lo que más se escucha en los pueblos. Pero digamos, si las culturas indígenas dominaran el mundo tal vez la música maya estuviera de moda en este momento [Camey suelta una risita]. O sea, eso ya tiene un

sentido político, ¿verdad? [La cultura Occidental] impone su religión, impone su música, impone sus trajes, impone su idioma, impone su pensamiento, entonces las culturas que fueron dominadas, se van exterminando.[15]

La idea es tratar que una sola cultura rija el mundo. Y eso es lo que sufre la marimba actualmente; un exterminio por parte de la cultura occidental. (CP)

Aunque Xojanel Keletzú privilegia la música maya, también incorpora nuevas composiciones que se inspiran en tradiciones que estos músicos consideran en armonía con la estética y los valores mayas, especialmente música con referentes indígenas de otras partes del continente. Entre las varias obras que tuve el privilegio de escuchar y grabar, se destacaron las composiciones de Jaime Leonel Rucal Sinto. Sus piezas ocupan más de la mitad de las pistas en los dos álbumes que Xojanel Keletzú ha lanzado.

"Pachicaj zutz" (al cielo azul), una de las obras de Rucal, ilustra la fusión de música maya y sudamericana. El perfil rítmico de la pieza se allega al estilo de los sones mayas. Los sones usan el recurso rítmico a veces referido como "sesquiáltera", que probablemente se deriva de la frase "seis que altera" o "seis alterado". La sesquiáltera describe ciertas relaciones entre divisiones dobles y triples del compás. Usualmente estas constan de intercambios rítmicos que se desenvuelven en compases que constan con seis unidades básicas, o pulsos. Por ende la etimología del término se refiere al número seis.[16] Para entender cómo funciona la sesquiáltera consideremos un compás con seis unidades rítmicas o pulsos. Podemos organizar estas unidades de dos maneras. Primero podemos agrupar estos pulsos en dos grupos, cada uno con tres unidades. Segundo podemos juntarlos en tres grupos cada uno con dos unidades. Cuando el compás se organiza en dos grupos de tres pulsos, se le denomina "compás doble compuesto", o sea, un compás con dos tiempos, cada tiempo subdividido en tres pulsos. Por otro lado, cuando el compás se organiza en tres grupos de dos pulsos, se le denomina "compás

---

15. El hecho que Camey haya empleado la palabra "exterminio", en vez de "extinción" parece exageración. Sin embargo con "exterminio" Camey resalta el agenciamiento y la violencia con la cual se ha atacado elementos de la cultura maya en Guatemala durante mucho tiempo, y en particular durante la reciente guerra civil.

16. Los españoles probablemente adoptaron este rasgo rítmico del África del norte.

triple simple" (es decir un compás con tres tiempos, cada uno subdividido en dos pulsos).[17] La sesquiáltera consiste en la alternación y/o superposición de ambas configuraciones (Hiley et al.). La música maya, como muchos estilos tradicionales provenientes de lugares que fueron colonias españolas, usan este recurso rítmico.[18] En "Pachicaj Zutz" la marimba y otros instrumentos tocan un ritmo que superpone agrupaciones dobles y triples. Con el fin de ayudar al lector a visualizar estas configuraciones ofrezco dos representaciones gráficas de esta sesquiáltera en las ilustraciones 9.1 y 9.2; una es en notación musical Occidental, y la otra es en el sistema TUBS (Time Unit Box System) en el cual cada casilla representa una unidad de tiempo.

Ilustración 9.2. Representación gráfica de la sesquiáltera en "Pachicaj Zutz" en notación musical occidental.

X		X			X		X	
	X		X				X		X

Ilustración 9.3. Representación gráfica de la sesquiáltera en "Pachicaj Zutz" en Time Unit Box System (TUBS). Cada casilla corresponde a una unidad rítmica. Nada ocurre en las casillas en blanco.

---

17. En la teoría de la música occidental se entiende por simple una división binaria del tiempo, y compuesto se refiere a la división ternaria del mismo.

18. Por ejemplo el huapango y el son jaliciense en México, el bambuco en Colombia, el joropo en Venezuela, el pasillo en Ecuador. Todos estos ritmos utilizan cierto juego entre divisiones binarias y ternarias del compás.

Además de este ritmo predilecto en la música maya, Rucal alterna el timbre del material melódico entre la flauta y el registro agudo de la marimba (el tiple). La flauta demuestra "saltos" melódicos (intervalos mayores a dos notas contiguas en la escala) a tonos armónicos en ritmos desiguales (una nota de corta duración seguida por una de duración más larga). La ilustración 9.4. incluye una transcripción parcial de esta melodía.

Ilustración 9.4. Ejemplo Transcripción parcial de la melodía de "Pachicaj Zutz". Transcripción de Andrés Amado.

El perfil melódico de "Pachicaj zutz" alude a las famosas melodías paraguayas "El pájaro campana" y "el pájaro Chogüí". A pesar de su origen paraguayo "el pájaro campana" y "el pájaro Chogüí" conllevan asociaciones con la música indígena sudamericana en general. Tal como en "Pachicaj zutz", estas melodías consisten en saltos a tonos armónicos con ritmos desiguales. El protagonismo de la flauta en "Pachicaj zutz" añade otra similitud con estas melodías, ya que éstas son usualmente ejecutadas en quenas, especialmente en antologías comerciales de música sudamericana.[19]

Los vínculos estilísticos entre la música de Rucal y la música sudamericana en estas piezas salieron a colación en mi conversación con el compositor. Él admitió que toca instrumentos sudamericanos y que participa en un conjunto de música andina. Explicó: "la música andina es la que más me gusta. Es mi pasión" (CP). Quizás los músicos de Xojanel Keletzú demuestran afinidad hacia la música andina y otra música sudamericana con referentes indí-

---

19. La música de Rucal también converge con tradiciones sudamericanas en otros aspectos. He realizado análisis de otras piezas de Rucal, las cuales también sustentan este argumento. En mi tesis de maestría, he discutido paralelos entre la organización armónica de "El adiós a mi araucauria" y la organización armónica de música tradicional andina ("Swiming in the Musical Current," 63–70).

genas porque (1) ven estas tradiciones relacionadas con los temas que ellos destacan en su música (la naturaleza, historias ancestrales, etcétera), y (2) porque su estética privilegia los instrumentos acústicos, lo cual también se apega a la cosmología y la cosmogonía maya. Camey mencionó estos puntos:

> La mayor parte de melodías [mayas] está dedicada a montañas, a la naturaleza, al agua, al cosmos, No se dedica a personas en sí. La música occidental se le dedica a mujeres, o a cuestiones muy materiales. En cambio la música de los abuelos se dedica a cuestiones más cosmogónicas, a las plantas, a los animales, al movimiento cósmico, a la danza cósmica. Entonces la misma estructura musical, hace que la persona se empiece a relacionar con la naturaleza y lo hace amigable a la naturaleza. Por eso todos los instrumentos son naturales... Entonces el maya no necesita crear instrumentos de metal ni de plástico para poder crear música. Eso mismo le da una relación con la naturaleza. (CP)

Cuando le pregunté a Rucal sobre su proceso de composición, también lo relacionó con estas ideas:

> Cuando voy a las montañas o a los cerros, algo me llena. De allí nacen las melodías y también a partir de las vivencias personales...[Todo esto] lo plasmo en la música. Para mi la música es como una expresión de lo más interno. Lo que no se puede expresar con palabras lo expreso a través de la música. Así que básicamente lo que me inspira es la naturaleza y el sentimiento, ese ser abstracto que todos tenemos. (CP)

Evidentemente, la música de Gaudia Cantorum y Xojanel Keletzú abre espacios para las contribuciones cívicas y reflexiones creativas que describe Sommer. Ambos conjuntos actúan dentro del "wiggle room" o espacio para contonearse que se abren a pesar de los obstáculos financieros e institucionales. Acogen tanto a la tradición como la innovación para invitar a sus respectivos públicos a una reflexión, promoviendo así sus metas sociales, ya sean la revitalización de la marimba como elemento de la identidad local entre los jóvenes, o hacer conciencia y un llamado a la valoración de las culturas indígenas. Aunque ambos ensambles se valen de fuentes locales y extranjeras, manifiestan agenciamiento al desarrollar diferentes estilos musicales.

Innovación, hegemonías en competencia, y agenciamiento

Espero hasta ahora haber mostrado (1) que Gaudia Cantorum y Xojanel Keletzú se han trazado la meta de revitalizar la música de sus respectivas tradiciones marimbísticas, (2) que se empeñan en alcanzar estas metas a pesar de los obstáculos financieros e institucionales a los que se enfrentan, y (3) que lo hacen con creatividad al unir juiciosamente elementos musicales locales y extranjeros. También he sugerido que estos tres puntos manifiestan su agenciamiento.

Para entender el potencial que estas manifestaciones musicales de agenciamiento tienen para promover cambios sociales, vale contemplar como dichas manifestaciones se relacionan con nociones de tradición, innovación, y los vinculados conceptos de "hibridez" y "transculturación" con los cuales las publicaciones sobre cambios culturales a menudo caracterizan las fusiones aquí descritas. También vale cuestionar la eficacia con las que las formas culturales de expresión pudieran resultar en cambios sociales cuando estas expresiones se desarrollan a los márgenes de los sistemas comerciales y gubernamentales. Podemos además considerar el agenciamiento cultural dentro del complejo sistema de las dinámicas de poder en Guatemala: si le damos la razón a Camey y aceptamos que la música de marimba ladina toma partido con la dominación cultural Occidental, entonces ¿debemos considerar que las metas de Gaudia Cantorum se oponen a las de Xojanel Keletzú? Adicionalmente, ¿como se pueden interpretar los elementos tomados de fuentes ajenas en los repertorios tradicionales de marimba, tanto ladinos como indígenas (por ejemplo el fox trot estadounidense en el caso del "Ferrocarril de Los Altos" y la sesquiáltera en el de "Pachicaj zutz"? ¿Acaso estos nuevos arreglos y composiciones articulan nuevamente las relaciones hegemónicas del pasado? ¿O podrían acaso articular nuevas dinámicas hegemónicas? Dentro del modesto ámbito de este ensayo no puedo abordar cada una de estas preguntas con la profundidad que se merecen; sin embargo, propongo algunas maneras en las que podemos aproximarlas.

Con respecto al tema de agenciamiento y cambio cultural, regreso a la observación de Timothy Taylor a la cual me referí al principio de este ensayo: designaciones de "hibridez" e "innovación" dependen de la posición relativa dentro de relaciones hegemónicas de quien produce esas designaciones. Desde este punto de vista, propongo que veamos el uso de la salsa o de la música sudamericana en estos conjuntos de marimba como algo más que una asimilación pasiva de modas transnacionales, o como algo más que una imitación irreflexiva de tendencias globales. Mis conversaciones con estos músicos sugieren que ellos usan elementos musicales transnacionales juiciosamente para avanzar sus respectivas metas. En este punto concuerdo con las interpretaciones del papel que juegan elementos foráneos en artes locales que han promovido estudiosos como Néstor García Canclini y Alejandro Madrid. En *Culturas Híbridas*, García Canclini se refiere a los movimientos modernistas de las artes visuales en Latinoamérica. Él contiende que "en ninguna de estas sociedades el modernismo ha sido la adopción mimética de modelos importados, ni la búsqueda de soluciones meramente formales" (79–80). Por el contrario, cada movimiento artístico en Latinoamérica surgió de condiciones sociales particulares. Madrid arguye un punto similar en *Los sonidos de la nación moderna*. Este estudio del papel que jugó la música en la creación de una identidad nacional en el México post-revolucionario examina la producción menos conocida de compositores mexicanos en las décadas de 1920 y 1930. Madrid muestra que el discurso hegemónico nacionalista, el cual empezó a cristalizarse en ese entonces, rechazó la mayoría de la música vanguardista por ser demasiado "europea" y no integrar explícitamente nociones de mestizaje e indigenismo. Sin embargo, a través de análisis musical e investigaciones históricas Madrid contiende que las sensibilidades estéticas de la vanguardia mexicana de esa época tienen raíces en su contexto local. Consecuentemente Madrid interpreta la música vanguardista de los 1920s y 30s como un ejercicio de transculturación.[20] Los casos de estudio de García Canclini y de Madrid implican agenciamiento cultural al reconocer el uso deliberado de estéticas extranjeras y su manipulación para responder a realidades locales.

Definiciones de lo que Sommer llama "menores focos de reforma" pueden mitigar la pregunta sobre la amplitud del cambio

---

20. Al igual que la noción de hibridez, la noción de transculturación merece problematización, siendo que a menudo funciona como el análogo cultural a la noción racial de mestizaje (Miller, 16–19). Sin embargo, Madrid utiliza la noción de transculturación en una manera menos esencialista. Él ve la transculturación como un proceso continuo que no necesariamente requiere "esencias" raciales o culturales. Diana Taylor también ha destacado que a pesar de las respectivas historias y connotaciones de conceptos como "hibridez", "mestizaje" y "transculturación" cada término trae un diferente entendimiento de los procesos de transmisión cultural que vale la pena considerar (79–109).

social que estas formas de expresión musical puedan alcanzar; entonces cabe preguntarnos que podemos concebir como "menor". Por lo menos el agenciamiento cultural de Gaudia Cantorum y de Xojanel Keletzú tiene un impacto en los músicos mismos y sus públicos. Por supuesto, el éxito de estos grupos es modesto en el mejor de los casos, pero aún así contribuye a cambios culturales al facilitar el surgimiento de nuevos significados a través de viejas formas de expresión. Como dije anteriormente, Sis Morales notó estos cambios refiriéndose a ellos como un renacimiento de la marimba. Este renacimiento no es tan prominente como los marimbistas lo quisieran, sin embargo es digno de destacar. También conviene resaltar que en el eje vertical de relaciones de poder, Gaudia Cantorum y Xojanel Keletzú contribuyen a estos esfuerzos "desde abajo." Sus actividades musicales indican que su lucha por vigorizar y afirmar identidades locales no resulta de esfuerzos estatales que pretenden reconstruir un sentido de cohesión nacional como respuesta al largo conflicto interno; más bien, los esfuerzos de estos músicos surgen de su conciencia de la fragilidad de las identidades locales en los contextos de la globalización y el ambiente sociopolítico en Guatemala; esto explica su empeño en usar la música de marimba para construir sus respectivas identidades de manera performativa.

La relación entre la música de Xojanel Keletzú y la de Gaudia Cantorum como respectivos representantes de las tradiciones mayas y ladinas conlleva implicaciones complejas. Basado en mis observaciones e interacciones con estos grupos sugiero que sus metas, aunque se derivan de distintas tradiciones entre las cuales hay tensas relaciones hegemónicas, no están en necesaria y absoluta oposición. Otto fue quien me presentó a Xojanel Keletzú después que lo conocí en un ensayo de Gaudia Cantorum. El se identifica culturalmente como maya, y sin embargo lo vi tocar en ambos conjuntos. También es un destacado estudiante de marimba en el conservatorio nacional de música donde toca música académica occidental. Así mismo, durante mi entrevista con Jaime Leonel Rucal Sinto, este músico expresó interés en aprender notación musical occidental y estudiar formalmente en el conservatorio. Evidentemente estos jóvenes se desenvuelven con idiomas musicales tanto indígenas como no indígenas, o por lo menos aspiran a hacerlo. Por otro lado el repertorio de Gaudia Cantorum incluye sones mayas y piezas de creación ladina que se inspiran en estilos musicales indígenas. En su arreglo del himno a la alegría de la novena sinfonía de Beethoven, Velásquez remplazó la marcha "turca" (sección alla marcia en la sinfonía) con un son de inspiración maya. Así, la música de estos conjuntos resalta las complejidades, la fluidez y las continuas negociaciones entre las culturas mayas y la ladina en Guatemala.[21] Los traslapes que surgen problematizan los esencialismos de estas categorías de identidad.

Sommer mantiene que los espacios de negociación y resistencia surgen precisamente de las diferencias entre las diversas categorías de identidad en las que participan individuos, en este caso estás serían las categorías de marimbistas, guatemaltecos, ladinos, e indígenas. De los traslapes, tensiones y contradicciones de estas identidades surge el "wiggle room" en el cual se manifiesta el agenciamiento de estos individuos (Sommer 5). Sin embargo, en este caso, las contradicciones entre las varias identidades no sólo abren espacios de agenciamiento, también articulan sistemas jerárquicos en los que las categorías de "guatemalteco", "ladino" y "maya" ocupan diferentes niveles de prestigio. Entonces, necesitamos teorizar aún más los traslapes, las contradicciones, y la jerarquía de las múltiples identidades de individuos, así como el papel que juega el agenciamiento al manifestarse entre ellas.

La teoría de "las hegemonías en competencia" que la etnomusicóloga Sarah Weiss desarrolló en un contexto distinto puede ayudar a explicar la temática de agenciamiento cultural en Guatemala. Al explorar los complejos papeles que juegan la religión, el rango y estatus social, y el género sexual en la música javanesa de Wayang, Weiss derivó su noción de hegemonías en competencia del trabajo de la antropóloga Sherry Ortner (Weiss, 51–76). Comprendiendo que diferentes elementos culturales conllevan diferentes tipos de prestigio (en nuestro caso la música ladina siendo más prestigiosa que la indígena), Weiss explica:

> Ver los rangos de prestigio como hegemonías—es decir, verlos como culturalmente dominantes y relativamente arraigados y sin embargo históricamente emergentes, políticamente construidos y no-totalizantes—es analítica-mente bastante libertador. Significa que las varias piezas de un momento etnográfico no tienen que encajar por virtud de esfuerzos analíticos heroicos, ni requieren justificaciones adicionales. Los cabos sueltos, las secciones desconectadas, los fragmentos contradictorios pueden ser examinados con sus interacciones a cortos y largos plazos y por sus impli-

---

21. Analizo este arreglo más en detalle en mi tesis de maestría ("Swimming in the Musical Current", 45–41).

caciones entre sí. Esto no significa que todo lleva el mismo peso analítico ni que todo juega el mismo papel en la dinámica general. Hay un orden—una 'hegemonía' en el sentido de una dominación relativa de ciertas prácticas y significados sobre otros. (54)

En efecto, la música de Guatemala evidencia diferentes órdenes de prestigio. A pesar de la hegemonía de la cultura ladina sobre la indígena, todas las tradiciones locales de marimba se encuentran en tensiones con otras prácticas musicales hegemónicas como estilos de música popular y música clásica que reciben más apoyo financiero e institucional en Guatemala y al rededor del mundo. Estas hegemonías en competencia crean espacios contradictorios pero también espacios de colaboración en las cuales se evidencia el agenciamiento cultural y los focos de reformas menores que no siempre se dan en el seno de entidades políticas nacionales e internacionales. Mientras gobiernos y organizaciones no gubernamentales (ONGs) no han logrado sus cometidos de reconciliación y cambio propuestos en los acuerdos de paz de 1996, el caso de Otto Hernández Xitumul muestra que jóvenes músicos mayas y ladinos, basándose en la pasión que comparten hacia la música de marimba, pueden compartir ciertas metas artísticas y trabajar tanto en colaboración como independientemente al enfrentarse a mayores hegemonías.

La fragilidad

Los problemas financieros a los que Gaudia Cantorum y Xojanel Keletzú se enfrentan, así como la falta de apoyo institucional del gobierno, funcionan como un arma de doble filo: al no estar sujetos a los intereses del estado o a intereses comerciales estos conjuntos tienen cierto espacio para contonearse, pero así mismo el espacio se ve limitado por las restricciones que esta falta de apoyo les impone. Los espacios de agenciamiento continuamente se ensanchan y se encogen de acuerdo a la labor de los agentes culturales, así como a factores externos.

Al regresar a Guatemala en el 2011 y 2012, después de haber reflexionado sobre los logros de Xojanel Keletzú y Gaudia Cantorum y después de haber desarrollado los análisis en parte planteados en este ensayo, pude nuevamente reunirme con Otto. Me invitó cordialmente al apartamento que él y su hermano rentan cerca del centro de la cuidad capital. Los tres nos sentamos a conversar en ese lugar, rodeados por pinturas creadas por el hermano de Otto y junto a una marimba diatónica. Durante el curso de nuestras conversaciones sobre estos temas, Otto me hizo ver otro elemento importante sobre el agenciamento cultural: su fragilidad.

Me informó que el Monseñor Guillermo Flores, quien respaldó a Gaudia Cantorum desde sus inicios, había fallecido. Su sucesor no le había ofrecido su apoyo al conjunto, por lo que Gaudia Cantorum había suspendido sus actividades musicales momentariamente. Por su parte, Xojanel Keletzú sigue tocando, pero se ha transformado sustancialmente. Donato Camey y Jaime Rucal se han distanciado del conjunto por motivos que no me fueron del todo compartidos. La impresión que me surgió a raíz de esta conversación es que no todos los músicos indígenas estaban de acuerdo con las fusiones musicales entre lo maya y lo sudamericano que promovía el conjunto. Otto explicó que a pesar de las diferencias de opinión, los músicos estuvieron de acuerdo en emplear elementos sudamericanos por ver el éxito de esos estilos musicales; la música sudamericana había trascendido su estatus local, una meta a la cual Xojanel Keletzú aspiraba con respecto a la música maya. En resumen, la música andina les servía dos propósitos: (1) les proveía un modelo exitoso para proyectar tradiciones indígenas a mayor escala, incluso potencialmente una escala global, y (2) debido a la presencia global de la música andina, ésta también constituía un vehículo útil para diseminar tradiciones mayas por medio de fusiones estilísticas. Finalmente, no todos los músicos estuvieron satisfechos con los resultados, algunos prefirieron una representación más "auténtica" de la música maya (Otto, CP). Cuando escuché por primera vez a Xojanel Keletzú, ellos ejecutaron melodías diatónicas en una marimba cromática, el tipo de instrumento que resultó de las adaptaciones ladinas de marimbas indígenas a finales del siglo XIX (Ilustración 9.5.). Hoy tocan en la marimba diatónica de Otto junto a la cual conversamos y no usan más los instrumentos o estilos andinos.

Si bien es cierto que me desilusioné al enterarme de estos cambios, no considero que la vulnerabilidad de estos conjuntos y la reciente transformación de Xojanel Keletzú constituyen necesariamente un fracaso. La adopción de elementos de música sudamericana fue un experimento útil con el cual estos músicos exploraron diferentes posibilidades para la expresión de las identidades indígenas en Guatemala. Aún si finalmente decidieron rechazarlas, les dieron un impulso y facilitaron su participación en el "renacimiento" de las tradiciones marimbísticas locales. Parte del agenciamiento es la habilidad de experimentar, incorporar novedosos elementos, así como también la capacidad de rechazarlos y conscientemente cambiar de rumbo. Gaudia Cantorum encontró un espacio para desempeñarse fuera de los intereses comerciales y gubernamentales. El patrocinio de la parroquia de la Inmaculada Concepción no duró ni una década, pero aunque corta, mostró posibilidades de apoyo institucional para la música de marimba fuera de los marcos escolares y gubernamentales que no habían atraído mayor visibilidad. Independientemente del resurgimiento de Gaudia Cantorum, y de las posibilidades de que Xojanel Keletzú nuevamente incorpore otro tipo de estética en su música, aún podemos aprender de estos conjuntos y del agenciamiento que han ejercido para afirmar sus propias identidades y culturas. Aunque los efectos a gran escala de estas iniciativas (a escala nacional o internacional, por ejemplo) están aún por verse, ya se vislumbran los focos menores de reforma en los que estos jóvenes se desenvuelven.

Ilustración 9.5. Otto Xitumul (izquierda) y Donato Camey (derecha) sonríen al terminar de tocar un son tradicional maya en una marimba cromática.
Fotografía de Andrés Amado, 2008.

Obras citadas

Amado Pineda, Andrés R. "Swimming in the Musical Current: Manifestations of Cultural Agency in Young Guatemalan Marimba Ensembles." M.A. Thesis, Arizona State University, 2008.

———. "The Fox Trot in Guatemala: Cosmopolitanism and Nationalism among Ladinos." *Ethnomusicology Review*. 16 (2011). Web. 19 diciembre 2011.

———. "The Fox Trot in a Nation of Cosmopolitans: Music and Race in Early Twentieth-Century Guatemala." Ph.D. Dissertation, The University of Texas at Austin, 2013. Web.

Argenpress cultural. "Música: Desde Guatemala, entrevista a Job Sis, marimbista de los buenos." *Costa Rica Hoy: Actualidad Noticiosa 24/7*. 6 junio 2010. Web. 16 April 2011.

Camey, Donato. Entrevista personal. 6 enero 2008.

Chenoweth, Vida. *The Marimbas of Guatemala*. Lexington: University of Kentucky Press, 1964.

García Canclini, Néstor. *Culturas híbridas: estrategias para entrar y salir de la modernidad*. México D. F.: Grijalbo, Consejo Nacional Para la Cultura y Las Artes, 1989. Impreso.

Garfias, Robert. "The Marimba of Mexico and Central America." *Latin American Music Review/Revista de Música Latinoamericana* 4.2 (1983): 203-28.

Gaudia Cantorum, Marimba de Concierto. *Alegría*. Guatemala City, 2007. Disco compacto.

———. Entrevista personal. 5 enero 2008.

Godínez, Lester H. *La Marimba Guatemalteca: Antecedentes, Desarrollo, y Expectativas (un Estudio Histórico, Organológico, Y Cultural)*. México, D.F.: Fondo de Cultura Económica, 2002.

Hernández Xitumul, Otto. Entrevista personal. 13 febrero 2012.

Hiley, David, et al. "Sesquialtera." Grove Music Online. Oxford Music Online. Web. 22 Dic. 2011.

Lehnhoff, Dieter. *Creación musical en Guatemala*. Guatemala: Universidad Rafael Landívar, 2005.

Madrid-González, Alejandro L. *Los sonidos de la nación moderna: música, cultura e ideas en el México posrevolucionario, 1920–1930*. El Vedado, La Habana, Cuba: CASA, Fondo Editorial Casa de las Américas, 2008.

Marimba Xojanel Keletzú. Paraní. Guatemala City, 2006. Disco compacto.

Miller, Marilyn Grace. *Rise and Fall of the Cosmic Race: The Cult of Mestizaje in Latin America*. Austin: University of Texas Press, 2004.
Navarrete Pellicer, Sergio. *Maya Achi Marimba Music in Guatemala*. Philadelphia: Temple University Press, 2005.
Rucal Sinto, Jaime Leonel. Entrevista personal. 5 enero 2008.
Sommer, Doris. "Introduction: Wiggle Room." *Cultural Agency in the Americas*. Ed. Doris Sommer. Durham: Duke University Press, 2006: 1–28.
Suárez, Erick. Entrevista personal. 5 enero 2008.
Taracena, Arturo. "La marimba, espejo de una sociedad." *Tradiciones de Guatemala* 43 (1995): 55–68.
Taylor, Diana. *The Archive and the Repertoire: Performing Cultural Memory in the Americas*. Durham: Duke University Press, 2003.
Taylor, Timothy Dean. *Beyond Exoticism: Western Music and the World*. Durham: Duke University Press, 2007.
Weiss, Sarah. *Listening to an Earlier Java: Aesthetics, Gender, and the Music of Wayang in Central Java*. Leiden: KITLV Press, 2006.

CAPÍTULO X

CULTURAL AGENCY, *AUTO-GESTIÓN*, AND LITERARY WORKSHOPS IN NEOLIBERAL CHILE

JANE D. GRIFFIN
Bentley University

ABSTRACT:
Many Chileans are increasingly unsatisfied with global capital's control of Chile's literary industry and are consequently engaging in non-commercial and non-industrial forms of literary production that they describe with the term *auto-gestión* (self-realized). This chapter studies two writing and book-making workshops that teach individuals with little-to-no prior literary experience how to write, edit, and publish their own books using everyday objects and household technologies. The emphasis these workshops place on pedagogy helps participants see literary production as a way to exercise individual agency and create community rather than as a means of economic gain. Whereas capitalist culture industries relegate global citizens to the role of cultural consumer, self-realized forms of cultural production, like the workshops studied in this chapter, allow individuals to exercise agency through material modes of cultural production that they themselves create and control.

KEY WORDS: amateur cultural production, material culture, *auto-gestión*, do-it-yourself, literary workshops, cultural agency, cultural pedagogy.

Defining Cultural Agency in a Neoliberal Age

In the influential book, *Cultural Agency in the Americas*, Doris Sommer argues that creative practices and reflection constitute political agency in the sense that both activities allow a "political voice to speak through aesthetic effects [that] can renew love for the world while [enhancing] the worth of artist-agents" (19). In our neoliberal age, defined by the global hegemony of free market economies, multinational corporations increasingly determine what kinds of symbolic goods—from books, to films, to television programs, and music—are produced and circulated, who produces those commodities, who has access to consuming them, and how they can be used. The seemingly unstoppable power of multinational culture industries has meant that the way in which most global citizens exercise a political voice through "aesthetic effects" is by consuming material culture, rather than producing it. Neoliberalism has made consumption, not production, the primary way in which most individuals make meaning and political agency out of culture (de Certeau, Sunkel, García Canclini).

This has certainly been the case for Chile's literary industry since the military dictatorship of Augusto Pinochet (1973-1990). Pinochet's neoliberal restructuring of the Chilean economy included the national publishing industry and established multinational corporate firms as the most dominant and powerful literary publishers in the nation's post-coup cultural landscape. Such firms tend to make publication decisions based on global marketability rather than local aesthetic tastes and/or social concerns, rendering literary objects, namely books, commercialized object-commodities like any other (Ávelar). The neoliberal business model privileges the publication of books that are assumed to have a practical use-value, such as cook books, how-to manuals, self-help books, and the like. Literary works of great social value are often viewed as neither practical nor profitable on the neoliberal market; consequently, Chile's post-dictatorial literary market has privileged depoliticized, overly nostalgic, and historically reductive works of fiction rather than politically critical works or avant-garde experimentation (Bilbija, Cárcamo-Huechante, García-Corales, Subercaseaux). Chilean authors today face serious challenges in finding publishing venues for their works, and the ability to exercise cultural agency through literary publication is often restricted to authors who are willing to conform their literary aesthetic to the globally homogenized market demands of multinational publishing houses.

Because citizens in Chile and around the world currently find it difficult to exercise cultural agency through modes of material production, consumption practices remain a prominent source of cultural agency in our neoliberal age. Cultural sociologist Michel de Certeau (1984) has shown how average citizens determine the use-value and symbolic meanings of material culture in ways that often challenge the hegemony of the corporate powers responsible for designing and manufacturing those products. The potentially subversive power of consumption practices takes on particular importance within the Latin American context where low literacy rates and strong oral traditions commonly produce what Jesus Martín Barbero terms "lecturas colectivas" (collective readings) through which local Latin American communities collectively appropriate globally produced cultural commodities in ways that suit their own symbolic orders and that meet their unique political and social purposes. The theory of cultural consumption as a form of agency rests on the understanding that cultural producers—whether they be avant-garde artists or multinational corporations—never have full control over the meanings and uses that the fruits of their labor will produce; consumers have the power to determine the symbolic meaning and use of material culture in ways that can and do challenge the hegemony of commercial culture industries.

Despite its politically subversive potential, capitalist consumption has become a complicated social phenomenon in post-dictatorship Chile. Described by supporters as an "economic miracle" and by critics as a process of neo-modernization (Cárcamo-Huechante), Chile's turn towards free market economics established material consumption as one of the most defining characteristics of contemporary Chilean identity. Today more than ever before, Chileans define who they are based on how and what they consume and not, as in previous historic periods, through collective social movements (Larraín 102). While it is certainly true that Chileans use their purchasing habits in progress ways, the country's model of "credit-card citizenship" has de-politicized the Chilean people and stifled the nation-state's democratic restoration (Moulian 102). Rather than seeing cultural consumption in contemporary Chile as a tool used by the people to subvert the ideological powers of capital, we have good reason to view this phenomenon from a more skeptical perspective. Furthermore, the general theory that cultural consumption is productive and empowering for the masses reinforces the hegemony of the neoliberal market since it still relies on the material consumption of capitalist object-commodities in order for alternative symbolic meanings and practical uses to emerge (Schwartz, Beverly, Moreiras). This model renders consumers dependent on others—principally multinational corporations—to produce symbolic goods that they then re-signify and use towards their own ends.

In recent years there has been an increased global interest in shifting strategies of cultural agency from consumption practices towards alternative methods of material production that are not dependent on commercial culture industries. This has taken shape in many ways, one of the most visible of which has been the "independent"—i.e. non-corporate—movement that we see growing in virtually every culture industry in the world from film to music to book publication.[1] Independent cultural production is most often professional and commercial, but its financing is non-corporate, allowing it to disseminate messages that are more politically progressive and more immediately connected to local communities than those produced by corporate moguls. Another example is amateur cultural production that is non-professional (meaning its producers do not rely on the sales of their goods for their economic livelihood) and often times not commercial (many of these products are given away for free). Amateur cultural production often depends on digital technologies and the Internet to make and self-circulate content independent of capitalist culture industries. This latter strategy is commonly referred to in the United States as the Do-It-Yourself (DIY) movement, whereas in Latin America, and specifically within the Chilean independent publishing community, the term *auto-gestión* has begun to circulate. *Auto-gestión* connotes a very similar spirit as DIY in the sense that it refers to a form of making that is not dependent on experts, professionals, corporations, governments or any other form of institutional power. However, when thinking of *auto-gestión* as a particular form of cultural agency, I find the English translation of "self-realized" to be a more appropriate term. The concept of the "self" in "*auto-gestión*" emphasizes the power of all individuals, regardless of social differences, to generate agency through cultural production.

Auto-gestión forms of cultural production in Chile have a unique history stemming from the years of military dictatorship,

---

1. In Chile, the leading representative of independent book publishers is the Asociación de Editores de Chile (Association of Chilean Publishers; www.editoresdechile.cl), although another important collective is La Furia del Libro (The Book Fury; www.furialibro.blogspot.com).

during which time non-industrial forms of making and distributing cultural materials were some of the only options available to citizens whose creative activity was highly controlled both by the military state and also by the free market cultural economy it installed. Literature proved to be a common way in which Chileans performed cultural agency during the dictatorship years, and the literary workshop became the primary site of self-realized literary objects.[2] Across the length of the country, citizens formed literary workshops and groups—often clandestinely—to write, edit, print, and bind homemade literary publications that they then circulated throughout their communities by hand, either for free or at cost. Within this national trend, the literary workshop became an important space of political and artistic protest as well as social identity formation:[3] most of these groups used their underground publications as a means of publically articulating their opposition to the government and their pro-democratic and pro-human rights ideologies;[4] still others used the literary workshop as a means of ad-

---

2. Chilean writer and literary historian Horacio Eloy is one of the most authoritative figures on underground literary collectives of the 1970s and 1980s. Eloy lists some, but not all, literary workshops functioning in Chile during this time, including: Tralca, Tragaluz, Taller Urbano (The Urban Workshop), Aumen, Índice (Index), Unión de Escritores Jóvenes (The Young Writers Union, UEI), Ergo Sum, Talleres Andamio (Andamio Workshops), Colectivo de Escritores Jóvenes (The Young Writers Collective, CEI), and Agrupación Cultural Universitaria (The University Cultural Group, ACU) (76). Chileans living in exile abroad during the dictatorship also participated actively in this movement; see Barros, Eloy and d'Estudes.

3. Craig Eplin has written about the use of the literary workshop as a "stage" on which to act out and, therefore, solidify social, political, and artistic identities with regards to Eloisa Cartonera in Argentina. Likewise, Resha Cardone has also employed the metaphor of the stage as a helpful way of thinking about how the underground workshop of the Chilean feminist literary collective, Ergo Sum, equally allowed its participants to perform and thus acquire new social, political, and artistic identities. See Eplin and Cardone.

4. Many self-publishing literary workshops of the dictatorship period gave themselves and their publications names that marked the kind of social, political, and artistic identity they were seeking to advance. Examples of self-realized publications made by, for, and about women include *Palabra de Mujer* and *Nos=Otras*; titles that drew attention to the social and political marginalization of pro-democratic artists include *Al Margen, Textos por Latinoamérica: Serie Cuadernos Marginales* and *Presión 27: La Cultura Sin Censura*. For an overall history of this movement, see Eloy. Chile's national Memory and Human Rights Museum as well as the

vancing feminist political activism and raising marginalized voices within an already marginalized cultural underground.[5] Most importantly, the cultural agency generated in these underground literary workshops depended on a self-realized form of pedagogy through which novice writers worked together to teach and share skills with each other about how to write, edit, publish, and circulate a literary work independent of the state, the market, or any other cultural institution. As opposed to capitalist culture industries that work off a logic of selective access to material modes of cultural production, Chileans' auto-gestión method of cultural pedagogy functioned on a logic of total inclusion, believing that all individuals are capable of exercising agency through literary production if they are just given the skills and tools to do so.

Although this method originated in direct response to the historical reality of Chile's military dictatorship, it has not died off with the end of Pinochet's repressive regime. On the contrary, the continued hegemony of neoliberalism within post-dictatorship Chile has only made this auto-gestión method of cultural agency even more relevant. Today, literary workshops abound in Chile and many continue to function on a logic of total inclusion and self-realized cultural agency and pedagogy. In this chapter I will discuss two literary workshops in particular that exemplify this method: the first is *El día 11 en cartón* (September 11 in Cardboard) a workshop administered by the independent literary press Meninas Cartoneras and Chile's national Memory and Human Rights Museum; and the second is the Edición Digital en Aula (Digital Publication in the Classroom, EDA) workshops taught by the independent online publishing house Libros de Mentira in conjunction with several middle schools located in and outside Chile's capital region. Both workshops targeted inexperienced and amateur cultural producers, teaching them skills of how to write and publish literary works independent of the commercial market. Like their underground predecessors of the dictatorship period before them, these workshops believe that self-realized literary production is a vital form of cultural agency and pro-democratic activism within the neoliberal age; moreover, they also believe that the workshop

---

National Library also have archival material on this underground editorial phenomenon.

5. Here I am referring specifically to the Ergo Sum writing collective and press. For more on this group, see Cardone.

setting is a powerful site of cultural agency due to its ability to facilitate cultural pedagogy. These workshops teach amateur writers and cultural producers the skills they need to act as artist-agents and, more importantly, to be publically recognized as such.[6]

El día 11 en cartón (September 11 in Cardboard)

The year 2013 marked the fortieth anniversary of Chile's military coup, and the country remembered in a myriad of ways. One of those was through a writing and bookmaking workshop called, El día 11 en cartón (September 11 in Cardboard). This workshop was co-hosted by Chile's national Memory and Human Rights Museum and the independent cardboard publishing house, Meninas Cartoneras. Over the course of four weeks, between August and September of 2013, museum employee Rodrigo Cabello and Meninas Cartoneras editor Kika Valdés guided workshop participants through the process of writing and editing their own memories of September 11, 1973 and the 17 year military dictatorship that followed it; they then published those memory narratives in the form of cardboard books that they collectively made together by hand in the workshop setting. On September 11, 2013 participants of the workshop presented their anthologized book, titled *Mi 11 en cartón: 40 años después* (My September 11th in Cardboard: 40 Years Later), through a public reading at the Museo de la Memoria. Copies of this cardboard book were later sold in the museum bookstore.

Over the past decade cardboard book production has become a viral editorial trend spreading throughout Latin America and beyond. The technique originated in Argentina in 2003 during that country's dire economic crisis when high unemployment forced many citizens to work in the streets, scavenging discarded materials for resale. Collecting cardboard trash—*cartón*—became a common practice amongst the unemployed and the number of independent cardboard trash collectors—*cartoneros*—increased to staggering proportions.

---

6. My analysis of *El día 11 en cartón* workshop is based on my attendance at the first day of the workshop; my analysis of the *Edición Digital en Aula* workshop is based on research I have done on the Libros de Mentira website as well as a personal interview I conducted with Libros de Mentira editors Luis Cruz and Mauricio Sanhueza.

The first Cartonera press, Eloísa Cartonera, originated with the purpose of buying cardboard trash from cartoneros at a higher-than-market price and then inviting those trash collectors into the workshop setting where they would handcraft and artistically decorate books out of the same trash they had gathered from the street. News of this artisanal and socially-minded bookmaking technique quickly spread, and cardboard publishing houses began to open all over Latin America. Just over a decade after the formation of Eloísa, there are over one hundred fifty Cartonera presses worldwide, with over a hundred in Latin America, twenty in Europe, two in Africa, three in the United States, and one in Asia.[7]

Not all Cartonera presses worldwide have structured their editorial practice around the workshop as a communal space of cultural agency in the way that Eloísa Cartonera first did.[8] However, cultural pedagogy within the workshop setting is clearly a defining characteristic of how this increasingly popular editorial practice has taken shape in Chile.[9] Chilean Cartonera presses frequently offer literary workshops that instruct citizens in the craft of writing the text as a linguistic construct and also in the craft of making the book as a material object. While their workshops are not always targeted at marginal social sectors (as was the original case with Eloísa Cartonera and Argentine *cartoneros*) they do share the political belief that, in the words of Chile's first Cartonera press, Animita Cartonera, the purpose of the literary workshop is to "crear un sentido comunitario que atienda los intereses de las distintas personas ya que[...] el arte es una herramienta generadora de espacios de diálogo e intercambio de experiencias e ideas" (create a sense of community that services the interests of different people since we believe that art is a tool that generates spaces of dialogue and the exchange of experiences and ideas; Animita Cartonera). In other words, Chilean Cartonera presses strategically use the workshop setting as a collective space in which to cultivate cultural agency through literary pro-

---

7. These figures are very rough estimates. For a thorough history of this unique publishing trend see Bilbija and Celis Carbajal, eds.; also see Trajkovic's chapter in this volume.

8 For a more detailed analysis of the role of the workshop in Eloisa's social and artistic project, see Eplin.

9 Chileans have taken an exceptionally keen interest in Cartonera book publishing and (at the time of writing) have opened almost twenty cardboard presses since 2005, making Chile the country with the largest number of Cartonera presses per capita in the world.

duction.[10] In providing citizens with the tools and skills they need to learn how to write and make their own books, Cartonera cultural pedagogy empowers individuals to become their own source of cultural agency. Because Chilean Cartonera literary workshops almost always end in a published anthology of writings produced during the workshop, participants acquire cultural agency by becoming published writers with a Cartonera press; and because workshop participants collectively make the cardboard books that house their own original writings, they also deploy cultural agency through the process of artisanal book manufacturing. Chilean Cartonera literary workshops have also inspired many of their participants to go on to start their own cardboard publishing houses, thereby encouraging individuals to exercise cultural agency as literary editors and publishers.

It is important to note that pedagogy alone is not all that qualifies Chilean Cartonera literary workshops as an example of self-realized cultural agency. Cardboard as a material substance is also a key ingredient in the politically progressive recipe of Cartonera book publishing. Cardboard is a perfect raw material for self-realized literary production for both practical and also symbolic reasons. With regards to the former, global capital relies on cardboard as the material support through which object-commodities travel the world. It therefore occupies a ubiquitous presence in the lives of citizens worldwide, meaning that virtually anyone can access this material and repurpose it as a medium of artistic expression. Cardboard trash is an easy and practical way for individuals to make books without having to enter into the highly hierarchized and mediated social structure of industrialized cultural production. The democratizing effects of cardboard book production are enhanced by the fact that Cartonera publication is non-professional, meaning that neither the authors, editors, nor bookmakers depend on the sale of these books for their material subsistence. Rather, cardboard books define their value based on social rather than monetary worth, thereby undermining the market's commodification of literary objects. Furthermore, because Cartonera presses do not rely on industrial print

---

10. It is important to note that while literary and editorial production in the workshop setting is a significant source of Cartonera publication in Chile, it is not the sole, nor even the primary source. Chilean Cartonera presses also publish national and internationally canonized writers who do not produce their texts in the workshop setting and do not participate in the handmade production of cardboard books.

technology for their editorial production, there is little-to-no monetary investment required to start a Cartonera publishing house, explaining why so many of them have sprung up across Chile, Latin America, and the world in recent years.

The first activity of *El día 11 en cartón* workshop creatively represents the way in which this workshop cultivated cultural agency through the use of cardboard and pedagogy. The activity, referred to by workshop leaders as "tejer la memoria" (weaving memory), conceived of the processes of literary writing and bookmaking as the same process: weaving. Sitting in a circle, one of workshop leaders held a skein of yarn, shared his name and occupation, then tossed the spool to someone across the circle while still holding a piece of the yarn in his hand; each member repeated these steps until the spool returned once again to where it had begun, creating a web of yarn in the middle of the circle where the participants were sitting. The exercise was repeated a second time, this time with each participant again stating his or her name, and then explaining what drew them to participate in the workshop. Finally, the group repeated the exercise a third time, again with each person repeating his or her name and then describing a photo that represented an important memory in their lives; while the memory did not have to relate specifically to Chile's military dictatorship, most participants chose an image or a scene that did, either directly or indirectly.

At the end of this activity, the group looked at the web they had made with the yarn. One of the workshop leaders claimed that the web was history-in-the-making. He then instructed the group to move their hands into the center of the circle, and when they did the web fell and landed on the ground. The group then simultaneously lifted up their hands, and the web also lifted and tightened. The leader informed the group that in this workshop they would collectively tighten the web of history by connecting and lifting up their individual stories of September 11, 1973 and Chile's years of military dictatorship. If one person were to let go of the yarn, he suggested, the web (i.e. history) would no longer be the same. One by one each participant let go of the yarn, emphasizing the visible impact of how the web changed form and shape when one person removed his or her personal narrative from the tapestry of collective memories that constitute Chile's history of military authoritarianism.

This activity's use of yarn and weaving is not surprising considering the centuries' old interpretation of writing as analogous to weaving. What makes the metaphor of the woven web here more impactful is the connection that it draws between the artistic process of writing memory narratives and the material process of cardboard bookmaking as artisanal craft. Within this literary workshop, participants not only wove together their own personal memories in the form of textual narratives, but they then literally wove those narratives together in the form of handcrafted cardboard books.

Cartonera bookmaking in general, and Meninas Carteronas book production in specific conceives of its editorial practice as artisanal craft precisely because of its hand-made nature. Meninas editor Kika Valdés actually uses the words *coser y cantar* (sewing and singing) to describe her press's book binding process, which—like that of many other Cartonera presses—often hand sews pages into a cardboard binding with a needle and thread (Valdés).

Establishing both writing and bookmaking as craft within the context of post-dictatorship memory narratives produces interesting political effects. One of the controversies surrounding memory narratives and the *testimonio* literary genre—one of the most defining artistic genres of Latin America's post-dictatorship cultural landscape—is their claim to authenticity, to the real, or to the truth. Craft as a form of self-realized cultural production treats this problem by infusing authenticity into the testimonio genre and memory narrative since, at least for Walter Benjamin, craft is an artistic technique that relies on the human hand. In her article, "Walter Benjamin: Traces of Craft," Esther Leslie explains that for Benjamin, crafts such as pottery and sewing are embedded in authenticity because they are made by hand. In addition to these overtly tactile forms of craft, Benjamin also understands storytelling as a craft that weaves memory: "Neither plot nor personality dispatch 'strict weaving regulations', but memory, such as is activated in dreams, is a tightly plaited skein tangling the linear passage of time. [. . .] Weaving becomes a figure for authentic memory or the procedure of rendering the infinity of memory" (Leslie 6). Benjamin conceives of writing as craft because it is handmade; it stems from the author's first-hand experience of touching the world. This is an especially apt way of understanding testimonio and memory writings since they are woven from personal and lived experiences. In other words, weaving, i.e. writing, makes memory material, real, and authentic.

This is especially important within the context *El día 11 en cartón* workshop because the overwhelming majority of its participants did not have first-hand experience of "touching" September 11, 1973. In fact, only one member of this workshop, including the workshop leaders from Meninas and the museum, was an adult at the time of the coup; most of the participants were small children at the time of the coup and grew up in Pinochet's Chile of the 1980s.[11] Consequently, when sharing with the group during the "tejer la memoria" exercise, workshop participants were openly self-conscious that their memories of the dictatorship were distorted—not by the distance of time (a commonly cited problem with testimonio and memory narratives), but by their fantastical and naive childhood perspectives of a political and social situation that they were developmentally incapable of accurately comprehending. This is what makes cardboard book production so appropriate for this workshop and its participants. Through the process of collectively making cardboard books with their hands—books that would then house their hand-woven memories—workshop participants made those memories real and authentic in a way that they were not before. Or perhaps it is not past memories that come to matter here so much as the collective experience of writing and bookmaking in the present. Whereas participants' memories of September 11, 1973 and the dictatorship that followed it are faulty, fragmented, and deceptive, their hands-on experience of weaving language into cardboard books was not; it was real, tangible, and to use Benjamin's word, authentic.

When the workshop took place, none of its participants were professional writers nor (to the extent of my understanding) did they enroll in the workshop in order to receive training that might launch a professional writing career. Rather, almost all of them expressed motivations that were much more personal: they shared that through this workshop experience they hoped to better connect with individuals in their lives (specifically parents who lived and experienced the dictatorship in ways that were drastically different from and far more direct than their own) and with the Chilean nation at large. Even though they themselves did not live through the coup (and for some of them the entire dictatorship) firsthand, these

---

11. One woman was a very young girl at the time of the coup and eventually fled Chile with her family to live in exile in Switzerland; she participated in the workshop because she now lives in Santiago where she is working on a PhD in anthropology, researching second-generation Chileans living in exile. Another participant was a high school student at the time of the workshop and had no memory at all of the dictatorship but still felt indirectly connected to it by the mere fact that she has always lived in post-dictatorial Chilean society. Another individual, a Finnish woman currently living in Santiago, had the least connection to September 11th and its aftermath but attended the workshop as a means of better connecting with the culture in which she is now living.

individuals engaged in acts of cultural agency. According to performance art scholar Diane Taylor, cultural agency emerges when individuals connect their personal experiences and subjectivities to the nation's larger political history (54–55). Through the collective process of weaving textual narratives and cardboard books together, individual participants used this workshop to weave their own personal stories into the broader fabric of Chilean cultural history, claiming their own authentic position and voice within a national community and its unique political history.

EDICIÓN DIGITAL EN AULA
(DIGITAL PUBLISHING IN THE CLASSROOM, EDA)

Edición Digital en Aula (Digital Publishing in the Classroom, or EDA) is a program designed and instructed by Libros de Mentira (Fake Books), an independent and online press that specializes in the production and publication of what it calls digital books.[12] Like the majority of Chilean Cartonera cardboard publishers, Libros de Mentira understands its editorial project as grounded in a social mission. Also like Cartonera presses, it attempts to advance that social mission through non-industrial and self-realized literary production. And whereas Cartonera publishers use cardboard as the material base of their self-realized editorial project, Libros de Mentira uses digital technologies and the Internet to "difundir y democratizar la literatura [. . .]" ("to distribute and democratize literature [. . .]"; Libros de Mentira, "Cosas de deben saber"). In an attempt to allow "todos los autores y temas que estén relacionados con el quehacer literario" ("all authors and themes related to literary production") the possibility of publication, Libros de Mentira provides its users with the software tools and web space necessary to make and publish their own digital books. The process of making and publishing digi-

---

12. The use of the word *mentir* (to lie) in the press's name insinuates that digital books are not real, presumably because they are not printed on paper; rather they are books that "lie" about being books. My own analysis is that this name is meant ironically and critiques the assumption that digital books are not real because they are not printed on paper. For research arguing that electronic books are not "real" in the way that printed books are, see Birkerts, Simone, and Striphas; for arguments supporting the materiality, and therefore realness, of electronic literature, see Duguid and Hayles.

tal books is free to the public, and all Libros de Mentira digital books are available for free consumption on the press's website (www.librosdementira.com). As it states on its blog, Libros de Mentira "es una iniciativa de carácter colaborativo e independiente, por lo que no responde a intereses de mercado" (is a collaborative and independent initiative, meaning that it does not respond to market interests; "Quienes somos". In bypassing the market, Libros de Mentira allows users to take the entire process of literary production—from writing the text to materializing that text in book form—out of the control of the commercial publishing industry and into their own hands.

However, Libros de Mentira editors have expanded their editorial project beyond the Internet by offering digital and paper bookmaking workshops to the public throughout the greater Santiago metropolitan area. EDA is the largest and most developed literary workshop offered by this press and exemplifies the democratic potential of *auto-gestión* cultural agency. The press designed EDA for middle school students who live and go to school in economically depressed sectors of Chile's central valley. According to Libros de Mentira, the primary focus of the workshop was to instill a greater appreciation of literature in its middle school participants ("El proyecto"). What I hope to show here is that it furthermore empowered those students as productive and publicly recognized cultural agents.

In 2012 Libros de Mentira staff realized this program by working with teachers and students at three middle schools in and outside Santiago's greater metropolitan area.[13] Because they designed the program to fit into each school's language and literature curriculum, Libros de Mentira editors collaborated with each school's regular teaching staff to jointly instruct these digital bookmaking workshops. One hundred and five middle school students participated in the program and collectively produced a total of sixty digital books, all of which have been published by Libros de Mentira and are currently available on the press's website.[14] Whereas the participants in *El día 11 en cartón* workshop wrote their own original stories that they then collectively published in cardboard book form,

---

13. These were: Women's Superior Commercial Institute of Santiago, the Pedro Aguirre Industrial High School of Rancagua, and the Rinconada Annex of the Maipú Educational Complex.

14. In order to fund EDA, Libros de Mentira's editorial staff applied for and received the 2012 Book Fund award granted by the University of Santiago. All three of Libros de Mentira's founding editors, Mauricio Sanhueza, Gabriel Oyarzún, and Luis Cruz, attending the University of Santiago and the institution has been a constant source of material support to the press since its inception.

the students in the EDA workshops produced original editions of previously published literary works, adding new content to them as an essential part of the production process.

Just as Meninas Cartoneras' method of *auto-gestión* literary production relies on the political and artistic potential found in cardboard, Libros de Mentira sees a similar capacity in the Internet as an everyday source of cultural agency. While it is true that not everyone has equal access to computers or the Internet, it is still the case that the invention of web 2.0 has allowed the general public to transform its relation to material culture in a way that was never before possible with other technologies, allowing the general public to exercise cultural agency as primary producers of artistic objects rather than as consumers of cultural object-commodities (Gauntlet). This is especially true in Chile where citizens enjoy a higher degree of access to the Internet than their Latin American neighbors. The number of Chileans connecting to the Internet increased by 263.6% between 2003 and 2010, meaning that today over half of the nation's population is online (Consejo Nacional de la Cultura y las Artes, *La Tercera*). Furthermore, in 2014, Chile was ranked 35 out of 148 countries in Internet readiness (down from one position from its 34th ranking in 2013; World Economic Forum xxi), and 39 out of 148 in Internet usage (World Economic Forum 13).

The middle school students who participated in the EDA workshops simultaneously performed creative, analytic, and technical tasks in a way that is difficult to achieve in the commercial publishing industry. For example, within the field of industrialized and commercial literary production, certain subject positions are assigned certain tasks and those tasks determine the amount of cultural capital that individuals wield: literary critics and editors are considered cultural gatekeepers and therefore exercise a great deal of cultural power; authors are considered artists, a title that brings with it a good amount of cultural capital; and book manufacturers are considered laborers, which is a job that requires less creative or intellectual capacity and consequently allows for less cultural agency. Paulo Slachevsky, a leading figure within Chile's post-dictatorial editorial landscape, laments this division of labor, arguing that it impoverishes the literary work overall. He writes:

> Desde el siglo XIX, [. . .] se habla de la alienación en la producción capitalista. Y no deja de ser cómico que en un ámbito en que podríamos hacer experiencias diferentes, reproduzcamos un quehacer marcado por la segmentación:

el autor escribe, el editor selecciona y edita, el impresor imprime, el distribuidor distribuye, el librero vende y el comprador lee. Cada uno se limita a hacer solo lo que le toca en su parte de la cadena y eso mata al libro, en su posibilidad y en su realidad.[15] (91–92)

Slachevsky goes on to say that everyone needs to be more fully integrated into the entire process and not limited to a particular link in the chain of production and consumption. Not only do the EDA workshops allow students to harness cultural agency from all of these different subject-positions at once, but they also break down the social barriers that conceive of writing, editing and bookmaking as separate tasks performed by different kinds of laborers; consequently, the workshops erode the social divisions that position those laborers within an unequal hierarchy of cultural power and authority.

The first roles these students assumed as cultural agents were those of literary critic and editor. Anticipating that the majority of students participating in these workshops had little-to-no previous experience reading and analyzing literary texts—and also little interest in doing so—the Libros de Mentira team began these workshops with a simple and seemingly non-literary activity: they asked the students about their personal interests and hobbies. The Libros de Mentira team then compiled various lists of literary works based on students' interests and placed them into teams. Members of each team worked together to choose one lists of literary works that appealed to them based on their personal interests; they then read each work on the list and discussed them with each other in order to collectively select one text that they would edit and publish as a digital book.[16] One of the student participants admits that this was no easy

---

15. My translation is: "Since the nineteenth century we've talked about the alienation of capitalist production. And it doesn't cease to be comical that in an environment in which we could create different experiences, we reproduce a form of work marked by segmentation: the author writes, the editor selects and edits, the printer prints, the distributor distributes, the bookseller sells and the consumer reads. Each one is limited to doing only that which they are assigned in their part of the chain and that kills the book, both in terms of its possibility and its reality."

16. These workshops began this way because Libros de Mentira staff wanted the students to feel a personal connection to the literary works they were to read, hoping that this would make them more likely to enjoy the process of reading and literary analysis (Sánchez and Sanhueza 2011). This strategy proved success-

task ("Edición Digital en Aula"), most likely because it required that students not only be adept in reading comprehension and analysis, but also that they work together in making a decision, which required argumentative skills of voicing and defending one's position as well as cooperative skills such as compromise. Having decided which literary text they were going to edit and publish, they also had to arrive at a shared interpretation of that text, which meant employing tools of literary analysis and agreeing on the text's symbolic meaning. This was an important part of the process, since what the students thought the text meant consequently determined a series of editorial choices that they would later make, such as what the book would look like, what kind of typography they would use, what multimedia content to include (if any), etc.

The next positions of cultural agency assumed by these students were those of author and book manufacturer. The EDA workshops morphed the tasks of writing the text and making the book together in the sense that students re-authored the text through their process of turning it into an originally published digital book. This happened through the process of remixing the original literary work. The process of remixing is most frequently associated with digital media and refers to the acts of cutting and splicing together various pieces of cultural content that derive from different media and artistic sources. While it is most often associated with digitally produced music, remixing is also one technique of electronic literary production. In the EDA workshops, students were to convert literary works that had previously been published in print into digital books. Yet rather than simply scanning printed pages into a digital format, students of the EDA workshop took a more participatory role in the production process by remixing the text with other pieces of writing and other forms of media that they and others had authored. The best example of this comes in the original videos that many student teams produced and included in their digital books; students wrote, filmed, and stared in these videos themselves, often reading the literary text aloud for the camera, visually enacting certain scenes from the text, or rewriting and performing their own interpretations of the text for the camera. Student teams also select-

---

ful according to one of the middle school teachers involved in the program, who states that it "formó de inmediato una conexión entre los alumnos y el proyecto" (created an immediate connection between the students and the project; Libros de Mentira, "Edición Digital en Aula").

ed and included still photos and originally written essay to their digital books. By mixing multimedia content that they themselves produced with the literary text, students in the EDA workshops produced a literary work slightly different from what was originally published in print form, and in so doing, established themselves as contributing authors of these new editions.

What is more, however, is that because these literary workshops focused on the production of digital—and not paper—books, the process of remixing, or re-authoring the text is simultaneously the process of book manufacturing. This is because the material form that electronic literature takes is part of the text itself. This is very different from print culture, since many critics consider the materiality of the paper book as separate from the literary text it houses and as bearing no artistic influence on the text as a work of art (Birkerts, Simone). This notion is emboldened by the fact that since the invention of the printing press and industrial print production, the agents responsible for book manufacturing are not the same agents responsible for producing the text: the former are considered laborers and the latter artists, and their work takes place at different times, in different places, and using different skills and tools (Williams).[17] The EDA workshops, however, and electronic literature in general conflate the materiality of the digital book form with that of the text itself. Libros de Mentira's description of the EDA workshops reflects this by referring to "digital paper" as the substance the students manipulated in their production of digital books. In its description of EDA, Libros de Mentira writes that student groups made their own libros de mentira, mediante la técnica del papel digital. En el camino aprendieron nociones de diseño y la mecánica particular que opera al interior del objeto libro: cuáles son las partes que lo componen, qué función cumplen, y la importancia de éstas ('fake books,' which they created through a technique using digital paper. Along the way they learned design concepts and the particular mechanics that operate within the book object: what parts make it up, what purposes they serve, and what their importance is; "El proyecto").

This description equally applies to the text as discourse and to the book as material object. When teaching students how to read

---

17. Before the invention of the printing press literary works were copied by hand, often with painstaking care and artistic quality. Illuminated manuscripts of the Medieval Ages are some of the best examples of the way in which bookmaking before the onset of the printing press was a form of art and the bookmaker an artist.

literature, we almost always start with the mechanics of the text, of how to identify its various narrative parts and how they work together to create an organic whole. Equally, the construction of a book is also the mechanical construction of its various components, whether those are made of physical or digital materials. The EDA workshops teach students to think of those two mechanisms—the text and the book—as the same mechanism, and to think of themselves as active agents in the collaborative and fluid process of building "the book as a machine to think with" (Richards). Information scholar Paul Duguid cites I.A. Richards' declaration that the printed book is a machine to think with in order to argue that electronic literature is just as material as print and that printed books are just as digital as electronic literature. He writes, "The implication that technologies are just conduits for information produced elsewhere both denies the material role technologies play in producing information and [. . .] assumes that information has an inherent shape and integrity independent of the system in which it is produced and consumed" (82). Libros de Mentira's reference to its publications as "books" only makes this point more salient. The EDA workshops invite students to make books with machines, to make books *as* machines, and to conceive of both writing and bookmaking as intimately related processes that equally rely on the creative use of digital technologies.

Thus the EDA workshops condition students to understand the processes of authoring, editing, and bookmaking as essentially the same process and of themselves as agents capable of steering that activity. The workshops forcefully encourage students to assume this agency by donning the title of "author" and the powerful cultural capital that title carries. Even though the students are described in the personal biographies that accompany these digital books as "editors," the front cover of each book presents the names of the students responsible for these electronic editions and *not* those of the original authors of these texts, giving the reader the impression that they, the students, are the primary artistic creators of these literary publications. The front matter of these books also privileges the students over the original authors, listing the former's names but almost never the latter's.

Despite the progressive politics of inscribing these student editors as authors, remixing previously published literary texts is a controversial practice. Critics of electronically produced literature argue that it makes the text vulnerable to change by agents who are not its original author. According to Raffaele Simone, "Our intuitive idea of the text is [changing] rapidly. It is no longer that of a closed and protected entity but that of an open and penetrable object which can be copied and interpolated without limits" (249). Simone describes this as the "disarticulation" of the text, which he attributes to the use of computer technology. This perspective not only defines the literary work as solely linguistic—meaning the unique composition of language into a particular form—but also as the sole product of a single person who exercises full control over the process of linguistically composing the text—i.e. the author.

The EDA workshops, and electronic literature at large question these presumptions and their validity even with regards to traditionally printed and bound paper books. While it is true that remixing has taken on particular prominence in the digital age, it is not unique to the digital era; we need look no farther than Jorge Luis Borges's now classic story of Pierre Menard to be reminded of the way in which literary artists have always borrowed and remixed material that was not initially their own in the production of original works. More to the point, the notion that literary works are the sole creations of a singular author has helped to edify an international legal apparatus of copyright protections that ironically services the economic interests of multinational corporations more than the artistic freedom of average citizens (Bettig, Gaisford and Richardson, Lessig, Pang). The construction of the modern "author" is the same as that of the liberal "individual": both are assumed to be social positions universally accessible to all citizens when in reality they are deeply limited by distinctions of sex, race, class, and many other social distinctions (Pateman). Moreover, in assuming that the author is in full control over the composition of the literary work, we ignore the contribution of other laborers who participate in the process of converting the written word into a work of art—editors, book makers, literary agents, book distributors, literary critics, academics researchers, etc. As Pierre Bourdieu writes, "The production of discourse (critical, historical, etc.) about the work of art is one of the conditions of production of the work" (35). Not only do multiple kinds of laborers contribute to the production of a literary work of art, but so too do seemingly non-literary components of the text (font, type size, the spatial organization of words on a page, chapter divisions, book binding, illustrations, paper type, book shape and size, cover designs, etc.) participate in the text's overall construction of meaning (Duguid). Finally, and perhaps most importantly, the critique that remixing threatens the authority of the author over his (and I use that gendered pronoun intentionally) literary creation equally ignores the power of the reader to determine the text's meaning through intellectual processes of interpretation that do not change the material composition of the original text at all but that nonetheless may severely change the meaning of the work from what the author originally intended (as is the case with the "collective readings" we discussed earlier).

The political consequences of this unconventional publishing style are more important than the ethical and/or legal ones. From an ethical perspective, because the original author's name is still given in the digital books produced through the EDA workshops, they do not count as cases of plagiarism; and from a legal standpoint there is no copyright infringement since none of these digital books are sold for money.[18] Politically speaking, however, this collaborative process challenges traditional definitions of literature as a purely linguistic art form and of the author as its sole creator. In so doing, it subverts the sexist, racist, classist, and other discriminatory social conventions on which those definitions of literature and the author have been historically constructed and still currently depend. These workshops thus open up the possibility for social subjects historically excluded from access to material modes of literary production—in this case economically disadvantaged youth—to directly access those mechanisms and use them to express their own creative impulses, personal interests, and cultural agency. Deisy Rojas, one of the middle school teachers who partnered with Libros de Mentira in teaching this program, makes the explicit claim that this program gives voice and visibility to individuals historically silenced within Chilean society. She reminds us that although the nation's capital is home to almost forty percent of all Chileans, "Santiago no es Chile. Además, hay otras regiones donde hay niños tan capaces como los santiaguinos que pueden hacer muchas cosas" (Santiago is not Chile. There are children living in other regions who are just as capable as those living in Santiago and they can do many things; "Edición Digital en Aula").[19] This statement accuses Chilean so-

---

18. None of these digital books carry ISBN or copyright information, although some of them use their school's name as the ISBN and many name Libros de Mentira as the publisher. While all of the texts included in these publications were previously published, none of them are sold for money by Libros de Mentira, the participating schools, or anyone else involved in these workshops, thus evading problems of copyright infringement.

19. There are other, more concrete, benefits that students received from participating in this workshop. One student admits that the experience taught him how

ciety of marginalizing—to the point of silencing—citizens living outside the greater metropolitan area, thus qualifying the middle school participants of the EDA workshops as marginalized social subjects both within Chile's editorial market and also larger social imaginary. By making and publishing digital books on the Libros de Mentira website, these students transform their social standing from passive recipients to active agents of Chilean literary culture.

CONCLUSION

The two *auto-gestión* literary workshops we have discussed here define cultural agency in many similar ways. First and foremost, they activate cultural agency through complex yet interconnected processes of literary production rather than, as is most often the case in our neoliberal and globalized world, through acts of cultural consumption alone. These workshops empower people to take the entire process of literary production out of the hands of multinational corporations and into their own, giving them the tools they need to write and edit texts, to craft books that will house those texts, and to make those books available to the general public through publication. It is true that the act of literary consumption, i.e. reading, is a powerful source of cultural agency in that it allows individuals to interpret and make meaning of cultural texts according to their own social, cultural, political, and economic interests, which often run counter to the hegemonic agendas of global culture industries. But even when counter-hegemonic interpretive practices challenge the political and economic hegemony of capitalist culture industries, they most often still rely on the capitalist consumption of object-commodities, thus doing little to truly disturb the increasingly global power of corporate culture industries. *Auto-gestión* cultural production, such as that taught in both of the literary workshops we have studied here, al-

---

to value literature; another claims that he is now attracted to the idea of writing and sees how it could benefit him greatly; and still another proclaims that EDA taught him how to do things he didn't even know were possible ("Edición Digital en Aula"). Girls who participated in the program said that they enjoyed learning how to use computer programs, including Microsoft Word, and meeting students from other schools when they all gathered at the University of Santiago for the program's final closing ceremony—which was for many of them, their first time stepping foot on a university campus (Cruz and Sanhueza 2013).

lows individuals to generate cultural agency independent of the capitalist market and the social inequalities it inherently creates.

By enabling individuals to act from multiple positions of cultural agency at once—author, editor, bookmaker—these workshops begin to slowly dissolve the social hierarchies in our modern societies that disproportionately value certain types of labor and certain types of laborers over others. Industrial capitalism and its introduction of the printing press compartmentalized the process of literary production, defining certain tasks as artistic (writing the text), others as intellectual (selecting and editing the text for publication), and still others as mechanic (bookmaking). In advancing a non-industrial editorial practice, these workshops redefine literary production as collaborative and all its individual components as equally important and equally capable of producing what Doris Sommer calls "aesthetic effects." The book, whether made from cardboard or "digital paper," is here an essential part of the literary work's overall aesthetic and the bookmaker is a cultural and artistic agent in the same way that the author and the editor also are.

And consistent with the spirit of auto-gestión, these literary workshops believe that all individuals are equally capable of acting as cultural agents through the process of non-industrial literary production. This is because the fuel that drives this kind of literary production is not capital, as is the case in industrial book production, but rather the unique lived experience of the individual cultural agent. Whereas industrially produced literature requires significant capital investment, the average Chilean can make cardboard and digital books with materials they already possess and/or can easily access.[20] As opposed to commercial publication—access to which requires capital wealth, social connections, and/or technical talent (either innately or intentionally acquired)—the most important ingredient required in auto-gestión cultural production is one's own human experiences—what Benjamin calls, "touching the world" (Leslie). In the case of *El día 11 en cartón* this took the shape of participants' own memories of September 11, 1973 and the dictatorship that followed

---

20. The only materials required for cardboard book production are paper, a basic printer, a photocopy machine, cardboard (which can be found for free almost anywhere in Chile), and whatever materials one decides to use to decorate the back and cover of the book. Digital book production requires access to a computer and the Internet; Libros de Mentira provides all the software necessary for digital book production for free on its website. Publication of digital books on the Libros de Mentira website is also free.

it; in the EDA workshops, students used their own personal interests and hobbies to determine the kinds of literary texts they would make and publish. Neither was the purpose of these publications to make money; the books made through the memory workshop were sold at cost and EDA's digital books are available for free on Libros de Mentira's website. Rather the purpose of these books was to serve as a means of cultural agency for their makers. In sharing their own experiences and perspectives with the world, the "authors" of these books (by which I mean their writers, editors, bookmakers, and publishers) gain legitimacy as social subjects whose stories deserve to be heard.

These literary producers become consecrated artists by making their works public.[21] The publication of these stories is what makes them an example of cultural agency. Personal writings in diaries or letters are intended to remain private; the audience for whom they are written is only the author herself or an intimate friend. Public writings, on the other hand, are meant to be shared with others. This is how Roberto Toledo, founder and editor of the Chilean cardboard press La Gata Viuda Cartonera, differentiates between a hobby and a form of genuine cultural production, or what I'm referring to here as cultural agency: the difference between the two is the same as the difference between the private and the public, or the individual and the social (Toledo). In sharing their works with the communities in which they live, these workshop participants create books that, as Paul Duguid notes, are inherently part of a social system that includes "authors, readers, publishers, booksellers, libraries, and so forth. Books produce and are reciprocally produced by the system as a whole" (79). "Publication," Duguid goes on to write, "is not so easily portrayed as an act of incarceration. [. . . It] is then very much a process of producing a public artifact and inserting it in a particular social circuit" (80-1). Publication happens when individuals share their own stories with the world, establishing an individual identity and value in relation to other people and not in relation to an abstracted signifier, such as capital. Late capitalism determines social relations and individual worth based on the accumulation of capital and an individual's ability to accumulate object-commodities and surplus capital. On the contrary, the social relations and identities forged through workshops such as these are determined by one's ability to share her story with others through writing (broadly defined) and that writing's materialization in book form (also broadly defined).

---

21. According to Bourdieu, my scholarship in these works also contributes to their consecration as works of art.

Works Cited

Achugar, Hugo. "On Maps and Malls." In *City/Art: The Urban Scene in Latin America*. Ed. Rebecca Biron. Durham: Duke University Press, 2009: 185–209.
Akademia Cartonera. A Primer of Latin American Cartonera Publishers. Eds. Ksenija Bilbija and Paloma Celis Carbajal. Madison, WI: Parallel Press and University of Wisconsin, Madison Libraries, 2009.
Animita Cartonera. *Animita Cartonera*. n.d. Web. 2 May 2014.
Ávelar, Idelbar. *The Untimely Present: Postdictatorial Latin American Literature and the Task of Mourning*. Durham, NC: Duke University Press, 1999.
Barros, Pía. "Mujeres, creatividad y contracultura." University of California, Irvine. Symposium, "Chilean Women and the Global Politics of Writing." Irvine, CA. 4 February 2008.
Bettig, Ronald V. *Copyrighting Culture: The Political Economy of Intellectual Property*. Boulder, CO: Wesview Press, 1996.
Beverly, John. *Subalternity and Representation: Arguments in Cultural Theory*. Durham, NC: Duke University Press, 1999.
Bilbija, Ksenija "¡Cartoneros de todos los países, uníos!: Un recorrido no tan fantasmal de las editoriales cartoneras latinoamericanas en el tercer milenio." *Akademia Cartonera: A Primer of Latin American Cartonera Publishers Academic Articles, Cartonera Publications Catalog and Bibliography*. Eds. Ksenija Bilbija and Paloma Celis Carbajal. Madison, WI: University of Wisconsin-Madison Libraries and Parallel Press, 2010.
Birkerts, Sven. *The Gutenberg Elegies: The Fate of Reading in an Electronic Age*. London: Faber and Faber, 2006.
Borges, Jorge Luis. "Pierre Menard, autor del Quijote." *Ficciones*. New York: Vintage Español, 1995.
Bourdieu, Pierre. *The Field of Cultural Production*. New York: Columbia University Press, 1993.
Cárcamo-Huechante, Luis E. *Tramas del mercado: Imaginación económica, cultura pública y literatura en el Chile de fines del siglo veinte*. Santiago de Chile: Editorial Cuarto Propio, 2007.
Cardone, Resha. "Refashoning the book in Pinochet's Chile: the feminist literary project, Ergo Sum." *Confluencia*. 29. 1 (Fall 2013): 137–153.
– – –. "The Hands that Make the Books, Make the Nation: Book-objects and the Making of Chile's Feminist Democracy."

Women's Studies Conference. Southern Connecticut State University. New Haven, CT. 2011.
Consejo Nacional de la Cultura y las Artes, "Anuario de Cultura y Tiempo Libre, Recopilación de Ocho Años, 2003–2010. Sectores destacados." Consejo Nacional de la Cultura y las Artes. Departamento de Estudios, Sección de Estadísticas. Santiago de Chile. 2011. Web. July 20 2013.
Cruz Sánchez, Luis and Mauricio Sanhueza. Personal Interview. 16 August 2011.
— — —. Personal Interview. 3 January 2013.
De Certeau, Michel. *The Practice of Everyday Life*. Trans. Steven F. Rendall. Berkeley: University of California Press, 1984.
Duguid, Paul. "Material Matters: The Past and Futurology of the Book." *The Future of the Book*. Ed. Geoffrey Nunberg. Berkeley/Los Angeles: University of California Press, 1996.
Eloy, Horacio. "Revistas y publicaciones literarias durante la dictadura (1973-1990)." *Simpson 7*. Vol. XVII. Santiago de Chile, 2000. Biblioteca Nacional de Chile. 2013. Web. 11 March 2014.
Eplin, Craig. "Theory of the Workshop: César Aira and Eloísa Cartonera." *Akademia Cartonera*. Madison, Wisconsin: University of Wisconsin Press, 2010.
d'Etudes, Lorène. "Revistas culturales del exilio Chileno (1973-1989)." Museo de la Memoria. Web. 13 March 2014.
Gaisford, James D. and R. Stephen Richardson. "North-South Disputes over the Protection of Intellectual Property." *The Canadian Journal of Economics/Revue Canadienne d'Economique*. Vol. 29, Special Issue: Part 2 (April, 1996): 376–381.
García Canclini, Néstor. *Consumer Citizens: Globalization and Multicultural Conflicts*. Trans. George Yúdice. Minneapolis: University of Minnesota Press, 2001.
Garcia-Corales, Guillermo. *Dieciséis entrevistas con autores chilenos contemporáneos: la emergencia de una nueva narrativa*. Lewiston/Queenston/Lampeter: The Edwin Mellen Press, 2005.
Gauntlett, David. *Making is Connecting: The Social Meaning of Creativity from DIY and Knitting to YouTube and Web 2.0*. Cambridge, UK: Polity Press, 2011.
Hayles, Katherine N. *Electronic Literature: New Horizons for the Literary*. Notre Dame: University of Notre Dame, 2008.
Larraín, Jorge. *Identidad Chilena*. Santiago de Chile: LOM Ediciones, 2001.
Leslie, Esther. "Walter Benjamin: Traces of Craft." *Journal of Design History*. Vol. 11, No. 1, "Craft, Modernism and Modernity" (1998): 5–13.

Lessig, Lawrence. "The People Own Ideas! Do we want music, software, and books to be free—or not?" *Technology Review.* Massachusetts Institute of Technology. 15 February 2006. Web. 20 May 2014.

Libros de Mentira. "Ayuda escritor." n.d. Web. 5 March 2013.

———. "El proyecto." 2012. Web. 5 March 2013.

———. "Edición Digital en Aula." 2012. Web. 5 March 2013.

Libros de Mentira Blog. "Quienes somos". 4 August 2008. Web. 6 June 2013.

Martín-Barbero, Jesus. "Recepción de medios y consumo cultural: travesías". *El consumo cultural en América Latina.* Ed. Guillermo Sunkel. Santafé de Bogotá: Convenio Andrés Bello, 1999.

Moreiras, Alberto. *The Exhaustion of Difference: The Politics of Latin American Cultural Studies.* Durham, NC: Duke University Press, 2001.

Moulian, Tomás. *Chile actual. Anatomía de un mito.* Santiago: LOM-Arcis, 1997.

Pang, Laikwan. *Cultural Control and Globalization in Asia: Copyright, piracy, and cinema.* Series: Routledge Media, Culture and Social Change in Asia. London; New York: Routledge, 2006.

Pateman, Carol. *The Sexual Contract.* Cambridge, UK: Polity Press, 1988.

Schwartz, Marcy. "The Writing on the Wall: Urban Cultural Studies and the Power of Aesthetics." *City/Art: The Urban Scene in Latin America.* Ed. Rebecca E. Biron. Durham, NC: Duke University Press, 2009.

Simone, Raffaele. "The Body of the Text." *The Future of the Book.* Ed. Geoffrey Nunberg. Berkeley/Los Angeles: University of California Press, 1996.

Slachevsky, Paulo. "El camino que vamos haciendo." *Escritores por el fomento del libro y la lectura. Tercer Encuentro: Actas.* Santiago de Chile: Letras de Chile; Gobierno de Chile; Mosquito Comunicaciones, 2001.

Sommer, Doris, ed. *Cultural Agency in the Americas.* Durham/London: Duke University Press, 2006.

Striphas, Ted. *The Late Age of Print: Everyday Book Culture from Consumerism to Control.* New York: Columbia University Press, 2009.

Subercasseaux, Bernardo. *Historia del libro en Chile: Desde la Colonia hasta el Bicentenario.* Santiago de Chile: LOM Ediciones, 2000.

Sunkel, Guillermo ed. *El consumo cultural en América Latina. Construcción teórica y líneas de investigación.* Santafé de Bogotá: Convenio Andrés Bello, 1999.

Taylor, Diane. "DNA of Performance: Political Hauntology." *Cultural Agency in the Americas*. Ed. Doris Sommer. Durham/ London: Duke University Press, 2006.
La Tercera, "Informe de la ONU asegura que Chile lidera la penetración de usarios de internet en América Latina." *La Tercera*. 26 September 2012. Web. 8 November 2012.
Toledo, Roberto. Personal Interview. 16 August 2013.
Valdés Weiss, Kika. "Taller de Memoria y libros de Cartón." Museo de la Memoria and Meninas Cartoneras. Museo de la Memoria. Santiago de Chile, 24 August 2013. Address.
Williams, Raymond. *Culture*. Glasgow: Fontana Paperbacks, 1981.
Wu. Chin-tao. *Privatising Culture: Corporate Art Intervention since the 1980s*. New York/ London: Verso, 2002.

SECCIÓN III

AGENCIA CULTURAL Y PRÁCTICAS SOCIALES

CAPÍTULO XI

¿QUÉ IMPORTA QUE AL SUBALTERNO SE LE PERMITA HABLAR (EN SU IDIOMA NATIVO)? AGENCIA CULTURAL Y REVITALIZACIÓN LINGÜÍSTICA EN GUATEMALA

KEITH WATTS
Universidad Estatal de Grand Valley

Resumen:
Es muy probable que se vea la extinción de la mayoría de las más de 6.000 lenguas del mundo en el siglo XXI. La muerte lingüística afectará de manera más profunda a los hablantes de lenguas indígenas, por el hecho de que estas lenguas representan el 60% del total de los idiomas globalmente. En este ensayo se analiza la situación sociolingüística de las comunidades indígenas de Guatemala. Una pregunta central en el presente es la manera en que la agencia cultural puede apoyar los esfuerzos que se hacen para resistir el cambio al español y para crear una situación bilingüe estable en la que ambos idiomas tengan prestigio local.

Palabras claves: bilingüismo, lengua indígena, cambio o desplazamiento, retención, muerte lingüística.

Es muy probable que se vea la extinción de la mayoría de las más de 6.000 lenguas del mundo en el siglo XXI. La muerte lingüística afectará de manera más profunda a los hablantes de lenguas indígenas, por el hecho de que mientras estas comunidades representan un pequeño porcentaje de la población mundial, hablan al menos el 60% de las lenguas del mundo (Nettle y Romaine, ix). Por ende, vale la pena reflexionar sobre los esfuerzos que se ejercen para evitar el cambio de idioma y su muerte[1] en las comunidades indígenas en las que la

---

1. Se entiende que *cambio de idioma* significa la reducción de comunicación interétni-

gente lucha para preservar y revitalizar su idioma. En este ensayo se analiza la situación sociolingüística de varias comunidades de Guatemala, un país donde veintidós lenguas indígenas son cooficiales con el español. A pesar de este apoyo constitucional, siguen siendo amenazadas por el poder hegemónico de la única lengua europea oficial del país, o sea, el español. Una pregunta central en el presente es la manera en que la agencia cultural puede apoyar los esfuerzos que se hacen para resistir el cambio al español y para crear una situación bilingüe estable en la que ambos idiomas tengan prestigio local.

En un artículo que trata del Movimiento Maya[2] y su empleo de la agencia cultural, Arturo Arias ofrece una buena definición del concepto, la cual sirve como punto de partida para los comentarios incluidos en el presente artículo. Arias describe la agencia cultural como "[the] concrete processes dealing with the reconfiguration of cultural spaces that enable subjects, often peripheral or subaltern, to empower themselves" ("[los] procesos concretos que efectúan la reconfiguaración de los espacios culturales que permite que los súbditos se empoderen, los cuales con frecuencia son gente que vive marginada o como subalterna"; 251). Arias también ofrece una explicación concisa del acercamiento que típicamente emplean los especialistas involucrados en la defensa cultural. Estos "focus on the ways in which ethnic and linguistic diversity, unjustly neglected and overlooked for the most part, present opportunities, as well as challenges, for the construction of a democratic citizenship" ("se centran en las maneras en las que la diversidad étnica y lingüística, que en su mayor parte se han descuidado e ignorado injustamente, presentan tanto oportunidades como retos para la construcción de una ciudadanía democrática"; 251). A continuación, se presentan los resultados de unos estudios recientes en los que se analiza la situación sociolingüística de tres de las cuatro lenguas mayas más extendidas de Guatemala (el quiché, el mam, y el cakchiquel) cuyos hablantes emplean la agencia cultural en sus comunidades de habla con la esperanza de mantener y revitalizar estas lenguas.

---

ca en la lengua indígena a favor de una lengua hegemónica que se emplea en la misma comunidad. *Muerte* se entiende como el abandono completo de la lengua indígena y la falta de transferencia intergeneracional de la misma (Fase, Jaspaert y Kroon 6).

2. El Movimiento Maya se inició en 1944; son grupos que se han organizado con el propósito de luchar por los derechos civiles de toda comunidad indígena.

Desde la perspectiva sociolingüística, no parece necesario explicar por qué es imprescindible la pluralidad lingüística y la preservación de las lenguas pequeñas del mundo. La tarea de evitar la pérdida de tales lenguas, que son recursos importantes para la humanidad, es tan crucial como la protección del medio ambiente. Como afirman Nettle y Romaine, "linguistic diversity [. . .] is a benchmark of cultural diversity. Language death is symptomatic of cultural death: a way of life disappears with the death of a language [. . .]" ("la diversidad lingüística [. . .] es un indicio de la diversidad cultural. La muerte lingüística es un síntoma de la muerte cultural: desaparece un modo de vida cuando muere una lengua"; 7). Según estos dos antropólogos, los idiomas mueren por numerosas razones, pero en resumidas palabras, una lengua desaparece siempre que la comunidad que emplea un idioma minoritario no puede prosperar—tiene que existir un ambiente viable, una manera en que la gente pueda ganarse la vida (Nettle y Romaine 5). También sería posible emplear la metáfora del "asesinato de lenguas" en el caso de Guatemala, si recordamos a los miles de indígenas que fueron asesinados en la década de 1980. Especialmente atroces fueron las campañas de genocidio en el año 1982 que resultaron en la exterminación de hasta seiscientos pueblos indígenas (Guatemala: Memoria del silencio).

La retención de una lengua minoritaria amenazada es sumamente difícil, quizá aún más difícil en países como Guatemala, donde los idiomas indígenas se han estigmatizado (por ejemplo, el hecho de que se consideren meros "dialectos"), y se ha marginado a sus hablantes, y donde el español se considera la lengua que posibilita el progreso económico. En las comunidades en las que la gente ha empezado a abandonar la lengua indígena, la tarea de retener y revitalizar el idioma es aún más difícil. Según Joshua Fishman, el pionero en el estudio de la reversión del cambio del idioma (*Reversing Language Shift*), reconoce que el progreso que se ha hecho al respecto en las últimas décadas "is revealed as taking three steps forward and two steps back [. . .] Like the war against cancer, the struggle against language-in-culture decimation still goes on with little likelihood of early and clear triumph" ("se revela que [la reversión del cambio del idioma] consiste en tomar tres pasos para adelante y dos para atrás [. . .] Como la guerra contra el cáncer, la lucha contra la aniquilación de una lengua dentro de su cultura continúa con poca posibilidad a corto plazo de llegar a una victoria clara"; xiv). Sin embargo, es imprescindible que se haga el esfuerzo.

Los estudios sobre la reversión del cambio del idioma son numerosos—se han ofrecido varias teorías con respecto a las maneras en las que se pueden revitalizar las lenguas minoritarias con pocos hablantes (por ejemplo: Bradley, David y Maya; Dorian; y Fishman 1994 y 2001). Un grupo de lingüistas que trabajan bajo el patrocinio de la UNESCO[3] resume de manera acertada y completa los factores clave (adaptado de Lewis 2001: 5), a saber:

- Es imprescindible que haya transferencia intergeneracional.
- La comunidad de habla debe ser lo suficientemente grande para posibilitar la comunicación frecuente en el idioma.
- El porcentaje de hablantes nativos dentro de la comunidad debe ser lo suficientemente alto para promover el uso de la lengua.
- Los hablantes deben emplear el idioma en varios dominios de habla, sin su pérdida en muchos dominios, preferiblemente con la estricta compartimentación de sus funciones lingüísticas (este concepto Fishman lo llama "diglosia").
- Tiene que haber materiales apropiados para la docencia y la alfabetización en la lengua. Las políticas y actitudes gubernamentales e institucionales deben favorecer la lengua y apoyar la redacción de tales materiales docentes.
- Los miembros de la comunidad deben mostrar actitudes favorables hacia su lengua nativa.

En las últimas décadas en Guatemala, el gobierno ha reconocido y apoyado oficialmente los derechos lingüísticos de los indígenas, al menos por escrito, si no en la práctica. La constitución guatemalteca, documento que se ratificó en 1985 y que se enmendó en 1993, contiene varios artículos que tratan directamente sobre las lenguas indígenas; prometen respetarlas y ofrecerles la educación bilingüe a sus hablantes, a saber:

- *Sección II, Artículo 58*: Se reconoce el derecho de las personas y de las comunidades a su identidad cultural de acuerdo a sus valores, su lengua y sus costumbres.
- *Sección III, Artículo 66*: Guatemala está formada por diversos grupos étnicos entre los que figuran los grupos indígenas de ascendencia maya. El Estado reconoce, respeta y promueve

---

3. Una de las metas importantes de esta organización científica y cultural de las Naciones Unidas es la protección de las lenguas amenazadas del mundo. En su "Atlas de lenguas apeligradas del mundo", se incluyen el quiché, el mam, y el cakchiquel, que se consideran lenguas "vulnerables" (UNESCO "Atlas").

sus formas de vida, costumbres, tradiciones, formas de organización social, el uso del traje indígena en hombres y mujeres, idiomas y dialectos.
- *Sección IV, Artículo 76*: La administración del sistema educativo deberá ser descentralizado y regionalizado. En las escuelas establecidas en zonas de predominante población indígena, la enseñanza deberá impartirse preferentemente en forma bilingüe.

Tomando en cuenta estos artículos, parece que el Estado guatemalteco se ha alejado de la práctica del pasado, cuando el modelo para la construcción de la nación dependía del monolingüismo y de la aculturación de los indígenas. El nuevo modelo parece aceptar que el pluralismo étnico y lingüístico son recursos para el desarrollo de una sociedad democrática. Sin embargo, en la práctica, hay mucho trabajo que se tendría que completar para hacer de estas promesas la realidad. La Academia de las Lenguas Mayas de Guatemala reconoce que las dificultades más intratables incluyen la extrema pobreza que afecta a las comunidades mayas en conjunto. Esta organización también reconoce que el Estado, a pesar de sus promesas constitucionales, se ha demorado bastante en el momento de proveer de fondos para los esfuerzos educativos y culturales (46).

De hecho, hasta hace poco, el Estado guatemalteco marginó a los grupos mayas, una práctica que empezó en los tiempos coloniales y continuó durante el período republicano hasta la década de 1990—como se ha notado antes, los abusos de la década de 1980 fueron extremadamente brutales, llevaron a la extermi-nación de comunidades enteras y provocaron el exilio de muchos indígenas, quienes se escaparon al sur de México y otras partes. La marginación lingüística siempre ha sido un componente íntegro de esta situación. Brigittine French ofrece este resumen breve: "From the early nationalist era in the mid-1800s to the late twentieth century, the State has regarded Mayan languages as constitutive of 'Indianness,' an identity antithetical to Guatemalan national identity. Under the influence of this essentialist language ideology, the State has employed various policies and practices to eradicate Mayan languages and promote the spread of Spanish among Maya populations" ("Desde la época nacionalista en la segunda mitad del siglo XIX, el Estado ha considerado las lenguas indígenas constitutivas de la esencia indígena, una identidad contraria a la identidad nacional guatemalteca. Bajo la influencia de esta ideología lingüística esencialista, el Estado se ha valido de varias políticas y prácticas para erradicar las lenguas mayas y promover el cambio al castellano en los pueblos indígenas"; 58). Es un esfuerzo gubernamental que ha tenido mucho éxito, hasta la fecha. Con respecto a la educación y la integración, el programa "Castellanización bilingüe", que se inició en 1965, fue mayormente integracionista en su práctica. El programa sufría de una escasez de maestros que fueran verdaderamente bilingües, la falta de materiales educativos apropiados, y el recelo hacia los esfuerzos del gobierno de parte de los grupos indígenas. Se entiende por qué existiría tal desconfianza si se toma en cuenta el maltrato oficial que duró por siglos (Mar-Molinero 154).

En las décadas de 1970 y 1980, el programa de alfabetización nacional[14] se comprometía a la castellanización como meta principal, no promovía la pluralidad ni lingüística ni cultural, y carecía de cierta insensibilidad hacia las diferencias culturales (Archer y Costello 138, citado en Mar-Molinero 155). Las investigaciones sociolingüísticas que se llevaron a cabo durante la época demuestran que los niños que desarrollaron el bilingüismo en el programa lo hicieron a pesar del hecho de que se promoviera la integración lingüística. Por ejemplo, Langan completó un estudio cuantitativo en 1988 y 1989 con 399 consultantes de Santo Tomás, Chichicastenango. Resulta que los estudiantes bilingües tendían a declarar con más frecuencia que el español les importaba más que el quiché[5] y tenían actitudes ambivalentes o negativas hacia dicha lengua. Es más, el quiché también perdía credibilidad como marcador de identidad étnica entre estos bilingües (41-42). Según declara Ralph Fasold, "language shift and, the other side of the coin, language maintenance, are really the long-term, collective results of [individual] language choice"[6] ("el cambio del idioma y la otra cara de la moneda, la retención del idioma, en realidad son los resultados a largo plazo de la elección [individual] de lenguas"; citado en Lewis 2001: 22). En el momento del estudio de Langan, por lo menos, la elección individual de los jóvenes se inclinaba hacia el rechazo del quiché.

Parece que los mejores esfuerzos para mejorar la situación educativa de los pueblos mayas y el trabajo para retener y revita-

---

4. La política actual del programa promueve la educación bilingüe, en las lenguas mayas y el español, en todos los niveles de educación pública. Su misión es "la ejecución del programa de alfabetización y educación básica a jóvenes y adultos, en español y demás idiomas nacionales" (CONALFA).

5. El quiché tiene más de dos millones de hablantes (Ethnologue), más que el mam, el cakchiquel o el quekchí (la última es la otra lengua más extendida del país).

6. [El] cambio de lenguas y la otra cara de la moneda, la retención de lenguas, en realidad son los resultados a largo plazo de la elección [individual] de lenguas.

lizar sus lenguas derivan de los susodichos esfuerzos de la base comunitaria que han proliferado en las últimas décadas, como parte del Movimiento Maya. Según French, los estudiosos y activistas mayas que participan en esta lucha "embrace the nationalist language ideology—but appropriate it for counter-hegemonic purposes. They use the linking of language with peoplehood strategically, as the basis for Maya people to exist as a collectivity and to have cultural autonomy within the Guatemalan state"[7] ("acogen la ideología lingüística nacionalista—pero la apropian para propósitos contrarios a la hegemonía. Vinculan estratégicamente la lengua y la pertenencia a la comunidad como base para que los pueblos mayas existan como una colectividad y para que tengan autonomía cultural dentro del Estado guatemalteco"; 58). Estos activistas pueden desempeñar un papel importante en la revitalización de lenguas mayas apeligradas. Su defensa de los derechos mayas es fuerte, y llevan a los que apoyan su trabajo a percatarse mucho más de cuestiones metalingüísticas, un resultado enormemente positivo para la defensa de lenguas indígenas.

Paul Lewis reporta sobre un análisis sociolingüístico muy extenso que se llevó a cabo en una comunidad de habla quiché. Lewis colaboró con varios colegas durante la década de 1990 para recoger datos sociolingüísticos cualitativos y cuantitativos durante aproximadamente cuatro años en siete comunidades diferentes. Descubrieron que históricamente, había altos niveles de monolingüismo en quiché y una relativa falta de participación por parte de los mayas en los dominios hispanohablantes. Sin embargo, en el siglo XXI, esta situación ha experimentado un cambio debido a "social changes taking place accompanied by a shift in Mayan identity" ("cambios sociales que han ocurrido acompañados por una transformación de la identidad maya; Lewis 2001: 2). O sea, ha habido un fuerte movimiento hacia la asimilación en estas comunidades que ha reducido las funciones comunicativas del quiché y que ha promovido un cambio al español en todo dominio de habla (Lewis 2001: 239). Sin embargo, esta es solo una parte de la historia total.

En dos de las comunidades mencionadas en este análisis, Santa Cruz del Quiché y Totonicapán, un grupo pequeño de activistas mayas

---

7. [Los estudiosos y activistas mayas] acogen la ideología lingüística nacionalista—pero la apropian para propósitos contrarios a la hegemonía. Vinculan estratégicamente la lengua y la pertenencia a la comunidad como base para que los pue mayas existan como una colectividad y para que tengan autonomía cultural dentro del Estado guatemalteco.

se han comprometido a luchar para promover la retención del quiché y para aumentar sus funciones en estas comunidades, empleando lo que Lewis denomina "overt and militant boundary movements [that] fight ladino culture on ladino[8] terms" ("actos manifiestos militantes que establecen fronteras y se resisten a la cultura ladina empleando conceptos ladinos"; 2001: 230). Lewis enfatiza que si estos activistas no tienen el apoyo de las instituciones oficiales, es decir, la Iglesia Católica y el sistema educativo, su impacto se minimizará. Sin embargo, en estas dos comunidades, la infraestructura educativa prestaba un clima más favorable para el activismo, y también un sistema para comunicar sus mensajes. Aún más, la mayoría de los maestros bilingües, hablantes del quiché y del español, provenían de estas dos comunidades (Lewis 2001: 230), un factor prometedor. Por supuesto, hay que tener en cuenta la situación socioeconómica—en Santa Cruz y en Totonicapán, los mayas han experimentado cierto grado de éxito en el sistema ladino. Según Lewis, la autopercepción por parte de los mayas que ha resultado ha motivado a los mayas a emplear "maintenance reinforcing behaviors" ("comportamientos que fortalecen la retención [del quiché]"; 2001: 231). Los mayas santacruceños y totonicapanes están fomentando la retención del quiché a la vez que los pueblos van adoptando identidades modernas. Aunque esto en sí es favorable, el activismo tendría que llegar a las otras comunidades quichés también. Según Lewis, Santa Cruz y Totonicapán son comunidades de habla que van contra la corriente (2001: 245). Queda abierta la pregunta sobre cuál será la suerte del quiché en la región—su pérdida paulatina, con un cambio completo al español, o su retención.

En 1976, otra comunidad minoritaria cuyos miembros hablan el mam empezó a empoderarse, reconstruyendo sus espacios culturales y buscando cambios institucionales por medio de un proyecto de alfabetización radiofónico.[9] En las décadas antes de este año, el analfabetismo obstaculizaba mucho el progreso socioeconómico de la gran mayoría de las comunidades indígenas, una situación que los activistas de la Asociación Cultural Mam deseaban cambiar. Iniciaron el proyecto con el plan de transmitir información relevante solo en español—consejos agrícolas, pronósticos meteorológicos, etc.

---

8. En el contexto guatemalteco, los ladinos son los que pertenecen al grupo social con raíces europeas.

9. Según Arias (254), los indígenas guatemaltecos aprovecharon la guerra para empoderarse a sí mismos por medio del activismo pacifista, haciendo cambios institucionales; muchos de estos esfuerzos fracasaron, aunque no todos.

Pero pronto decidieron emitir programación en mam también.[10] El resultado fue, y sigue siendo, prometedor. Porque se desarrolló programación de mucha relevancia local, las emisiones llegaron a ser muy populares. Además, el plan de alfabetizar logró resultados—pudieron incluir discusiones e información para promover la alfabetización. Lograron una meta importante en la lucha por la revitalización del mam—aumentaron de manera impresionante el prestigio del idioma, vinculando la lengua maya con la tecnología moderna, así mejorando el estatus del mam y a la vez aumentando el conocimiento metalingüístico de los miembros de la comunidad. Por fin, fortalecieron los sentimientos de identidad cultural mam en la nación (Mar-Molinero, 154–155).

Cuando los hablantes de lenguas minoritarias marginadas en una sociedad se mudan a los centros urbanos, resulta aún más difícil la retención del idioma y la identidad indígena. Pero hay evidencias que la agencia cultural puede superar las tendencias favorables a la asimilación total en tales situaciones difíciles. En general, los mayas que se trasladan a centros urbanos rechazan sus lenguas al hacer la tentativa de romper con el pasado y beneficiarse del sistema capitalista moderno. French dirigió una investigación sociolingüística en 1997 y 1998 con 128 consultantes mayas hablantes del cakchiquel, de todas edades, que se habían mudado a los centros urbanos en el departamento de Chichicastenango. Un elemento constante en su discurso es que la mayoría de los hablantes conectaban el hablar lenguas mayas con lo indeseable, es decir, los estilos de vida de antaño. La implicación es que rechazaban su idioma nativa en sus tentativas de ser "modernos" (French, 60). Aun así, había otro concepto subyacente en el discurso de todos los participantes que según French, socavaba la igualación binaria que "usar el discurso del progreso equivale a rechazar el cakchiquel". Este segundo discurso, llamado el "discurso cultural" por French, asociaba el cakchiquel con la herencia familiar en el pasado, pero también con la identidad cultural en el presente (61). La investigadora atribuye tales conocimientos metalingüísticos subyacentes al trabajo de los activistas mayas y a los estudiosos.

En este discurso cultural subyacente, surgieron tres temas centrales—(1) el empleo familiar y ancestral del cakchiquel; (2) las

---

10. Actualmente, su programación continúa, y se transmite el 50% del tiempo en español y el 50% del tiempo en mam, incluyendo temas culturales, educativas, religiosas, informativas, y recreativas, en Huehuetenango, Quetzaltenango y San Marcos (BALAMFM.COM).

ancianas raíces históricas del idioma; y (3) la importancia de las lenguas mayas como parte íntegra de la revitalización cultural maya (French 62–63). El discurso relacionado con la familia enfatizaba el cariño que sentían los hablantes hacia los "viejitos" y la gente anciana que mantenían vivo el cakchiquel. El discurso histórico reflejaba un profundo respeto por los inicios de la lengua y de la cultura, que se puede apreciar en la cita siguiente, palabras de una mujer de treinta años: "Es algo que viene desde el principio con mi cultura. En segundo lugar que, es un privilegio de hablarlo" (63). Aproximadamente el 25% del discurso de los consultantes conectaba el hablar cakchiquel con los esfuerzos de revitalizar la cultura maya. Concluye French que "by locating language in the culture, [consultants] invest Mayan languages with the agency of cultural transmission for Maya peoples" ("por medio de la contextualización de los idiomas dentro de la cultura, [los consultantes] le confieren a las lenguas mayas la agencia de transmisión cultural para los pueblos mayas"; 65). Concuerdan con este sentimiento aun los hablantes que rechazaban al cakchiquel en sus actividades diarias.

En el momento actual, solo se puede especular sobre el éxito, o falta de éxito, que tendrán los que luchan por la retención y revitalización de las veintidós lenguas mayas por medio de varios tipos de agencia cultural. El cambio de lenguas y su muerte son procesos paulatinos que ocurren a través de las generaciones, normalmente, y por esta razón es difícil sacar conclusiones contundentes sobre el futuro por medio de este esbozo de algunos logros. Pero hay activistas que prometen seguir luchando por los derechos humanos y lingüísticos. Se espera que puedan convencer a cada vez más indígenas, especialmente a los jóvenes, y que todas las lenguas de Guatemala se retengan a largo plazo mientras que sus hablantes sigan mejorando sus condiciones socioeconómicas.

Obras citadas

"Academia de las Lenguas Mayas de Guatemala." *WINAK: Buletín Intercultural* 10.1–4 (1994): 37–47.
Arias, Arturo. "The Maya Movement, Postcolonialism and Cultural Agency." *Journal of Latin American Studies* 15.2 (2006): 251–262.
Bradley, David and Maya Bradley, eds. *Language Endangerment and Language Maintenance.* New York: Routledge Curzon, 2002.
CONALFA. Web. 4 junio 2009. http://www.conalfa.edu.gt/

"Constitución Política de la República de Guatemala, 1985 con reformas de 1993." AltoComisionado de las Naciones Unidas para los Refugiados (ACNUR). Web. 4 junio 2009. http://www.acnur.org/biblioteca/pdf/0134.pdf

Dorian, Nancy, ed. *Investigating Obsolescence: Studies in Language Contraction and Death*. New York: Cambridge University Press, 1989.

Ethnologue: Languages of the World. "Guatemala." Web. 4 junio 2009. http://www. ethnologue.com/country/GT/languages

Fase, Willem, Koen Jaspaert and Sjaak Kroon, eds. *Maintenance and Loss of Minority Languages*. Amsterdam/Philadelphia: John Benjamins, 1992.

Fishman, Joshua A. "Bilingualism With and Without Digossia; Diglossia With and Without Bilingualism." *Journal of Social Issues* 23.2 (1967): 29–38.

— — —. A., ed. *Can Threatened Languages be Saved? Reversing Language Shift, Revisited: A 21st Century Perspective*. Clevedon: Multilingual Matters Ltd., 2001.

French, Brigittine M. "The Maya Movement and Modernity: Local Kaqchikel Linguistic Ideologies and the Problem of Progress." *Texas Linguistics Forum* 45 (2002): 58–68.

"Guatemala: Memoria del silencio." American Association for the Advancement of Science Human Rights Data Center. Web. 4 junio 2009. http://shr.aaas.org/guatemala/cehreport/ spanish/toc.html

Langan, Katherine A. 1992. "El K'iche' y el español en Santo Tomás, Chichicastenango: Uso y actitudes según el nivel escolar." *WINAK: Boletín intercultural* 8. 1–4 (1992): 25–42. Impreso.

Lewis, M. Paul. *K'iche': A Study in the Sociology of Language*. Dallas, TX: SIL International, 2001.

— — —. "Towards a Categorization of Endangerment of the World's Languages." *SIL Electronic Working Papers*. Web. 16 mayo 2009. http://www.sil.org/silewp/ abstract.asp? ref=2006-002

Mar-Molinero, Clare. *The Politics of Language in the Spanish-Speaking World*. London/New York: Routledge, 2000.

Nettle, Daniel and Suzanne Romaine. *Vanishing Voices: The Extinction of the World's Languages*. New York: Oxford University Press, 2000.

UNESCO. "Atlas of the World's Languages In Danger". Web. 4 junio 2009. http://www.unesco.org/culture/languages-atlas/index.php?hl=en&page=atlasmap#

CAPITULO XII

LA INDUSTRIA DEL TURISMO, AGENCIA CULTURAL E IMÁGENES COMODIFICADAS DE SITIOS HISTÓRICOS

Silvia Nagy-Zekmi
Villanova Universty
Kevin J. Ryan
University of Memphis

Resumen

Se ha escogido Machu Picchu como modelo de análisis de un espacio histórico que sirve para un revisar los conceptos de espacio y espacialidad y la mercantilización, manifestada en el turismo. Para tal fin se contrastan las teorías de Homi Bhabha con las de Thirdspace de Edward Soja y la herramienta teórica del 'deadspace' para significar la ruptura de la continuidad de los "vectores culturales" (Stuart Hall) que se extienden en la representación de Machu Picchu desde su origen hasta la actualidad. Este trabajo analiza la contradicción inherente a la comodificación de un sitio de importancia histórica. Se sugiere que el espacio de hoy no es un lugar físico, sino un espacio estéril de dif/fusión cultural semejante a lo que Marie Louse Pratt denomina "zona de contacto". De este modo, el Machu Picchu no funciona como una fuente de agencia cultural indígena debido a la mercantilización de su historia reflejada en imágenes transmitidas por la industria del turismo. Concluímos en que la reinterpretación y reapropiación de los significados asociados con los sitios históricos previamente impregnados de simbolismo comercial-mente motivado apuntan hacia un proceso a través del cual 'la mente colonizada' recupera su agencia histórica y resisten activamente la dominación cultural en una realidad postcolonial.

Palabras claves: espacio, espacialidad, "secondspace", "thirdspace", "deadspace", vectores culturales, comodificación, turismo, mercantilización, "zonas de contacto", realidad post-colonial.

A partir de un marco en el que los conceptos básicos de espacio y espacialidad son cuestionadas, este artículo trata la mercantilización[1] de los espacios históricos, tales como monumentos o ruinas, tanto en el sentido literal del espacio físico en torno a sitios específicos, como en el sentido metafórico de los elementos sociales e históricos que éstos encierran, o mediatizan. El Machu Picchu, un sitio precolombino inca cerca de Cuzco, Perú es un ejemplo de un espacio histórico en el que la mercantilización, manifestada en el turismo –en este caso-, en vez de representar una singularidad histórica crea en su lugar una imagen genérica para apelar a todos los gustos, es decir, al consumo popular.

La popularización de estos espacios corresponde a una interpretación específica de la historia donde las identidades indígenas vienen a ser promulgadas y reconstituidas en una variedad de ámbitos culturales, individuales, nacionales e internacionales de carácter y alcance. El locus de estos ámbitos se encuentra dentro de la dicotomía colonizadora de europeidad y alteridad, cuya jerarquía sólo puede subvertirse a través de una reinterpretación radical del significado que se refleja en las imágenes manifestadas en la representación de un espacio histórico tal como el Machu Picchu. Como habían afirmado algunos críticos (Homi Bhabha, Alberto Moreiras y otros) los discursos basados en tal dicotomía no harán más que recrear la idea eurocéntrica de centro y periferia. Para romper el ciclo discursivo de oposiciones binarias, consideramos la idea del "tercer espacio de enunciación" postulada por Bhabha en comparación/contraste con Thirdspace (tercerespacio [sic]), de Edward Soja en el cual "todo se junta [. . .] subjetividad y objetividad, lo abstracto y lo concreto, lo real y lo imaginario" (57)[2]. Por otra parte, hacemos uso de la herramienta teórica del "deadspace" 'espacio muerto' para significar la ruptura en la continuidad de "vectores culturales" (Stuart

---

1. Mercantilización comúnmente se refiere a la transformación de productos (incluso los servicios), o las manifestaciones culturales en una mercancía. En la economía clásica se crea un producto para satisfacer una necesidad específica. Según Jernej Prodnik, los productos básicos son fundamentales para el capitalismo. Y añade: "Los procesos de transformación de prácticamente cualquier cosa en una forma privatizada de (ficticios) productos básicos que se intercambia en el proceso de circulación son de importancia fundamental para el surgimiento y reproducción del capitalismo" (Traducción de los autores 274). La recontextualización de los sitios históricos para el consumo turístico es sólo un ejemplo de esa mercancía "ficticia".

2. Todas las citas son traducidas por los autores.

Hall) que se extienden desde la representación de los constructores gloriosos del Machu Picchu hasta la de los actuales habitantes en los alrededores del lugar. Henri Lefebvre afirma que la organización del espacio es una dimensión sintomática de las sociedades en general que se refleja e influye en las relaciones sociales. En consecuencia, la justicia y la injusticia se hacen visibles en el espacio. Éste es también el argumento central del último libro de Edward Soja, *El pacto territorial*, en el que el autor analiza las manifestaciones de la justicia social en un espacio específico. Aunque Soja se centra más en la planificación y la creación de espacios, sus conceptos son aplicables a la interpretación de los sitios existentes.

Nuestros argumentos se construyen alrededor de la contradicción inherente a la comodificación de un sitio de importancia histórica. En el "negocio" del turismo la marca de la capital se hace esencial para alterar el significado de los diferentes signos culturales. Avanzar esta idea al territorio de la semiótica, enfocándonos en el signo saussuriano de significación, nos permite llegar a la conclusión que el turista podría ser el equivalente cultural a *La fuente* de Duchamp, o *Brillo Boxes* de Warhol en el mundo del arte, ya que el turista reorienta y reconfigura el significado de las fronteras culturales, así como Warhol y Duchamp reorientan nuestro entendimiento del significado del arte.

De la misma manera, consideramos la forma y posibilidades de (re)interpretación de los espacios históricos, ya sea como manifestaciones de la representación de las identidades anteriormente mencionadas—en cuyo caso los discursos se emiten a partir del tercer espacio de la enunciación encerrando y manifestando la agencia del "sujeto hablante" (Kristeva)[3], —o de lo contrario, se pueden ver como encajados en la jerarquía dominante para reafirmar y reconstituir el *status quo*,—en cuyo caso se los pueden considerar como representaciones de zonas de espacio muerto donde no las dimensiones físicas, sino las culturales de un sitio son negados o reinterpretados radicalmente. El Machu Picchu es un ejemplo de ese espacio histórico, pero este modo de consulta de ninguna manera es limitado a este sitio histórico.

El Machu Picchu es una montaña de doble pico en el Perú, que consiste en el Machu Picchu (montaña vieja) y Huayna Picchu (montaña joven), conocido, sobre todo, por sus famosas ruinas indígenas cuyos orígenes se remontan al Imperio Inca, llamado el

---

3. Para Kristeva el sujeto hablante es una "unificación dividida" de los niveles conscientes e inconscientes de las disposiciones semióticas y simbólicas.

Tawantinsuyu que evolucionó del Reino de Cuzco en el siglo XII y fue devastado en el siglo XVI por los colonizadores españoles, cuyos descendientes criollos aún gobiernan la región.

La fortaleza fue construida por el Inca Pachacuti Yupanqui (1438–1472) en 1450 como un refugio de invierno y después de su muerte se convirtió en su mausoleo. Sin embargo, las crónicas de la conquista del Perú no mencionan el sitio en absoluto, ni siquiera el más famoso cronista de origen mestizo, Garcilaso de la Vega, El Inca (1539–1616)[4] que nació en la ciudad de Cuzco cerca del Machu Picchu (112 kms). Supuestamente, Machu Picchu se ha descubierto como un sitio arqueológico por el estadounidense Hiram Bingham en 1911 guiado a las ruinas por los pastores locales.

Sin embargo, los intelectuales peruanos afirman lo contrario. El historiador Mariana Mould de Pease escribe en 2011 que ese sitio nunca se ha "perdido" para los peruanos, refiriéndose a la población nativa. El presidente peruano de la época, Augusto Leguía, que gobernaba desde la ciudad costeña de Lima[5] teniendo la auto-imagen de ser el líder de un país poblado por gente de ascendencia europea (española) permitió que el "descubrimiento" de Bingham fuera transmitido al mundo directamente desde la Universidad Yale y, posteriormente, su versión comunicada en su libro, la ciudad perdida de los Incas: La historia de Machu Picchu y sus constructores, Bingham se declara el descubridor de Machu Picchu. Según Mould de Pease, el gobierno peruano no perdió la oportunidad de "demostrar con evidencia histórica de que Machu Picchu nunca en realidad había estado perdido para los peruanos" (Perú esta semana). Recordemos que Bingham fue conducido al sitio por peruanos nativos, a saber, un niño llamado Pablo.[6] Por lo tanto, está claro que el sitio ha sido manipulado culturalmente en el pasado también.

---

4. Garcilaso de la Vega, El Inca (1539–1616), hijo de un capitán de la conquista española del Perú, Sebastián Garcilaso de la Vega y de Palla Chimpu Occlu, una noble de origen Inca (cf. Prólogo de *Comentarios Reales*). Su crónica, *Los Comentarios Reales de los Incas*, es una vasta enciclopedia de la geografía, la economía, la historia y la cultura del Imperio Inca.

5. En Perú, la división geográfica entre la costa y la sierra corresponde a una división racial, social, y cultural del país: Históricamente, la división geográfica del Perú ha resultado en la división de la población entre los nativos en condiciones semi-feudales en la sierra y las zonas urbanizadas, capitalistas más modernas donde habitan criollos y mestizos. (Tulchin - Fonseca 14).

6. Según Mould de Pease, Bingham tomó una foto del niño y de Sargent Carrasco que han estado con él en el momento de su "descubrimiento", pero nunca publicó esta fotografía.

Con estas consideraciones en mente, sugerimos que el espacio de hoy no es un lugar físico, sino un espacio estéril de dif/fusión cultural semejante a lo que Mary Louise Pratt denomina la "zona de contacto," un espacio en el que vienen de una variedad de identidades en contacto, sobre todo entre los grupos enclavados en diferentes niveles de las relaciones desiguales de poder. Estos contactos pueden ocurrir simultáneamente, tales como la interacción entre los turistas de otras partes del país y en el extranjero, guías, vendedores, habitantes locales, y otras personas y entidades que trabajan en el sitio y sus alrededores. En términos (históricos) diacrónicos podemos pensar en la zona de contacto como un palimpsesto con la superposición de diferentes estratos culturales donde las identidades pueden ser promulgadas y reconstituidas en una variedad de significados simbólicos y concretos con dimensiones individuales, nacionales e internacionales, manifestados en momentos como el reciente debate entre el gobierno de Perú y la Universidad de Yale sobre la devolución de los artefactos locales desde los EE.UU. a Machu Picchu.

A su vez, el Machu Picchu, un sitio precolombino, ejemplifica ese espacio histórico en el que los esfuerzos de mercantilización han creado una narrativa para el consumo popular. Por ejemplo, John Roach citó a Carolyn Bointon, el ex gerente de la Casa Club de Cusco que pertenece a South American Explorers indicando que "sin duda [el sitio] ha de tener interés para todos: a los interesados en la historia, o en la magia, o simplemente en la belleza natural." En el siglo XXI, sobre todo, se puede entender el turismo como una industria que vende las experiencias (completas) de sitios históricos y geográficos específicos (es decir, las mercantiliza). El turismo, desde luego, ha demostrado que es un importante catalizador económico en el mundo entero. De acuerdo con el Informe Anual de la Organización Mundial del Turismo de las Naciones Unidas 2013), había casi dos billones de turistas en el mundo entero y la industria experimenta un crecimiento del 5% anualmente.[7]

Al mismo tiempo, aunque contiene un componente importante de negocios, el turismo no puede ser definido estrictamente en términos puramente económicos. Según Dean MacCannell, el turismo "no es un mero agregado de las actividades netamente comercia-

---

7. El Centro de Estudios de Campo de Barcelona ha realizado un estudio pertinente sobre los efectos beneficiosos y perjudiciales del turismo específicamente en el sitio de Machu Picchu. http//www.geographyfieldwork. com/ MachuTourismImpact.htm

les; es también un entramado ideológico de la historia, la naturaleza y la tradición; un encuadre que tiene el poder de cambiar la cultura y la naturaleza de sus propias necesidades" (1). Sin embargo, aunque haya miles de turistas potenciales, el crecimiento ha impulsado un aumento de la competencia. Si bien hay muchos espacios diferentes para la promoción del turismo, la práctica en sí misma conlleva ciertas implicaciones normativas. Desde la simple expectativa de tener ciertas comodidades, hasta el intento de cultivar una imagen duradera, el turismo no simplemente atrae visitantes, sino que vende un producto.

El Machu Picchu es un lugar existente, como se dijo antes, una "zona de contacto," donde las identidades pueden revelarse y reconstituirse en una variedad de significados simbólicos y concretos con dimensiones individuales, nacionales, globales. Es por eso que las representaciones del Machu Picchu pueden ser concebidas como las manifestaciones de la enunciación desde un tercer espacio (en oposición a un espacio muerto), como de una zona de contacto donde la agencia cultural puede manifestarse de manera activa (Sommer 1).

Sin embargo, el Machu Picchu no funciona en la actualidad como una fuente de agencia cultural indígena debido a la mercantilización de su historia reflejada en las imágenes transmitidas por la industria del turismo que superpone una visión de las ruinas arraigadas en el simulacro de un contexto histórico. Sommer comenta, "El concepto [de la agencia cultural] resuena con una variedad de prácticas públicas que vinculan la creatividad con las contribuciones sociales" (3). Por lo tanto, la agencia cultural en este caso debería entenderse tanto como la realización de prácticas culturales en el sitio mismo, junto con el acceso a la libre autodetermi-nación de los significados culturales vinculados a las referencias y referentes de otros lugares de interés histórico en los Andes. Los sitios de patrimonio nacional podrían articular agencias culturales más auténticas, tanto con respecto a la gestión de los propios sitios físicos, así como en el dominio de los espacios discursivos metafóricos que representan los sitios. Sin embargo, a través de la comodificación (o incluso disneyficación) los sitios de patrimonio nacional son casi siempre ligados a la industria del turismo, y por medio de discursos hegemónicos reflexivos del proceso de mercantilización, se transforman en un mero punto de interés turístico y las posibilidades de la manifestación de las agencias culturales son obliteradas o prohibidas. Una manera de resistir esta dirección vertical discursiva es a través de un "tercer espacio de la enunciación" que lleva dentro la resistencia y la horizontalidad al mismo tiempo. El encuentro dinámico de lo vertical con lo horizontal da por resultado una reinterpretación radical de la representación discursiva del espacio en cuestión.

La idea del tercer espacio se entiende de diversas maneras por diferentes teóricos.[8] Aunque Homi Bhabha fue el primero en definir el término como "un desafío a los límites del yo en el acto de extenderse hasta lo liminal en la experiencia histórica y en la representación cultural de otros pueblos, los tiempos, las lenguas, los textos "(xiii). Señala además que el tercer espacio es un "locus de actos de la traducción" (ix) que, junto con la idea de una interpretación liminal e histórica de la cultura, arroja luz sobre las limitaciones de cualquier perspectiva cultural particular. En la auto-reflexividad de los discursos emitidos a partir de este tercer espacio, las relaciones de poder quedan abiertas para la suspensión y el reajuste. Según Edward Soja, "Thirdspace [sic] es un término deliberadamente provisional y flexible que trata de captar lo movedizo que en la realidad está cambiando constantemente" (2). A nuestro entender, el tercer espacio es un intermedio discursivo entre dos opuestos binarios que desvía el propio discurso desde su antagonismo vertical y lo reubica mediante la introducción de nuevos elementos que no abarcan ninguno de los componentes antagónicos.

La terminología de la Soja (*thirdspace*) curiosamente incluye una opción "ambos / también" entre aparentes opuestos en vez de forzar una selección alternativa (éste / o éste). Estas opciones se distancian tanto de *firstspace*, donde "las perspectivas se centran en el mundo real y material", o de *secondspace,* donde el espacio se entiende en sus "representaciones imaginarias de la espacialidad" (Soja 6). Sin embargo, Soja no contempla la posibilidad de un cuarto término esencial, la elección forzada "o / o," que se aplicaría, sobre todo, para exponer espacios de represión aplicable, por ejemplo, a la dicotomía colonizador / colonizado.[9] Éste cuarto término, insinuado más arriba, debería ser definido como un espacio muerto. El espacio muerto no se limita a la estricta dicotomía de lo real (el primer espacio) y

---

8. La búsqueda de una idea que se expresa en un espacio "in-between" (entremedio) de enunciación que sería capaz de aliviar el estancamiento de las oposiciones binarias resurge en el concepto de *heterogeneidad* de Antonio Cornejo Polar plasmado en la resistencia a las fuerzas homogeneizadoras del colonialismo, y las ideologías no menos eurocéntricas del estado-nación.

9. El Imperio Inca fue devastado en el siglo XVI por los colonizadores españoles. En Perú, la división geográfica de la costa y la sierra corresponde a una división racial, social y cultural del país (cf. Miller 146–47).

el imaginario (el segundo espacio), sino que es, en sí mismo, un espacio de represión que viene de tanto lo real y lo imaginario. La distinción entre *thirdspace* y espacio muerto no es necesariamente de exclusividad mutua.

Para aclarar más cómo los discursos de opresión funcionan dentro de los espacios muertos, hay que entender el espacio muerto en el contexto de las construcciones culturales más amplias con respecto a las diferencias raciales y culturales. Cuando se lo contextualiza por los discursos del poder, la cuestión de la elección forzada "o/o" es sólo una de las múltiples posibilidades en la configuración del espacio muerto. La idealización paradójica o desprecio de una minoría reprimida, tal como en el ejemplo de la glorificación de los antiguos incas, con una actitud paralela de discriminación hacia los quechuas, sus descendientes vivos, presenta la elección forzada "o/o" entre la idealización del pasado inca y la presente represión. La modalidad discursiva de la represión, en términos de las estructuras de poder, es característica de espacio muerto. Stuart Hall se refiere a la "ruptura"[10] en la identidad cultural de la elección alternativa o/o en los "vectores" culturales de la continuidad (la supervivencia del pueblo Inca/quechua y sus prácticas culturales) y en los vectores de discontinuidad/ruptura (la representación del pasado Inca y el presente Quechua como dos entidades culturales diferentes).

Como resultado de las consideraciones anteriores, el tercer espacio se define como un espacio, físico o simbólico, en el que las jerarquías dominantes están suspendidas por medio de una apertura crítica hacia la hibridez y mestizaje. El espacio muerto, por otro lado, se refiere a un espacio en el que los modos dominantes de opresión continúan, independientemente de la aceptación o rechazo de los elementos de la dicotomía (yo/otro).

La identidad indígena en el Perú encarnada en el Machu Picchu, por lo tanto, se constituye por zonas vacilantes entre espacio muerto y tercer espacio. Aplicando la noción de identidad cultural de Hall establecida "no fuera, sino dentro de la representación" hay que tomar en cuenta que los potenciales signos, significantes, referencias y referentes del Machu Picchu navegan por una maraña de diferentes substratos culturales, a menudo híbridos con el potencial

---

10. En su artículo "Cultural Identity and Diaspora" Hall enfocó su investigación en las identidades caribeñas "marcadas por dos ejes o vectores que, funcionan simultáneamente: el vector de similitud y continuidad, y el vector de diferencia y de la ruptura" (26).

para varios modos divergentes de representaciones. Las ruinas, por lo tanto, se convierten en espacios tanto de la ruptura como de la sedimentación.

Más allá de la interpretación del Machu Picchu como un monumento cultural regional y nacional, hay que añadir a la mixtura un elemento muy importante, el del turismo. Los turistas, por supuesto, no tienen una identidad homogénea, pero el fenómeno en su conjunto se caracteriza por la comodificación, una especie de catalizador a través del cual los conceptos descritos anteriormente (tercer espacio, espacio muerto) también se explican.

El imaginario asociado con el turismo se deriva de la "fusión" de lo real (*firstspace* de Soja) y el imaginario (*secondspace*) y se convierte en algo distinto que encierra un significante nebuloso para atraer a mayor número de gustos diferentes posibles. El relato histórico es reducido a 10-30 minutos de charla de los guías turísticos que se configura para atraer en la medida de lo posible, a la mayoría de la gente. El nuevo significado a menudo carece de importancia histórica y social que, en esta forma comercializada, se une al sitio y lo convierte en un espacio muerto. En el negocio del turismo los puntos de vista de los nativos a menudo se colocan en contraste con el punto de vista eurocéntrico para atraer a los turistas que podrían albergar y compartir esas opiniones. La estructuras de poder manifiestas en la orientación discursiva también apuntan hacia este espacio muerto, ya que el sitio, categorizado así, se encuentra dentro de los parámetros de la llamada industria cultural definida por Adorno y Horkheimer como "la designación general [que] ya contiene, prácticamente, el proceso de identificación, catalogación, y la clasificación que desplaza y ubica la cultura en el ámbito de la administración "(104). Hoy en día no se puede separar la administración de los sitios culturales de las fuerzas materiales y económicas que controlan la producción de la cultura impulsada por las estructuras de poder regidos a su vez, por el capital.

Otro espacio a considerar, en el caso del Machu Picchu, es el que se encuentra alrededor suyo, pero fuera de los "límites"[11] del sitio en sí. En este espacio de tiendas de regalos, comida demasiado cara, y armadas de guías turísticos el discurso dominante articula

---

11. Los "límites," por definición, corresponden a una concepción binaria del espacio. Por lo tanto, se introduce el concepto de tercer especio y / o del espacio muerto, precisamente para extraer la conceptualización del sitio desde el ámbito de la dicotomía.

implícitamente que el Machu Picchu es una verdadera ruina, una reliquia del pasado que ha llegado a representar poco más que un recuerdo. "Aquí se encuentran," se les dice a los turistas, "los restos de la gran civilización Inca, que se ha caído y ya no existe." La presentación del Machu Picchu como un museo es una representación fidedigna del hecho que—con la caída del último Inca de Vilcabamba, Túpac Amaru I, ejecutado por el virrey Toledo en 1572—la civilización Inca, como tal, ya no existe. Sin embargo, las afirmaciones totalizadoras sobre los Incas no tienen en cuenta sus descendientes, que desde entonces y hasta ahora habitan en ese espacio.

Como se ha mencionado antes, la identidad indígena se encuentra entre dos vectores culturales; uno de continuidad y similitud y el otro de ruptura y la diferencia (Hall 226–227), sin embargo, no se puede calcular la interacción entre estos vectores por cualquier medio simple. Por ejemplo, el Machu Picchu representa una zona de continuidad o de diferencia? El elemento del tiempo (además del espacio) puede ser el enlace incluido en el imaginario del lugar que desafie la ruptura entre el pasado glorioso y el presente despreciado de los actantes de la historia Inca/quechua al que se había referido anteriormente. ¿Qué pasa con estos vectores culturales cuando el procedimiento administrativo de la elaboración de una imagen para el turista forma parte de la ecuación? ¿Constituye la disneyficación de espacios culturales *reales* la creación de un espacio no representado, ni siquiera imaginado, sino la *sustitución* de ese espacio, un simulacro, un ejemplo de la hiperrealidad de Baudrillard[12] Los turistas mismos son el enfoque y se convierten en protagonista de su "aventura" y el Machu Picchu es degradado para ser nada más que un fondo de pantalla. Jaume Martí-Olivella destacó el "doble vínculo" del turismo en el que incluso un turista consciente y autorreflexivo puede quedarse atrapado en el dilema de ser un sujeto turista o el sujeto del turismo (véase 27, 30 en particular). A partir de la presencia de la mirada[13] del turista, la distinción entre espacio muerto y

---

12. El concepto de hiperrealidad de Baudrillard, término que él acuñó, está ligado a la seducción y el reemplazo: una convergencia hacia una versión "simulada" de la realidad hasta el punto de manifestar una incapacidad o falta de voluntad para distinguir lo real de su simulacro. "Simulacra and Simulations" (passim). Por supuesto, lo "real" ya es un término problemático y discutible porque presupone la posibilidad de una visión objetiva de sí mismo.

13. Se utiliza el término "mirada" definida por Roland Barthes en *La cámara lúcida*, donde el autor propone una nueva "historia del mirar," centrado en la fotografía que "repite mecánicamente lo que nunca podría repetirse existencialmente" su

tercer espacio entra en una nueva interrelación en el cual la lógica de la disyuntiva o/o se destruye. O sometimiento o diálogo (vertical u horizontal): la fusión de estos conceptos ligados a *secondspace* de Soja destruye la validez de *thirdspace* como una herramienta teórica. ¿Cómo podemos teorizar sobre la diferencia entre las siguientes actitudes reveladas por los turistas: el que se enamora de [la noción romántica] del Machu Picchu, o el otro, disgustado por el ambiente excesivamente comercializado del sitio y decepcionado por su aparente falta de autenticidad, o la otra, que considera al Perú, incluyendo al Machu Picchu, como un espacio primitivo e inferior (en comparación con Europa o los EE.UU.) y se niega a compenetrarse, ya sea con el glorioso pasado o con el presente poscolonial. A partir de las diferencias entre estas actitudes surge la comprensión de la cultura como producción. En cierto modo, el Machu Picchu extraído de su contexto original (una residencia de verano para el Inca[14]) y contextualizado por la narrativa histórica de los Incas, una potencia colonizadora, (posteriormente colonizada por España) que para hoy se transformó en un sitio turístico, la noción de autenticidad desfigurado por el turismo ha restringido a Machu Picchu en una zona de espacio muerto. En primer lugar, la imagen de Machu Picchu es (re)construida por los discursos del turismo que se desarrollan destacando la alteridad exótica (tanto la alteridad histórica como la actual, porque lo exótico se vende bien) y sin una reflexión posterior sobre la naturaleza del *turista* mismo, como una fuente posible de la alteridad. En segundo lugar, el Machu Picchu así definido: como una ruina, como un espacio marcado por defunción, no puede representar a los vivos. Así concebido, el Machu Picchu no sería más que - en palabras de Stuart Hall - "un lugar, un relato de los desplazamientos, que articula tan profundamente cierta plenitud imaginaria, recreando el deseo infinito de volver a los orígenes perdidos" (234).

    Una manera de entender la ruptura potencial desde el espacio muerto es concebir el Machu Picchu, por medio de la imagen de un espejo, en vez de la de una fotografía. El sitio se recontextualiza tanto en su estructura física como en su significación histórica, hasta el punto que se entiende como el reflejo de la identidad andina no sólo del pasado, sino del presente que nos rodea trazando la conti-

---

esencia "nunca se traspasa a favor de otra cosa" (4). La fotografía en sí misma no se distingue de su referente. Al mirar una fotografía, lo que vemos es su representación, no es la foto misma, la cual, por lo tanto, se vuelve invisible.

14. Es importante distinguir entre los Incas (el pueblo y la condición histórica del mismo) y el Inca, la persona del monarca.

nuidad entre lo antigua y lo moderno para disolver la disyuntiva "o/o." De esta manera el Machu Picchu se convierte en un lugar para la representación de la identidad indígena constituida "no en el exterior, sino en la representación misma" (Hall 236). A través de los discursos no eurocéntricos que surgen "del interior" por medio de los cuales se pueden entender y representar identidades alternativas y auténticamente andinas.

La reinterpretación y reapropiación de los significados asociados con los sitios históricos previamente impregnados de simbolismo comercialmente motivado apunta hacia el proceso a través del cual la "mente descolonizada"[15] recupera la agencia histórica y resiste activamente a la dominación cultural en una realidad post-colonial. Sin embargo, la reapropiación del significado no busca recuperar un sentido de "autenticidad" a partir de fuentes externas, sino la capacidad de articular la identidad cultural desde una pluralidad interna de los significados que tienen el potencial de abrir o suprimir nuevos modos de interpretación

Obras citadas

Adorno, Theodor W. and Max Horkheimer. "The Culture Industry: Enlightenment as Mass Deception."*Dialectic of Enlightenment: Philosophical Fragments*. Ed. Gunzelin Schmid Noerr. Trans. Edmund Jephcott. Stanford: Stanford UP., 2002.

Bartes, Roland. *Camera Lucida. Reflections on Photography*. Trans. Richard Howard. New York: Hill and Wang, 1982.

Baudrillard, Jean. "Simulacra and Simulations." *Modern Literary Theory and Criticism: A Reader*. Ed. David Lodge and Nigel Wood. New York: Longman, 1988.

Bhabha, Homi K. "In the Cave of Making: Thoughts on Third Space." ix-xiv. *Communicating in the Third Space*. Ed. Karin Ikas and Gerhard Wagner. New York: Routledge, 2009

---

15. Esta es una referencia al libro de Ngugi wa Thiong'o, *Decolonising the Mind: The Politics of Language in African Literature*, en el que el autor sostiene que la producción cultural (en su caso, la literatura) no puede considerarse "significativa" "fuera del contexto de aquellas fuerzas sociales que han hecho de ella tanto una pregunta exigiendo nuestra atención y un problema pidiendo una resolución" (4).

Cornejo-Polar, Antonio and Susan Casal-Sanchez "Indigenist and Heterogeneous Literatures: Their Dual Sociocultural Status." *JSTOR. Latin American Perspectives.* 16. 2 (1989): 12–28. http://www.jstor.org/stable/2633579 29/4/2011

Danto, Arthur C. *Beyond the Brillo Box: The Visual Arts in Post-Historical Perspective.* Berkeley: U. of California, 1992.

Hall, Stuart. "Cultural Identity and Diaspora." Williams, Patrick & Laura Chrisman eds. *Colonial Discourse & Postcolonial Theory: A Reader.* New York: Harvester Whaeatsheaf, 1993.

Kristeva, Julia. "The Revolution in Poetic Language." *The Kristeva Reader.* Ed. Toril Moi. Oxford, U.K.: Blackwell, 1986: 89–137.

Lefebvre, Henri. *Espace et Politique.* Paris: Anthropos. 1972.

Lekanne Deprez, Frank, and René Tissen. *Zero Space. Moving Beyond Organizational Limits.* http://www.zerospace.info/ home.html

Lossau, Julia "Pitfalls of (Third) Space: Rethinking the Ambivalent Logic of Spatial Semantics." *Communicating in the Third Space.* 62–78 Ed. Karin Ikas and Gerhard Wagner. New York: Routledge, 2009

MacCannell, Dean. *The Tourist: A New Theory of the Leisure Class.* New York: Schocken Books, 1976.

Marti-Olivella, Jaume. "The Hispanic Post-Colonial Tourist." *Arizona Journal of Hispanic Cultural Studies* Vol. 1 (1997): 23–42.

Millington, Mark I. "On Metropolitan Readings of Latin American Cultures: Ethical Questions of Postcolonial Critical Practice." Fiddian, Robin, ed. *Postcolonial Perspectives on the Cultures of Latin America and Lusophone Africa.* University of Chicago Press, 2011.

Moreiras, Alberto. *Tercer espacio: Duelo y literatura en América Latina.* Santiago de Chile: Arcis Lom, 1999.

Mould de Pease, Mariana. "Machu Picchu—A failed historic management." *Peru This Week.* July 26, 2011. http:// www.peruthisweek.com/blogs-machu-picchu-failed-historic-management-50021

Ngugi Wa Thiong'o. *Decolonising the Mind: The Politics of Language in African Literature.* London: Heineman, 1986.

Peralta, Richard. Unpublished Interview with Author, 8/11/2010

Prodnik, Jernej Amon. "A Note on the Ongoing Processes of Commodification: From the Audience Commodity to the Social Factory." *triple-C: Cognition, Communication, Co-operation.* 10. 2 (2012): 274–301.

Rutherford. Jonathan."The Third Space: Interview with Homi K. Bhabha." *Identity: Community, Culture, Difference.* Ed. Jonathan Rutherford. London: Lawrence & Wishart, 1990. 207–21.

Soja, Edward W. *Thirdspace: Journeys to Los Angeles and Other Real-And-Imagined Places.* Cambridge: Blackwell, 1996.
— — —. *Postmodern Geographies: The Reassertion of Space in Critical Social Theory.* New York: Verso, 1989.
— — —. *Seeking Spatial Justice.* Minneapolis, U of Minnesota P, 2010.
Sommer, Doris. *Cultural Agency in the Americas.* Durham, NC: Duke University Press, 2006.
Tulchin, Joseph S. and Brian Fonseca. *Peruvian Strategic Culture.* Miami: Florida International University, 2010.

CAPÍTULO XIII

AGENCIA FEMINISTA Y CAMBIOS CULTURALES EN AMÉRICA LATINA EN TORNO A LAS DEMANDAS POR LA CIUDADANÍA SEXUAL

Graciela Di Marco
Universidad de San Martín

Resumen:
Nos proponemos analizar la agencia feminista en América Latina con énfasis en Argentina, que va construyendo, según los diferentes contextos, un área de confrontación cultural que indica cada vez más la politización de los ámbitos considerados como privados, mediante la crítica de diversas modalidades neocoloniales y la desnaturalización de varias formas de subordinación, muchas de ellas, como las referidas al sexo, al género, al sexo y las sexualidades, sostenidas por las jerarquías religiosas, en especial, la de la Iglesia Católica, como baluartes del patriarcado. Consideramos nociones tales como las de ciudadanía sexual, hegemonías y pueblo feminista, para intentar comprender las demandas y las articulaciones contra hegemónicas que operan en este complejo campo de lucha. El *pueblo feminista* es una identidad política que en Argentina exige un laicismo más profundo y una democracia radical que antagoniza con el catolicismo integral. Concluimos aseverando que los movimientos en lucha por la ciudadanía sexual están ampliando las potencialidades contraculturales y democráticas en Argentina, en un proceso, que, con matices, se desarrolla en otros países de Latinoamérica.

Palabras claves: ciudadanía sexual, hegemonías, pueblo feminista.

Introducción

Los países de América Latina están atravesando una época de profundos cambios, no solo económicos, sino culturales. El creciente debate acerca de los derechos humanos de sectores subordinados en virtud de su sexo, género, sexualidad, raza, está indicando una lucha por una mayor democratización social, política y cultural. En estas luchas de los movimientos sociales la agencia feminista va estableciendo, según los diferentes contextos, un área de confrontación cultural que indica cada vez mas la politización de los ámbitos considerados como privados, mediante la critica de diversas modalidades neocoloniales y la desnaturalización de varias formas de subordinación, muchas de ellas, como las referidas al sexo, al genero, al sexo y las sexualidades, sostenidas por las jerarquías religiosas, en especial, la de la Iglesia Católica, como baluartes del patriarcado. En la Argentina –como en casi todos los países latinoamericanos– las orientaciones del Vaticano son además, modeladoras de políticas públicas. Esto se expresa fundamentalmente en el campo de los derechos sexuales, en especial el aborto, el matrimonio igualitario, y la lucha por el reconocimiento de las identidades de género y orientaciones sexuales.

Nos proponemos analizar esta agencia en torno a la ciudadanía sexual desde el enfoque de los movimientos sociales que están luchando por los derechos sexuales, en especial, el derecho al aborto en Argentina. Una mirada compleja acerca de los movimientos trata de dar cuenta tanto de la construcción de identidades individuales y colectivas, como de la interacción entre sí y con las instituciones—entre ellas, con el estado—y de las diversidad de estrategias que generan, como aspectos de un proceso que consideramos deben ser abordados simultáneamente (Cohen, 1985). La influencia social y cultural de las acciones colectivas no depende de una cuestión numérica, es por esto que compartimos las observaciones de Melucci (1999) cuando se refiere a la necesidad de superar el opacamiento de estas prácticas de construcción de significados y de identidades producido por los estudios de los grandes sucesos y eventos que generan los movimientos:

> (. . .) la 'miopía de lo visible' que sólo alcanza a ver las características mensurables de la acción colectiva -a saber, sus relaciones con los sistemas políticos y sus efectos sobre las políticas públicas-, a la vez que pasa por alto la producción

de códigos culturales y prácticas innovadoras, aún cuando ésta es la principal actividad de las redes de movimientos, ocultas entre la trama de la vida cotidiana, además de ser la base para su acción visible. (Melucci, 1999:14)

A través del discurso de los movimientos sociales es posible analizar múltiples negociaciones de sentidos surgidos de sus interacciones y la articulación de procesos de construcción política y social que resignifican las categorías conceptuales y las prácticas tradicionales. Laclau considera que hay que concebir esos movimientos como actores contra-hegemónicos, que resultan de la articulación ideológico-cultural de distintos grupos en torno a discursos emancipatorios, que suministran las condiciones de formación de demandas e identidades colectivas nuevas. Laclau y Mouffe abogan por "la necesidad de establecer una cadena de equivalencias entre las diferentes luchas democráticas, para crear una articulación equivalente entre las demandas de las mujeres, los negros, los trabajadores, los homosexuales y otros". (Laclau y Mouffe, 1985, Mouffe, 1999:111).

Los discursos y prácticas de los colectivos sociales en la esfera pública *hacen visible y legible al poder*, lo desmitifican y permiten revisar y deconstruir las autoridades tradicionales, en los diversos campos: político, social, cultural, económicos. Los movimientos operan asimismo como signos en el sentido de que traducen su acción en desafíos simbólicos que desequilibran los códigos culturales dominantes y revelan su irracionalidad y su parcialidad, actuando en los niveles (de información y comunicación) en los cuales también operan las nuevas formas de poder tecnocrático. (Melucci, op cit.: 166).

Sin embargo, la participación en la esfera pública no supone que las desigualdades sociales estén resueltas de antemano, por el contrario, resulta frecuente constatar que el espacio discursivo no permite la igualdad de acceso al debate, ya que muchos colectivos quedan fuera del mismo, atravesados como lo están por su lugar de subordinación. De allí que Fraser (1997) señala que debería concebirse la esfera pública no como un espacio único, sino como una red múltiple de nuevos públicos, constituidos por grupos subordinados (desocupados/as, trabajadores/as, mujeres, trabajadores, personas de diferentes orientaciones sexuales, etnias), capaces de establecer un intercambio cultural e ideológico en la diversidad. Se trata de espacios discursivos paralelos donde los miembros de los grupos sociales subordinados inventen y hagan circular contra-discursos, lo que a su vez les permitirá formular interpretaciones contradictorias de sus identidades, intereses y necesidades. La proliferación de contra públicos subalternos implica la ampliación de la confrontación discursiva. (Fraser, 1997:116)

Los procesos que nos hemos propuesto estudiar en relación a la ciudadanía sexual tienen un sustrato común en todas las regiones, dado por la instalación desde fines de los setenta del debate acerca de los derechos de las mujeres. Por un lado, debido a las diversas conferencias de Naciones Unidas, como las Conferencias Mundiales sobre la Mujer (1975, 1980, 1985 y 1995), conferencias regionales, etc.; y por el otro a causa de las directivas de las organizaciones de crédito, que en los noventa comenzaron a plantear requisitos acerca de la equidad de género en las políticas de combate a la pobreza y condujeron a casi todos los gobiernos a la adopción paulatina de distintas posturas favorables a incorporar algunos derechos de las mujeres (Molyneux, 2003)[1]. El activismo feminista en el contexto internacional ha tenido varios logros, como los acuerdos globales que reconocen la violencia contra las mujeres como una violación de los derechos humanos, el reconocimiento internacional de los derechos sexuales y reproductivos, y la perspectiva de derechos humanos en el centro de la crítica a las políticas neoliberales (Francisco y Antrobus, 2011)[2]. En términos de la lucha de las mujeres, las conferencia de las Naciones Unidas de las décadas de 1980 y de 1990 expandieron el activismo feminista al ampliar los límites del Estado-Nación e intentar postular la igualdad entre los géneros en el plano internacional. Sin embargo, estos logros no son unívocos sino que reflejan las tensiones y contradicciones que los Estados sostienen acerca de diversas agendas políticas. Por consiguiente es necesario señalar que en Latinoamérica el otro sustrato común que opera en sentido inverso a la demandas por los derechos es la religión católica, como los es el islamismo para muchos países en África y Asia.

En el desarrollo del artículo nos proponemos analizar esta agencia en torno a la ciudadanía sexual desde el enfoque de los mo-

---

1. En este proceso, Francisco y Antrobus (2011) afirman que para muchas feministas estas conferencias internacionales proveían un sitio donde luchar por los derechos de las mujeres, más aún en contextos nacionales donde el poder político se encuentra en manos de gobiernos extremadamente patriarcales.

2. Ahora bien, los diversos feminismos y las feministas de cada región tomaron diversas actitudes con respecto a las políticas impulsadas por los organismos internacionales. Algunas de aquellas cooperaron con las medidas de ajuste estructural, o bien otras eligieron caminos de confrontación y de resistencia por afuera y por dentro del Estado, haciendo uso de las grietas y oportunidades a través de las cuales los portadores de discursos progresistas podían intervenir en el desarrollo.

vimientos sociales que están luchando por los derechos sexuales, en especial, el derecho al aborto. Por consiguiente, es necesario analizar primero que se entiende por la misma para luego abordar la lucha por el derecho al aborto como parte de la agencia feminista.

Ciudadanía sexual

La noción de ciudadanía está ligada a las relaciones de poder y formación de significados sociales. La constitución del ciudadano/a tiene lugar mediante una serie de recursos simbólicos que permiten la participación en los múltiples planos de la vida social. Esto exige tanto eliminar las condiciones ideológicas y materiales que promueven varias formas de subordinación y marginalidad (de género, sexualidad, clase, raza), como potenciar los saberes que se poseen y adquirir otros nuevos para actuar en los espacios privados y públicos, para reconocer las necesidades de grupos sociales diversos y para negociar las relaciones en los diversos ámbitos. El fundamento de esta posición está en que la inclusión en la ciudadanía depende de relaciones de poder específicas. Si estas relaciones no se modifican, amplios sectores quedan excluidos. El proceso político de establecer/reducir/ ampliar los límites de inclusión de lo que es—o no es—ciudadanía, se vincula con las relaciones de poder.

La igualdad de oportunidades y de derechos es condición para el pleno ejercicio de la ciudadanía, la cual está definida como una práctica de sujetos corporizados, cuya identidad de sexo/género afecta fundamentalmente su pertenencia y participación en la vida pública. El análisis feminista de la ciudadanía pone su foco en los cuerpos físicos, en la sexualidad, la reproducción y la producción. Si se tiene en cuenta esta perspectiva, y nos situamos en el ámbito concreto de las condiciones de las mujeres para ser ciudadanas, uno de los obstáculos centrales a la participación, más allá de la política de la maternidad, pero conectada con la misma, radica en primer lugar en el policiamiento de los cuerpos femeninos, a través de la prohibición del aborto, lo cual hace a las mujeres portadoras de una ciudadanía defectuosa, ya que no podemos decidir plenamente sobre algo que es lo primero: nuestro propio cuerpo. En segundo lugar, la violencia contra las mujeres, la cual puede adquirir formas veladas o manifiestas, desde la violencia en la vida privada y en la social, a la de los aparatos de represión, que operan para desanimar a las mujeres para ejercitar sus derechos. Tercero, para ejercer la ciudadanía se requiere hablar desde la propia voz, poder elaborar un lenguaje de derechos. Resumiendo lo anterior, cuerpo y voz son las dos notas distintivas sobre las cuales se puede pensar la ciudadanía, no solo de las mujeres.

Los espacios de socialización van marcando un tipo de ser varón y de ser mujer basados mayormente en el modelo heterosexual, que condiciona el ejercicio de la ciudadanía para los y las que no "encajan" en esos modelos socialmente construidos. La ciudadanía esta ligada a los espacios de socialización donde se forman las identidades de sujetos que tienen cuerpos, deseos, intereses y necesidades diferentes, que participan como seres situados en el mundo, a partir de su experiencia corporal y emocional, lo cual trae como consecuencia que la noción de ciudadanía no puede ser considerada en abstracto.

La constitución de la ciudadanía supone un proceso dialógico basado en la participación en la vida social y en el desarrollo de formas de solidaridad, para poder intervenir y poner límites al poder del estado. Las teorías convencionales acerca de la ciudadanía consideran un individuo libre, sujeto de derechos y obligaciones. Si bien esto es conocido, conviene repetirlo: se refiere a un ciudadano varón, educado, de clase media, que puede participar con bastante plenitud en la vida democrática, favorecido por las normas sociales, el acceso a recursos y cuyas obligaciones domésticas no son barreras para su participación en elecciones, en los partidos políticos y otras organizaciones. Esta conceptualización de la ciudadanía pretende ser neutral en términos de género, pero en realidad es implícitamente masculina y heterosexual, de modo tal que las ciudadanías sexuales son un campo de lucha de las mujeres, heterosexuales y lesbianas, de gays, travestis, transexuales, transgéneros, que ven sus derechos cercenados en función de su identidad de género y sus sexualidades. El análisis de la ciudadanía incluye las clases, las razas y se extiende para incluir los derechos de las personas discapacitadas, lo cual no es ajeno a la ciudadanía sexual de las mismas (Shakespeare et Alt., 1996).Lo cual nos lleva a repensar la sexualidad enmarcada en los derechos humanos y como varias formas de ciudadanía dependen sobre la sexualidad de las personas, en dos aspectos interrelacionados: los derechos sexuales reconocidos o negados y los derechos sexuales como posibilitadores de la ampliación del acceso a otros derechos. Cada derecho sexual ganado es también la puerta que abre más derechos civiles, sociales y políticos, etc. La discriminación basada en la identidad de género y la orientación sexual impide la plena igualdad de todos los ciudadanos/as. La misma puede ser analizada como relación política de subordinación independiente del tamaño del grupo discriminado.

La cuestión de la ciudadanía sexual en términos de los derechos sexuales ha significado para el feminismo la demanda en torno el control del propio cuerpo, la seguridad, la propia definición sexual, la legitimidad de la agencia, y del placer. Para el movimiento LGBTT se refiere a la extensión de derechos sexuales específicos, por ejemplo, derecho a elegir los *partners* sexuales, a que las identidades y estilos de vida sean públicamente reconocidos, derechos políticos, civiles, sociales, económicos y culturales

En los noventa, los movimientos feministas y gay-lésbicos activaron en torno de los derechos sexuales. Durante años, las feministas hemos luchado contra el autoritarismo, la violencia, las desigualdades en todos los campos de la vida, que de algún modo confluyeron con otras luchas, como las que el movimiento LGBTT lleva adelante. A partir de la emergencia del movimiento gay en los años setenta y ochenta, poco a poco se fue incorporando el derecho a la propia definición sexual y al respeto hacia las prácticas sexuales que cada individuo elige para sí (Petchesky, 2008:55, Maffía, 2003:8). La demanda por los derechos sexuales se expande más allá de la heterosexualidad. El discurso se transformó para aceptar que las identidades no son fijas y que las mismas prácticas construyen identidades contingentes, fijadas parcialmente.

La noción de ciudadanía sexual intenta hacer visible el desbalance de derechos existente entre los géneros, normada ésta por los patrones patriarcales y heterosexuales, que dejan en posición de subordinación a los individuos que no se ajustan a la masculinidad hegemónica. Coincidimos con Richardson (1998) en que no hay una definición estándar de ciudadanía sexual. Aunque se puede afirmar, con matices, que esta concepción se alza sobre la demanda por el reconocimiento de la sexualidad sin vincularla necesaria y únicamente a la reproducción, esto es, a ninguna visión esencialista de alguna finalidad de la misma. Es más, algunos autores aseveran que una perspectiva pos estructuralista también pondría el foco en la esencialización de las identidades de genero y orientaciones sexuales, como preexistentes, fijas e inmutables, tal como fue conceptualizado el binario varones y/mujeres (Girard, 2004). Es necesario deconstruir los órdenes binarios como el mencionado, tanto como la dicotomía hetero/homo, para dar cabida a identidades más fluidas y cambiantes.

La ciudadanía sexual, entendida como un sistema de derechos sexuales, es un modo de abordar este complejo tema. Los derechos sexuales pueden ser enfocados en si mismos o como aquellos necesarios para hacer caer las barreras de acceso a otros derechos. La entrada en la agenda de los derechos sexuales en los organismos internacionales se realizó mediante la vía de los derechos reproductivos, dado el desafío que representaban las nuevas políticas de población en los noventa. Mucho después entró el placer a las Naciones Unidas. Y lo hizo de la mano de gays y lesbianas que proclaman el derecho a disfrutar de su sexualidad, a las que se agregaron travestis y transexuales. La lucha por los derechos sexuales de las personas con discapacidades es mas reciente (Shakespeare, et al., 1996), y pone en el tapete la cada vez mas amplia definición de la ciudadanía sexual, que es generizada, racializada y atravesada en definitiva por múltiples diferencias, más extendida que la noción de derechos reproductivos que retrotrae a relaciones heterosexuales y, son una parte de los derechos sexuales. Para algunos autores, como Evans (1993), con la incorporación de diversas sexualidades a la ciudadanía se extiende el derecho a consumir bienes a partir de la condición del ciudadano/a pagador de impuestos en el capitalismo tardío. Estos bienes y servicios son diversa índole, según los países y el adelanto o no en el reconocimiento de los derechos sexuales.

Para profundizar en los discursos de los derechos sexuales, nos resulta útil acudir al sistema de categorías que con propósitos analíticos diferencia los derechos sexuales vinculados con las prácticas, las identidades y las relaciones, elaborado por Richardson (1998).La primera categoría se refiere a la búsqueda de derechos para varias formas de prácticas sexuales en las relaciones personales no solo vinculadas a la heterosexualidad; el derecho a la autonomía sexual y reproductiva (autonomía e integridad corporal, derecho al control de sus prácticas sexuales y a la seguridad, no contagiarse enfermedades de transmisión sexual; derecho al aborto, y a la contracepción. También derechos a vivir libres de abuso, coerción y violencia). Muchos de los derechos basados en las prácticas demandan derechos civiles: remover leyes que prohíben o restringen ciertos actos o promover nuevas leyes. También van más allá de los derechos civiles que protegen porque demandan el reconocimiento de las necesidades sexuales de las mujeres y la provisión desde las políticas públicas: derecho a la educación y a servicios de salud en aborto y contracepción. La segunda categoría se refiere a los derechos vinculados a la autodefinición y el desarrollo de las identidades (derecho a ser gay o lesbiana, autonomía sexual de las mujeres). El derecho a la propia definición, a la propia expresión[3], como asunto de derechos humanos, no de tolerancia o mejores arreglos, remoción de las trabas para participar en el debate público como sujetos sexuales, porque significan el derecho a no tener que ser privado (pero no la obligación de hacer pública la sexualidad de cada persona si no lo desea) son importantes para la práctica de los derechos civiles, políticos, sociales, culturales y económicos. El derecho a la propia realización, no como tolerancia al otro/a, sino como integración de identidades y estilos de vida, no solo las sexuales y de género, sino las raciales, etc. (el límite esta dado por la pedofilia). La tercera categoría se refiere a los derechos dentro de relaciones e instituciones: admisión pública de varias formas de relaciones sexuales y su institucionalización (matrimonio igualitario, interracial, etc.), acceso a beneficios legales y sociales de los cónyuges. En la Argentina, se concretó este derecho en julio de 2010 con la aprobación de la Ley de "Matrimonio Igualitario" tras años de lucha activista, pronunciamientos públicos e intensas jornadas en el Congreso de La Nación. La norma prevé que el matrimonio tenga los mismos requisitos y efectos para todas las parejas que lo celebren, independientemente que sean del mismo o de distinto sexo. En 2003 se había aprobado en la Ciudad Autónoma de Buenos Aires la Ley de Unión Civil. De esta manera, Buenos Aires se convirtió en la primera jurisdicción de América Latina en legalizar la unión civil entre personas del mismo sexo[4]. Y luego, Argentina fue el primer país de América Latina en contar con una ley de matrimonio por la cual las parejas que decidan casarse tendrán los mismos derechos legales sin distinción del sexo de los y las contrayentes.

---

3. Derecho al reconocimiento público/social de identidades sexuales específicas. En USA, diecisiete años después de que fue impuesta durante la administración del presidente Bill Clinton la política sobre la sexualidad en las Fuerzas Armadas (en USA, *Don't ask, don't tell*. "No preguntar, no decir"), que significaba no tener el derecho de decirles a otros que se era homosexual, fue abolida en diciembre de 2010 por el presidente Barack Obama.

4. La ley abarca tanto a parejas del mismo como de distinto sexo. Si bien se refiere a una institución distinta al matrimonio tradicional y con alcances limitados, sirvió como apoyo a las diversas organizaciones locales, que reclamaban el reconocimiento a nivel nacional de derechos para las parejas del mismo sexo (unión civil nacional y matrimonio).

Los derechos reproductivos

En el sistema de categorías de Richardson no se mencionan explícitamente los derechos reproductivos. Se hace referencia a que para la plena realización de las prácticas sexuales, es necesario que haya leyes y políticas públicas que los defiendan y los concreten. El derecho al aborto es uno de los mencionados en la categoría de las prácticas. Evans (1993: 254–260) considera que la demanda por la legalidad del aborto muestra como la sexualidad se ha convertido en un asunto político y las mujeres están en la primera línea de confrontación en el cuestionamiento de la alianza que vincula la sexualidad a la procreación. Esta demanda está ligada al reclamo por el control de sus cuerpos, y se erige contra las los sectores tradicionales, especialmente en los países donde las religiones se imponen a la sociedad, como el caso de los países católicos y musulmanes, puesto que muestra la no vinculación entre sexualidad y reproducción. Gutiérrez (2004:131) afirma que el debate sobre el aborto:

> (. . .) interpela al orden patriarcal; remite a la inequidad de género; desnuda las problemáticas de la salud pública; reformula la dimensión de lo público y lo privado en términos de Hannah Arendt; explicita la escisión placer/reproducción; pone entre paréntesis el modelo de familia hegemónico; redefine la libertad de las mujeres para decidir sobre su destino y elecciones; y sobre todo, revierte la lógica de una sexualidad normativa y supuestamente natural. Estas luchas han obligado a reformular la categoría de ciudadanía, no sólo para las mujeres sino también para los varones.

Los reclamos basados en las prácticas sexuales, especialmente los vinculados con los derechos al placer sexual y al control sobre el propio cuerpo, se relacionan con la autodeterminación sexual y reproductiva. Se vinculan con la autonomía y la integridad corporal. Al hablar de integridad corporal también nos referimos a un reclamo que se enlaza con varios derechos, y cuyo énfasis está puesto en las relaciones basadas en la ausencia de dominación, el miedo/rechazo a los embarazos no deseados y a contraer enfermedades de transmisión sexual. En él se incluyen el derecho a ser libres del acoso y la violencia, el acceso a métodos anticonceptivos y al aborto. Son, a su vez, demandas por derechos civiles y por derechos sociales y políticas públicas, entre ellas, las referidas a la educación y la salud, que son las que permiten hacer concretos muchos de esos derechos, especialmente los que atañen a la autonomía sobre nuestros cuerpos en relación con los embarazos no deseados (Richardson, 1998:114-115).

Consideramos entonces los derechos reproductivos como una parte de los derechos sexuales. Esta noción, al abarcar a todas las sexualidades, contiene a aquellos.[5] La insistencia en el deslizamiento frecuente al campo de la salud, como "salud reproductiva" pone el foco justamente en la reproducción y no en el ejercicio de la sexualidad, cualquiera sea su finalidad, y despolitiza la lucha en torno a los derechos sexuales. La anticoncepción, el aborto, el cuidado del propio cuerpo, pueden o no estar vinculados a la salud. La propia noción de derechos sexuales implica el reconocimiento del valor de la sexualidad para la realización personal, independientemente de si se asocia o no con el fin reproductivo y la salud (Pecheny, 2007:298).

La cuestión del aborto

Un predictor inestimable sobre el estado de la ciudadanía de las mujeres lo constituye como se avanza o no en esta cuestión (Di Marco, 2011), por eso es importante revisar el estado de la cuestión en algunos países latinoamericanos y en Argentina. En los países en el Norte y el norte de Asia en general, se permite el aborto, ya sea sin restricciones, o por muchas razones, como las socio-económicas, exceptuando Polonia, Malta y Corea. En la mayoría de los países de África, América Latina, Oriente Medio y el sur de Asia existen severas leyes de aborto. Tres de los cuatro países con leyes que prohíben el aborto por completo son Chile, El Salvador y Nicaragua (Center for Reproductive Rights, 2008 *The World's Abortion Laws*). En Latinoamérica solo dos países cuentan con aborto legal (Cuba y Puerto Rico). La situación es de retroceso en El Salvador, Nicaragua y República Dominicana[6]. En el resto de los países se presenta una

---

5. El discurso de los derechos reproductivos y del derecho al aborto legal como un problema de salud, no sólo intenta dar respuestas a los sufrimientos de las mujeres, especialmente las más pobres, al poner el foco en derechos básicos, sino que también fue y es una estrategia negociada para las discusiones en la arena internacional y nacional, atravesada por los fundamentalismos religiosos.

6. El Código Penal de El Salvador aprobado en abril de 1998 eliminó las causales que despenalizaban el aborto en ciertas circunstancias, sancionó nuevas formas

variada gama de luchas por la legalización. Presentaremos un estado de situación preliminar de las demandas colectivas en torno al derecho al aborto en México, Brasil y Costa Rica. En el primer país se observa una ofensiva conservadora liderada por la Iglesia Católica y la diversidad Evangélica en contra de la despenalización del aborto, especialmente después de la reforma del Código de Salud del Distrito Federal de 2007, que legalizó la interrupción del embarazo durante las primeras doce semanas de gestación. Se aprobó una reforma cuyo objetivo final es la reforma de la Constitución Nacional, tipificando el derecho a la vida desde la concepción como un derecho constitucional, en 18 de los 32 estados de la República mexicana, lo que es una muestra de la creciente fragilidad del Estado laico mexicano (Maier, 2010:10).Enfrente de las fuerzas políticas y religiosas que lideran esta reforma, el activismo feminista lucha por detenerla. Estas fuerzas en pugna muestran, como en Argentina, el tema del derecho al aborto como campo de disputa cultural.

En Brasil la alianza del activo movimiento feminista con profesionales y políticos logró en los ochenta y noventa frenar el empleo de las técnicas de esterilización para controlar la natalidad y contribuyó a la formación en los noventa de la Red Nacional Feminista de Salud, Derechos Sexuales y Derechos Reproductivos, para trabajar sobre la responsabilidad del estado en la provisión de los abortos permitidos en la legislación actual. En los ochenta trabajaron a nivel territorial y esto dio como resultado varias ordenanzas a nivel local que obligaban a los hospitales públicos a realizar los abortos (Campinas, San Paulo y Río de Janeiro), lo cual fue convertido en política pública federal, a través del Ministerio de Salud. Según Macaulay (2007), una característica del feminismo brasileño ha sido su capacidad de difundir acciones hacia arriba (cuando se han convertido en políticas públicas) y horizontalmente (cuando una práctica se reproduce en otros actores, como los sistemas de discriminación positiva o cuotas). Las feministas construyeron alianzas con políticos locales y supieron sacar provecho de los propósitos de algunos partidos, en especial el PT, para promover una agenda sobre los derechos de las mujeres (Macaulay, 2007, 342-343). Durante el mandato de Luis

---

de provocarlo y aumentó las penas para las mujeres y para quienes intervinieran en el proceso (Sagot, 2002) . El Comité contra la Tortura de las Naciones Unidas expresó "su profunda preocupación por la prohibición general del aborto", contenida en varios artículos del Código Penal reformado en 2006 y puesto en vigencia en 2008 en Nicaragua, porque la penalización de toda forma de aborto violenta derechos humanos fundamentales.

Ignacio Da Silva (Lula) se creó una comisión en la Cámara de Diputados, que finalmente votó en contra de un proyecto de despenalización introducido por un pequeño grupo de parlamentarias. La actual presidenta había manifestado su opinión favorable a la despenalización en 2007. En la campaña electoral retiró esta posición, debido a la fuerte presión de la iglesia católica y las evangélicas.

Según Arguedas (2010), existe actualmente en Costa Rica una alianza entre una versión renovada del neo-integrismo católico y la corriente fundamentalista protestante, que han identificado a su enemigo en los movimientos sociales vinculados a las reivindicaciones sobre los derechos sexuales. La Constitución de Costa Rica adoptó la noción de la existencia de vida humana desde la concepción. Esto llevó a la declaración de inconstitucionalidad de la fecundación in vitro y se prohibió legislar en materia de fecundidad asistida (Sagot, 2002). Las fuerzas conservadoras son las responsables de que en Costa Rica no haya educación sexual en escuelas y colegios, y de la penalización del aborto. La actual presidenta Laura Chinchilla fue la única candidata presidencial que se manifestó en contra del aborto y la homosexualidad. Participó en la Marcha por la Vida y la Familia, organizada por sectores católicos tales como el Opus Dei y la jerarquía de la Iglesia, junto con las denominaciones evangélicas (Arguedas, 2010). El Movimiento por un Estado Laico en Costa Rica, presentó un proyecto de *Ley para un Estado Laico*, firmado por diputados y diputadas, en setiembre del 2009[7]. La propuesta consensuada en esa organización es la reforma constitucional de los artículos referidos a la religión oficial del Estado y al financiamiento estatal de la Iglesia Católica; y al juramento constitucional.

---

7. Las organizaciones que componen este Movimiento son: Escuela Ecuménica de Ciencias de la Religión de la Universidad Nacional, Universidad Bíblica Latinoamericana. La Iglesia Luterana de Costa Rica, Centro de Investigación y Promoción para América Central de Derechos Humanos, Movimiento Diversidad, Agenda Política de Mujeres (agrupación feminista), Colectiva por el Derecho a Decidir, Asociación Costarricense de Humanistas Seculares, Personas no organizadas, (quienes luego conformaron el grupo Ciudadanía por los Derechos Humanos).

En Argentina

A pocos años de la restauración democrática en Argentina (1983), algunas organizaciones propusieron la creación de una comisión que se dedicara exclusivamente al tema del aborto[8]. El 8 de marzo de 1988, diferentes grupos de mujeres fundaron la *Comisión por el Derecho al Aborto*. Estos grupos han tenido una importante participación en los *Encuentros Nacionales de Mujeres*[9]. La *Comisión fue pionera* en la discusión y difusión de información y clarificaciones conceptuales acerca de la *anticoncepción,* el *aborto,* la *despenalización y la legalización.* Sus integrantes difundieron su postura acerca de la supuesta existencia de un trauma psicológico luego del aborto, al cual desmitificaron y significaron como resultado de la imposición cultural y normativa de la maternidad como último destino de las mujeres[10]. Una de las contribuciones más importantes ha sido considerar que el aborto no es un derecho reproductivo, puesto que es un procedimiento que impide la reproducción. En los años transcurridos, diversas organizaciones y redes se han organizado en torno a la demanda -Foro por los Derechos Reproductivos (1991), Mujeres Autoconvocadas para Decidir en Libertad (MADEL) (1994), Coordinadora por el Derecho al Aborto (2002), Asamblea por el Derecho al Aborto (2003), Consorcio Nacional por los Derechos Reproductivos

---

8. Basado en Di Marco, 2011, cap VII.
9. Una de las más importantes demostraciones del activismo de las mujeres en la Argentina lo constituyen los encuentros nacionales, que tienen lugar una vez al año en una provincia elegida por las participantes y es organizado por una comisión ad hoc. Comenzaron en 1986 por iniciativa de un grupo de mujeres feministas argentinas que había participado en la Tercera Conferencia Internacional de la Mujer en Nairobi convocada por Naciones Unidas (1985). Son autónomos, autoconvocados, pluralistas, masivos, no institucionalizados, y funcionan como interpeladores del sistema. Las mujeres, organizadas en talleres temáticos, reflexionan, debaten, discuten, crean redes que se vinculan con una gran variedad de temas-problema: anticoncepción, aborto, condiciones de vida, salud, educación, desocupación, consecuencias del ajuste. La concurrencia fue creciendo desde las dos mil mujeres del primer encuentro, para llegar a una cifra de alrededor de veinte mil en los últimos.
10. Informe presentado por Dora Coledesky (2007): "Historia de la Comisión por el Derecho al Aborto" con la colaboración de Mabel Darnet. http://www.abortolegal.com.ar.

y Sexuales. (CONDERS) (2003)- para canalizarse finalmente en la Campaña por el Derecho al Aborto, desde 2005.[11]

Sin dudas, se puede considerar la crisis del 2001 y las protestas populares previas y posteriores como un significativo cambio de escenario en la vida política argentina y también lo fue para las demandas de nuevos derechos, vinculados a la sexualidad.

Articulación de demandas

Como ya lo hemos discutido en Di Marco (2011), tanto la participación de las mujeres de los movimientos sociales en los encuentros nacionales de mujeres como las estrategias de la Iglesia Católica desde 1997 para boicotearlos aparecen en la base de la radicalización de la lucha para la legalización del aborto en Argentina. La emergencia del *feminismo popular* surgió de las articulaciones de viejas actoras con las nuevas: las mujeres populares en lucha. Estas mujeres se articularon con el movimiento feminista y junto con una creciente participación en torno a la campaña por el aborto, tanto de organizaciones de mujeres como de varones (movimientos sociales, sindicatos, universidades, legisladores, gremialistas) se construyó una identidad política, que he denominado *pueblo feminista*. Esta identidad desafía a los sectores tradicionales, mediante el reclamo de la separación entre la sexualidad y la procreación, que enerva a aquellos de un modo diferente a la demanda por el matrimonio igualitario, que es un derecho conseguido no solo para las mujeres, y no amenaza del mismo modo la noción de la vida desde la concepción, punto central del debate tradicional.

La demanda por la legalización del aborto también construye otra frontera: la efectiva separación de iglesia y Estado. Asimismo, de sancionarse una ley, esta obligaría al Estado a lo provisión de los recursos necesarios para la atención de las mujeres en el sistema público de salud: o sea, más gasto público y menos ganancias en torno a la práctica del aborto mercantilizada. En el caso de las demandas de los colectivos LGBTT hay en juego también otros aspectos: un país y centros urbanos *gayfriendly*, mueven millones como destino turístico, el mercado de diversos servicios se expande, en lo

---

[11]. Un detalle de las mismas se encuentra en Di Marco, 2010 y 2011.

que Evans (1993) ha conceptualizado como una ciudadanía sexual de mercado.

La Iglesia Católica ve dislocarse su hegemonía en un país en el cual, aun cuando la mayoría de la población se define como católica, esta también proclama cada vez más sus derechos a vivir su vida fuera del escrutinio religioso. Según los resultados de una encuesta publicada en 2008, el 76% se define como católico, el 9% como evangélico y un 11.3% dice ser ateo, agnóstico o no tener ninguna religión. Afirma concurrir poco o nunca a lugares de culto el 76%, y sólo el 23% participa frecuentemente de las ceremonias. Está de acuerdo con el aborto en algunas circunstancias un 63.9%, mientras que el 92.4% por ciento apoya la educación sexual en las escuelas[12]. Sin embargo, esta sociedad está impregnada del sentido católico, como se desprenden de los datos de una encuesta realizada por el *Centro de Estudios de Estado y Sociedad*. En aquellas situaciones en las que la decisión de abortar sólo se respalda en el deseo de las mujeres son apoyadas por un porcentaje mucho menor que aquellas en las cuales existe un peligro para la salud o para la vida[13].

La demanda por el laicismo. El pueblo feminista

El reclamo por la legalización del aborto, como significante de la ciudadanía plena de las mujeres y del laicismo y el pluralismo de la sociedad, enfrenta los discursos de la hegemonía patriarcal representada hegemónicamente por la jerarquía de la Iglesia Católica, que desde los años treinta, a partir de los golpes de Estado de 1930 y 1943, junto con las Fuerzas Armadas impulso el proyecto de catolizar y nacionalizar la sociedad, *argentinizar integralmente el catolicismo, catolizar íntegramente a la Argentina*, consolidando un nuevo orden

---

12. Estudio del Consejo Nacional de Investigaciones Científicas y Técnicas (Conicet) y cuatro universidades nacionales. No contamos con la información desagregada por sexo.

13. CEDES. Área de salud, economía y sociedad (2006). Encuesta de Opinión sobre salud y derechos sexuales y reproductivos de la población general mayor de 18 años del Área Metropolitana de Buenos Aires y principales centros urbanos (Córdoba, Rosario y Mendoza).

nacional (Mallimaci, 2006a:8; 2007:2–4)[14]. Este orden católico nacional es entendido entonces como totalidad. El movimiento católico integral se caracteriza por identificar lo "nacional" con lo "católico", de allí que el catolicismo tuviera presencia en lo estatal y también se conformara como sociedad civil. Esto hizo que fuera mucho más que una religión a la que adhería la mayor parte de la población. Debe tenerse en cuenta, además, que la mayoría de los inmigrantes (italianos y españoles) que llegaron al país entre 1870 y 1929 y entre 1948 y 1952 pertenecía a la religión católica. Desde la década del 30 hasta el presente la Iglesia católica mantuvo una presencia activa en el Estado, el gobierno y la sociedad civil, e impregnó tanto a ésta como a su cultura, su política, sus organismos de gobierno, sus actores políticos y sus organizaciones. El catolicismo está presente en todas y cada una de las dimensiones de la vida privada y pública de la Argentina. El dispositivo católico integral está conformado por dos ejes: el discurso acerca de la sexualidad y el que se refiere al trabajo/los trabajadores. Y también por un modo de llevarlo a cabo: un orden asentado en las fuerzas conservadoras, y en el control de áreas especificas del Poder Ejecutivo, tales como las políticas educativas y de salud, y las decisiones que sobre ellas se toman en los poderes Legislativo y Judicial[15]. El catolicismo integral, en su defensa de la sexualidad sujeta a la procreación, de la maternidad tradicional como base de la identidad femenina, de la negación a las diferentes formas de vivir la sexualidad, se basa en y al mismo tiempo refuerza al patriarcado (Di Marco, 2010, 2011).

El integrismo católico es el actor clave en torno a la contraofensiva sobre los derechos de las mujeres. Frente a éste, la articulación de las demandas de distintos movimientos de mujeres y de otros actores construyó el *pueblo feminista*, que no es lo mismo que el feminismo popular ni es lo mismo que *las mujeres*, aunque su núcleo fundamental esté conformado por las mujeres en lucha por las demandas en torno a su ciudadanía plena. La campaña por el aborto es el significante vacío que articula las demandas por el laicismo y el pluralismo de varios movimientos y sectores de la sociedad argentina, y esta compuesto por mujeres y varones, frente al integrismo católico. Se enfrentan de este modo dos proyectos anta-

---

14. La llegada del peronismo al poder, con su concepción alejada tanto del liberalismo como del marxismo, coincidente con la de la Iglesia católica, fue también un factor de instalación de la Nación Católica.

15. Este control se ha debilitado desde 2003.

gónicos, impensables antes de 2001, uno como campo de lucha y de posibilidades democráticas –a la ofensiva–; y el otro, que se resiste a la consolidación de nuevos derechos, a la contraofensiva.

La articulación de la política feminista y la de otros movimientos sociales —articulación contingente de elementos heterogéneos, de demandas diversas como las que constituyen la multiplicidad de los movimientos— dio lugar a una cadena de equivalencias, representada hegemónicamente en la legalización del aborto que, obviamente, no reduce el particularismo de cada demanda individual: por trabajo, por la tierra, por los derechos de los pueblos originarios, etc. Esta cadena de equivalencias posibilitó que una identidad heterogénea, las mujeres, con todas las particularidades dentro de esa categoría, construyera discursivamente al adversario—que en nuestro análisis está conformado por las fuerzas portadoras de valores tradicionales y patriarcales—y que apareciera como una identidad política, un *pueblo*. Surgió una demanda que significa a todas las demandas y se articularon ellas en movimiento *y otros actores sociales* en la pugna por la legalización del aborto, para que las mujeres puedan ejercer la capacidad de decidir sobre sus propios cuerpos, y que condensa la lucha por el laicismo, la pluralidad y la ciudadanía.

Antes de la emergencia de estos movimientos, el particularismo de la demanda por la legalización del aborto no podía ser articulado con otras demandas, relacionadas con la necesidad de trabajo o con políticas contra la violencia hacia las mujeres, porque era considerada opuesta a los objetivos particulares de estas. Es en esta situación histórica cuando se produce esta relación equivalencial, que da como resultado la emergencia del pueblo feminista, que articula diversas luchas para la ampliación de los derechos de las mujeres y para la consolidación de una democracia pluralista. El feminismo popular va a ser parte central del pueblo feminista. (Di Marco, 2010, 2011).

Mientras las alianzas fueron básicamente entre las mismas feministas, no se podía avanzar en la ampliación de las demandas, aunque fueron muchos los logros obtenidos desde la restauración democrática. Era necesaria la articulación de las feministas con otras demandas e identidades. El campo contrahegemónico se conformó a partir de varios factores: la articulación de feministas y mujeres populares que venía intensificándose desde 1997, la coyuntura histórica postcrisis de 2001, un gobierno que no levantó abiertamente las demandas de las mujeres pero sí las de los derechos humanos y que tomó varias decisiones políticas a favor de los derechos de las mujeres (destrabó la aprobación del Protocolo de la CEDAW, designó personas reconocidas por su laicidad y hasta por su ateísmo como jueces del Tribunal Supremo de la Nación, nombró a un reconocido sanitarista favorable a la despenalización del aborto como ministro de Salud, en el periodo 2003–2007).

Como dijimos, la legalización del aborto es un significante vacío, la demanda va a adquirir una centralidad que la excede. La catexia de este elemento singular (Laclau, 2005: 153) condensa las demandas por un Estado verdaderamente laico, y se opone a la influencia de la Iglesia Católica en casi todos los aspectos de la vida social, política y cultural del país, especialmente su oposición a la plena realización de los derechos sexuales. En el contexto argentino, esto es contra hegemónico. En la lucha que se viene desarrollando se encuentra la búsqueda para que la dimensión horizontal de estas equivalencias se complemente con la absorción vertical dentro del sistema político, esto es, con una influencia institucionalizada en los poderes del Estado, lo cual es parte de las estrategias de esta nueva identidad popular.

Los movimientos sociales

Las demandas en torno a la ciudadanía sexual registran, como ya lo hemos mencionado articulaciones de diferentes actores y organizaciones, tanto de mujeres como mixtas. En esta investigación, que tiene mucho de laboratorio en el cual se sigue un proceso en marcha, observamos la configuración de esta articulación y su ampliación, producto de las estrategias feministas y de grupos LGBTT en las cuales no es ajeno un clima cultural proclive a la frecuente e incesante demanda en torno a la ampliación de derechos. Este fenómeno encuentra su razón de ser en la politización de una parte de la sociedad argentina, que hace de las construcciones colectivas su eje de acción, legado de las luchas por los derechos humanos.

Las alianzas que dieron lugar al pueblo feminista se caracterizan por su dinamismo, con la inclusión de nuevos actores. En este apartado presentaremos los primeros resultados de observaciones, entrevistas y fuentes secundarias sobre los actores y demandas de los movimientos.

La *Campaña Nacional por el Derecho al Aborto Legal*. La consideramos un movimiento de movimientos. Con una estrategia contextualizada va sumando aliados, no solo mujeres, o feministas, sino también partidos políticos, sindicatos, etc.[16] Con el respaldo de unas 250 organizaciones sociales y 16 universidades nacionales, presentó el 17 de marzo de 2010, con el aval de 35 diputados, un proyecto para despenalizar el aborto que consagra el derecho de toda mujer a interrumpir un embarazo en las primeras doce semanas.[17]

El *Frente Darío Santillán y el Colectivo Juana Azurduy-Barrios de Pie* toman activamente la simultaneidad de la lucha por el matrimonio igualitario, el aborto y la identidad de género y forman parte de la Campaña por el derecho al aborto. En estas organizaciones, los temas centrales han tenido como prioridad la violencia y mas recientemente la lucha por la legalización del aborto[18]. Las mujeres de base tienen claro la realidad del aborto como problema de salud y como una mercancía, lo que las aleja a ellas de una ciudadanía de consumo que mujeres de sectores medios y altos pueden desarrollar. A nivel de base no se menciona el matrimonio igualitario en general. Pero si se dan alianzas con algunos grupos feministas y de lesbianas feministas, que son posibilitadoras de un debate más amplio.

---

16. A noviembre de 2011 eran más de 300 organizaciones, sumando partidos políticos, asociaciones gremiales y uniones, como la CTA y organizaciones como A M y T (Asociación Mujeres y Travestis Trabajadoras Sexuales—Santa Fe) A.L.I.T.T— Asociación de Lucha por la Identidad Travesti Transexual.

17. Sus puntos principales son:- Consagra el derecho de toda mujer a interrumpir voluntariamente un embarazo dentro de las primeras 12 semanas del proceso gestacional; y fuera de ese plazo si el embarazo fuera producto de una violación, acreditada con denuncia judicial o policial o formulada en un servicio de salud; si estuviera en riesgo la salud o la vida de la mujer; si existieran malformaciones fetales graves; la práctica del aborto deberá garantizarse gratuitamente en los servicios públicos de salud. Las obras sociales y las prepagas deberán cubrirla; contempla la objeción de conciencia. Los objetores deberán inscribirse en un registro en cada establecimiento de salud. Pero en "todos los casos la autoridad responsable deberá garantizar la realización de la práctica"; si el aborto se debe realizar a una mujer de menos de 14 años, "se requerirá el asentimiento de al menos uno de sus representantes legales"; si se trata de una mujer declarada incapaz en juicio se pedirá el consentimiento informado de su representante legal; no se podrá exigir una autorización judicial en ningún caso.; la penalización del aborto se elimina del Código Penal, con excepción de los casos en que la práctica se realice sin el consentimiento de la mujer.

18. Calina Ellwand (2011). Pasantía en el grupo de investigación para la Tesis de Maestría. "The Institutionalization of Gendered Demands within the Piquetero Movements and Interactions with Movement, Feminist and State Actors". (SSHRC Michael Smith Foreign Study Supplement). Universidad de York. Canadá.

A la campaña se ha sumado el *Colectivo de Varones Antipatriarcales*, vinculado al FDS (Di Marco, 2011), con una proclama: *Varones x el derecho al aborto legal, seguro y gratuito*. En la misma ubica al aborto en el ámbito de la relaciones de poder y en la mercantilización, más que en argumentaciones basadas en la salud y en la pobreza. Afirman: "el debate sobre la legalización de la interrupción voluntaria del embarazo está atravesado por posiciones políticas, ideológicas, religiosas, éticas, y también, por los intereses económicos de las corporaciones médicas y farmacéuticas. El negocio alrededor de la criminalización del aborto supone millonarias ganancias para algunos pocos, y cientos de miles de mujeres que mueren en el camino, en su gran mayoría, por no poder pagar la suma de dinero que supone 'el derecho a decidir'".

En la articulación del pueblo feminista es remarcable la participación de la *Central de Trabajadores Argentinos—CTA—*[19]. Goren (2012) considera que se podría suponer que la demanda por la ciudadanía sexual no es propia de una central sindical, sin embargo está presente "en tanto acción exclusiva o producto de la articulación con otras organizaciones". Este proceso fue posible porque siguiendo el espíritu movimientista de la Central, en la conformación de la Secretaria de Igualdad de Género participaron mujeres militantes que venían trabajando en distintos lugares de la provincia de Buenos Aires instalando demandas de género. La CTA participa en los Encuentros Nacionales de Mujeres, en tanto Central y como integrante de la Campaña Nacional por el Derecho al Aborto. La lucha por la legalización del aborto fue instalada por un grupo de mujeres feministas que pertenecía al sindicato de docentes. La Central tomó esta lucha cómo una demanda propia, incluso acatada por dirigentes cercanos a la iglesia católica (Goren, 2012).

---

19. La Central de Trabajadores fue creada en el año 1992 como Congreso de trabajadores, y transformada el año, 1996 en central sindical y se declara como una nueva central de trabajadores, ocupados y desocupados, fundada sobre tres principios tal como figura en sus estatutos: afiliación directa; elecciones directas; autonomía.

A modo de cierre

Nos hemos basado en el enfoque de construcción del *pueblo feminista*, noción que hace referencia a la cadena de equivalencias que permitió la emergencia de un pueblo que excede al feminismo, pero del cual éste es un punto nodal, que hemos elaborado en investigaciones previas (Di Marco, 2005, 2010, 2011). El *pueblo feminista* es una identidad política que en Argentina exige un laicismo más profundo y una democracia radical que antagoniza con el catolicismo integral. La referencia al integrismo católico nos permite comprender la posición de la Iglesia católica institucional con respecto a los derechos de las mujeres, destacando su peculiar conformación en Argentina. En Latinoamérica ejerce su dominación sobre los estados, las sociedades y la cultura. Los discursos y prácticas del Vaticano se han vuelto cada vez más rígidos, acompañados por la dirigencia de las derechas conservadoras desde los ochenta en casi todos los países, con algunos matices que se pudieron observar en las Cumbres de Población. Actualmente el discurso católico de la sexualidad aparece cada vez más contestado en varios países latinoamericanos y en especial en la Argentina, en una sociedad que se declara mayoritariamente católica, pero que desea practicar su libertad de conciencia y de expresión fuera de todo dogmatismo.

Los discursos contrahegemónicos que estamos analizando son parte de profundos cambios culturales, desde la noción de cultura, como trama de construcción de significados y como espacio de lucha, en tanto expresa la contradicción entre códigos dominantes —lo instituido— y desafíos simbólicos —lo instituyente—. Los movimientos pueden desafiar simbólicamente los códigos y sentidos dominantes, confrontándolos, resignificándolos y proponiendo nuevos sentidos. Los movimientos en lucha por la ciudadanía sexual están ampliando las potencialidades contra-culturales y democráticas en Argentina, en un proceso, que, con matices, se desarrolla en otros países de Latinoamérica. Estas potencialidades son producto y portadores, a su vez, de la creciente politización de la vida privada, las sexualidades y las relaciones entre los géneros.

Obras citadas

Álvarez, Sonia; Dagnino, Evelina y Escobar, Arturo (eds.) *Cultures of Politics. Politics of Cultures: Revisioning Latin American Social Movements.* Boulder: Westview, 1992.

Arguedas Ramírez, Gabriela. "El (aún) tortuoso camino hacia la emancipación: fundamentalismo religioso, los derechos de las mujeres y la lucha por un Estado Laico en Costa Rica". *Latin American Studies Association*, 2010.

Cáceres, Carlos F.; Frasca, Timothy; Pecheny, Mario; Terto Júnior, Veriano (eds.). *Ciudadanía Sexual en América Latina: Abriendo el Debate.* Universidad Peruana Cayetano Heredia, 2004.

Center for Reproductive Rights. IWHC. *The World's Abortion Laws.* http://www.reproductiverights.org/document/the-worlds-abortion-laws-map.

Cornwall, Andrea, Molyneux, Maxine. "The Politics of Rights—Dilemmas for Feminist Praxis: an introduction." *Third World Quarterly.* 27. 7 (2006): 1175–91.

Di Marco, Graciela y Tabbush, Constanza. *Feminismos, democratización y democracia.* (En español e inglés). UNSAMEDITA. 2011.

Di Marco, Graciela y Goren, Nora, (eds.) *Movimientos Sociales e identidades.* UNSAMEDITA. Buenos Aires. En prensa, 2011.

Di Marco, Graciela. "Luchas Contra Hegemónicas en Argentina: El 'Pueblo Feminista' vs. la Nación Católica". *XXIX International Congress of the Latin American Studies Association,* 2010.

———."Los movimientos de mujeres en la Argentina y la emergencia del pueblo feminista". *La aljaba,* Segunda época, XIV (ene./dic.2010): 51–67.www.biblioteca.unlpam.edu.ar/pubpdf/aljaba/v14a03dimarco.pdf.ISSN 1669–5704.

———."Social Movements and Gender Citizenship in Argentina". Maier, Elizabeth; Lebon, Natalie (comp.) *Women's Activism in Latin America and the Caribbean.* New Jersey: Rutgers University Press, 2010.

———."Movimientos sociales y democracia radical: Lo público y lo privado" Raphael Hoetmer (coord.) *Repensar la política desde América Latina. Cultura, Estado y movimientos sociales.* Universidad Nacional Mayor de San Marcos, 2009.

———."Social Justice and Gender Rights in Argentina". *Women's Human Rights: The Research/Policy Nexus and the Role of Activism. International Social Science Journal.* Blackwell Publishing, on behalf of Unesco, 2007.

———."Igualdad de género y movimientos sociales en Argentina". Maier, Elizabeth; Lebon, Nathalie (comps.) *De lo privado a lo público: 30 años de lucha ciudadana de las mujeres en América Latina.* México: Siglo XXI editores, 2006.

Di Stefano, Roberto. "Por una historia de la secularización y de la laicidad en la Argentina". *QuintoSol* 15.1 ene./jun. 2011. http://www.scielo.org.ar/schielo.php?script+sci_arttext&pid=S1851-28792011000100004

Escobar Arturo and Álvarez, Sonia (eds.). *The Making of Social Movements in Latin America. Identity, Strategy and Democracy.* Boulder: Westview Press, 1992.

Foucault, Michel. *El discurso del poder.* México: Folios, 1983.

———. "Espacios de poder".Robert Castel et. al.: *Genealogía del poder* Nº 6. Madrid: Ediciones de la Piqueta, 1983.

———. *Microfísica del poder.* Madrid: La Piqueta, 1980.

———. *Historia de la sexualidad.* Madrid: Siglo XXI, 1986.

Fraser, Nancy y Honneth, Axel. *Redistribution or Recognition? A Political– Philosophical Exchange.* London: Verso, 2003.

Fraser, Nancy. *Iustitia Interrupta. Reflexiones críticas desde la posición "postsocialista".* Caracas: Siglo del Hombre, 1997.

Girard, Françoise. "Negociando los derechos sexuales y la orientación sexual en la ONU" en Parker Richard; Petchesky, Rosalind; Sember, Robert (2008) *Políticas sobre sexualidad. Reportes desde las líneas del frente.* Título original: *Sexual Politics. Reports from the Front Lines.* Editado en versión electrónica por Richard Parker, Rosalind Petchesky y Robert Sember D.R. © Sexuality Policy Watch (spw), 2008.

Goren, Nora. Informe de investigación. CEDEHU. UNSAM, 2012.

Htun, Mala. *Sex and the State. Abortion, Divorce and the Family under Latin American Dictatorships and Democracies.* Cambridge: Cambridge University Press, 2003.

Hurst, Jane. *La Historia de las Ideas Sobre el Aborto en la Iglesia Católica.* Católicas por el Derecho a Decidir: Uruguay, 1992.

Kabeer, Nayla. *Inclusive Citizenship: Meanings and Expressions.* London: Zed Books, 2005.

Laclau, Ernesto. "Why Constructing a People Is the Main Task of Radical Politic".*Critical Inquiry.* 32. 4. (Summer 2006): 646–80.

———. *La razón populista,* Fondo de Cultura Económica, Buenos Aires, 2005.

Laclau Ernesto y Chantal, Mouffe. *Hegemony and Socialist Strategies. Towards a Radical Democratic Politics.* Londres: Verso, 1985.

Lamas, Marta. "El feminismo mexicano y la lucha por legalizar el aborto". *Política y Cultura* Nº 1 Otoño, 1992.
Maier, Elizabeth. "El aborto y la disputa cultural contemporánea en México" *La Aljaba*. 14 (ene./dic. 2010) *Versión* ISSN 1669–5704.
Macaulay, Fiona. "Difundiéndose hacia arriba, hacia abajo y hacia los lados: políticas de género y oportunidades políticas en Brasil". Maier, Elizabeth; Lebon, Nathalie (comps.): *De lo privado a lo público: 30 años de lucha ciudadana de las mujeres en América Latina*. México: Siglo XXI editores, 2006.
Maffía, Diana y Kuschnir, Clara (comp) *Sexualidades migrantes. Género y transgénero. Capacitación política para mujeres: género y cambio social en la Argentina*, 2004. www.feminaria.com.ar/colecciones/temascontemporaneos/004/004.pdf
Mallimaci, Fortunato."Catolicismo sin Iglesia. Mirada histórica y sociológica en Argentina. Continuidades de largo plazo de una modernidad católica en un Estado y una sociedad impregnados de laicidad católica". *Religion e Società*. XX. 57 (2007): 53–61, 2007.
Mallimacci, Fortunato; Cucchetti, Humberto y Donatello, Luis. "Caminos sinuosos: nacionalismo y catolicismo en la Argentina Contemporánea". Francisco Colom y Ángel Rivero (eds.): *El altar y el trono. Ensayos sobre el catolicismo político latinoamericano*. Antrophos/Unibiblos. Barcelona, 2006.
Melucci, Alberto. *Acción Colectiva, vida cotidiana y democracia*. México: El Colegio de México, 1999.
———. "Asumir un compromiso: identidad y movilización en los Movimientos Sociales". *Zona Abierta 69*, Buenos Aires, Argentina, 1994.
———. "The new social movements: a theoretical approach." *Social Sciences Information*. 19. 2 (May 1980): 199–226.
Molyneux, Maxine. *Movimientos de mujeres en América Latina. Estudio teórico comparado*. Madrid: Cátedra. Universitat de Valencia. Instituto de la Mujer, 2003.
———. *Women's Movements in International Perspective: Latin American and Beyond*. Palgrave, 2000, e ILAS 2003.
Molyneux, Maxine; Razavi, Shahra. *Gender Justice, Development and Rights*. Oxford Studies in Democratization, Oxford: Oxford University Press, 2002.
Mouffe, Chantal. *En torno a lo político*. Buenos Aires: Fondo de Cultura Económica, 2007.
———. *El retorno de lo político. Comunidad, ciudadanía, pluralismo, democracia radical*. Buenos Aires: Paidós, 1999.

———. "Feminism, Citizenship and Democratic Politics". Butler, Judith and Scott, Joan W. (eds.) *Feminists Theorize the Political.* New York: Routledge, 1992.
Parker Richard; Petchesky, Rosalind; Sember, Robert. *Políticas sobre sexualidad. Reportes desde las líneas del frente.*Título original: *Sexual Politics. Reports from the Front Lines*. Editado en versión electrónica por Richard Parker, Rosalind Petchesky y Robert Sember D.R. © Sexuality Policy Watch (spw), 2008.
Pecheny, Mario y de la Dehesa, Rafael. "Sexualidades y políticas en América Latina: el matrimonio igualitario en context."Pecheny, Mario y de la Dehesa, Rafael et al. *Matrimonio igualitario. Perspectivas sociales, políticas y jurídicas* EUDEBA. Buenos Aires, 2011.
Pecheny, Mario. "La ciudadanía sexual: derechos y responsabilidades relativos a la sexualidad y el género". Calvo, E. et al. (comps.) *La dinámica de la democracia. Representación, instituciones y ciudadanía en Argentina.* Buenos Aires: Prometeo, 2007.
Petchesky, Rosalind. "Introducción" en Richard Parker Richard; Petchesky, Rosalind; Sember, Robert. *Políticas sobre sexualidad. Reportes desde las líneas del frente.*Título original: *Sexual Politics. Reports from the Front Lines*. Editado en versión electrónica por Richard Parker, Rosalind Petchesky y Robert Sember, 2008. D.R. © Sexuality Policy Watch (spw), 2008
Petchesky, Rosalind P. y Judd, Karen (comps.) *Cómo negocian las mujeres sus derechos en el mundo. Una intersección entre culturas, política y religiones.* México: El Colegio de México, 2006.
Richardson, Diane and Yvette Taylor. "Constructing Sexual Citizenship: Theorizing Sexual Rights." *Sexuality and Citizenship Sociology.* 32. (1998): 83–100.
Sagot Rodríguez, Montserrat, Carcedo Cabañas, Ana. "Aborto inducido: ética y derechos. Medicina Legal de Costa Rica"19.2 (sep. 2002): 63–77. *Versión impresa* ISSN 1409-0015.
Shakespeare, Tom, Gillespie-Sells, Kath, Davies, Dominic. *The Sexual Politics of Disability.* London: Cassell, 1996.

CAPÍTULO XIV

EL *GRUPO ESCOMBROS* Y LA ABUELA DE LAS ARMAS

Zulema Moret
Grand Valley State University

Resumen:
El *Grupo Escombros* a lo largo de su extensa trayectoria interactúa en proyectos artísticos e interdisciplinarios en el espacio público dialogando con Greenpeace como también con otros agentes culturales. Este ensayo describe la interacción generada entre el *Grupo Escombros* y Lidia Burry, la abuela de las armas. El ensayo muestra el proceso generado por Lidia durante su recolección de armas en las villas, y cómo dichas armas se convertirán posteriormente en una escultura, instalada en el Centro Cultural Islas Malvinas, en la ciudad de La Plata.

Palabras claves: *Grupo Escombros*, instalación, armas, abuela de las armas, espacio público, Greenpeace.

Agency runs interference, demands flexibility, tolerance, and humor, all of which are inimical to coercive regimes.
Doris Sommer

La agencia opera en muchos niveles de asociación y de pertenencia, proveyendo más de un anclaje de identidad a cada sujeto. En su ensayo "Agencia y Cultura" Carl Ratner analiza esta coyuntura y enfatiza que la agencia como fenómeno social depende de las relaciones sociales de su puesta en escena. La agencia construye y promulga relaciones sociales porque gana fuerza u obtiene su fuerza de la cooperación de los sujetos en sus actividades diarias, por lo tanto, la agencia necesita relaciones sociales para convertirse en real y objetiva. En tanto cualquier pensamiento o idea se concreta a partir del lenguaje y la acción, así la agencia se objetiviza en las relaciones sociales y promueve modelos sociales con los que interactúan los sujetos. De este modo se hace posible un cambio social, si los individuos están orientados socialmente a cooperar en movimientos de masas a través de conceptos culturales asociados a conjuntos de actividades. Un individuo privado de ciertos estímulos sociales y de soporte no pondría en escena una agencia en tanto no desarrollaría ciertas habilidades sociales como individuo. Pero toda agencia requiere un entorno, un ambiente, unas condiciones, un *habitus*.

Pierre Bordieu enfatiza la noción de *habitus* como el conjunto de expectativas, asunciones, disposiciones que resultan de formas particulares de experiencia social con particulares condiciones sociales. Por eso, las acciones de la gente no se llevan a cabo libremente, sino guiadas por el *habitus* en torno a ellos. Pierre Bordieu lo explica de este modo: "El agente no es nunca completamente el sujeto de sus prácticas: es a través de sus disposiciones y creencias (el *habitus*) que configuran la base de su compromiso en el juego, que todas las presuposiciones constituyen el axioma práctico del campo social en donde encuentra el camino dentro de las más lúcidas intenciones" (2000: 138-139). Desde esta perspectiva, la experiencia social está profundamente afincada en el *habitus* en donde se inscribe en los cuerpos. Será el objetivo de este ensayo analizar cómo se produce la interacción de algunas prácticas sociales a partir de dos agentes sociales: el grupo de artistas *Escombros* y la abuela de las armas.

La acción de Escombros, artistas de lo que queda

El *Grupo Escombros* es conocido por su amplia trayectoria desde 1988, en el proceso posdictatorial, a partir del cual se reconocen como artistas de lo que queda y toman el espacio público para llevar a cabo sus prácticas artísticas. Por un lado es conocida su alianza con *Greenpeace América Latina*, por otro lado sus 'acciones solidarias' que explican su inserción y permanente diálogo con los sectores sociales desfavorecidos, además de su presencia en encuentros a nivel nacional, e internacional incorporando en su acción creadora diversos soportes expresivos: poesía visual, instalaciones, publicaciones, exhibiciones retrospectivas, ediciones de libros y objetos de conciencia.

En los noventa el discurso de la utopía permanece vivo en *Escombros* y pone en marcha una serie de acciones que incorporan materiales fundamentales como el agua y la basura. Por un lado, la basura, los restos, las sobras, los desperdicios, "lo que exhibe marcas de inutilidad física o deterioro vital; lo que permanece como fragmento arruinado de una totalidad deshecha; lo que queda de un conjunto roto de pensamiento o existencia ya sin líneas de organicidad. Piezas inválidas de una quebrada economía de sentido que han extraviado su rol o degenerado su función de servicios" (Richard, 78) podrían anunciar la catástrofe, la extrema disolución del sentido en su ofrenda cotidiana, es esta utopía de la denuncia, del texto de denuncia y su proliferación social lo que le permiten a *Escombros* y en este caso a *Greenpeace* aunarse en un gesto inequívoco que permite la reunión de unos sentidos dispersos en una ética de la reconstrucción, en una suerte de posición 'femenina ecologista' que reorganiza sus gestas prioritarias, en torno a la tierra y a la vida.

Entre la utopía y una ética imposible de sostener desde el lugar de la quiebra de la acción política, *Escombros* reagrupa los sentidos dispersos y ejercita sus propios recorridos, esa explosión se convierte por ejemplo en negación de los lugares tradicionalmente asignados a la experiencia estética y esto explica de algún modo cómo el grupo realiza su movimiento desde la "Estética de lo roto" a la "Estética de la solidaridad" estética desarrollada en el Segundo Manifiesto del grupo en 1995, en donde escriben: "La estética de la solidaridad es el espejo donde el Poder contempla su propia descomposición", "Para el artista solidario enseñar a leer y escribir, pintar una escuela, limpiar un basural, purificar un pozo de agua, reforestar un bosque talado, también son obras de arte". "El artista solidario es un testigo de cargo. Es el dedo acusador que le señala a la sociedad el mayor de sus delitos: la indiferencia". "La estética de la solidaridad expresa la ética de la solidaridad, el artista solidario crea para el débil, para el indefenso, para el no respetado, para el que camina descalzo, tirita de frío y come basura, para el que viste de harapos, vive en la calle y muere en el baldío. La 'Estética de la Solidaridad' es el espejo donde el Poder contempla su propia descomposición" (19).[1]

---

1. Han publicado al momento cuatro manifiestos, los tres primeros han aparecido publicados en un documento *Manifiestos*, 2003: 1-42. Esta publicación consta del *Primer Manifiesto*: "La Estética de lo roto" (1989), el *Segundo Manifiesto*: "La Estética de la solidaridad", (noviembre 1995), el *Tercer Manifiesto* "La Estética de lo humano" (noviembre 2000) En el 2003 aparece de forma independiente su *Cuarto Manifiesto* "La Estética de la resistencia", en el que esgrimen el siguiente argu-

En su convocatoria *Recuperar*, en junio de 1990, en una fábrica abandonada en la ciudad de Avellaneda reúnen a 600 artistas y ecologistas de Argentina y Uruguay y asisten 5.000 personas. Allí, el grupo presenta la instalación *Pirámide,* una pirámide de 4 m. de alto por 3 m. de ancho, construida con envases de plástico recuperados de los basurales de la ciudad. En otras de sus conocidas acciones, el grupo extrae agua contaminada del Riachuelo, la fracciona y envasa, haciendo de cada botella un "objeto de conciencia" que denominó *Agua S.O.S*, lo recaudado con la venta de cada objeto se dona al hogar infantil Pelota de Trapo.

Una vez más, vemos la insistencia del Grupo por encontrar espacios abandonados, continuando una línea de trabajo creativo que articula la denuncia medioambiental con la protesta social, da lugar a la convocatoria *Arte a la deriva* (mayo 1992). La prensa local se hace eco de la crítica y la protesta cuando al iniciar la nota sobre la acción artística, la enmarca del siguiente modo: "En lo poco que queda de ribera del río sin privatizar, detrás de la Ciudad Universitaria, entre la basura plástica acumulada y los cascotes de un suelo desigual, un grupo de artistas presentó ayer su obra. No es extraño este escenario para el *Grupo Escombros*". En efecto, en la desembocadura del arroyo Vega, en Buenos Aires, construyen una balsa con cañas, conteniendo 260 botellas con mensajes de artistas. La balsa es botada al Río de la Plata y el mensaje del Grupo es el siguiente: "El Poder decidió que el azar sea nuestra forma de vida. El nuevo orden del que supuestamente somos parte, deja librado al individuo a sus propias fuerzas. El obrero, el jubilado, el maestro, el investigador científico, el chico de la calle, el aborigen con cólera, el enfermo mental, el desocupado por el 'ajuste', están a la deriva. El Poder no les dejó otra opción que aceptar la filosofía del 'sálvese quién pueda'. Son náufragos porque no van adonde quieren, sino hacia donde los arrastra la corriente. A esos náufragos, cuyo horizonte es el desamparo y la incertidumbre, les enviamos estos mensajes". Participaron cerca de cien artistas plásticos y hubo una cifra similar de textos. "Alrededor de las 16, un bote de goma arrastró río adentro la frágil construcción de cañas de tacuara atadas con hilos", detalla la prensa haciéndose eco de la acción.[2]

---

mento: "La resistencia nos devolverá la esperanza. Es decir, el futuro" (6). "La Estética del antipoder" aparece en 2005 y "La Estética de la desobediencia" fue publicado en el 2008.

2. A.R.B., "La ribera del río como escenario. Arte a la deriva", *El Cronista*, Buenos Aires, 17 de mayo de 1992.

Esta insistencia en abordar los elementos fundamentales, en este caso el agua, en su materialidad continúa con la convocatoria *Aguavida*, en noviembre del 2002, en el Arroyo Carnaval, intersección con el Camino Centenario en Villa Elisa, como parte de la convocatoria de la Semana del Agua 2002, realizada por el Centro Cultural Macá. Botan 40 botes de 45 cm. de eslora y 45 cm. de mástil, construidos con materiales biodegradables, que llevan impresa en la vela la palabra Aguavida. En el texto de la convocatoria animizan a la naturaleza cuando expresan: "El arroyo Carnaval está lastimado pero vive y da vida".

La idea de la vida nuevamente pulsea la noción de muerte. Pero no sólo el agua como elemento natural articula parte de su producción en esta década. Vuelven a la Tierra a partir de diversos disparadores y acciones, entre ellos *Crimen seriado*. Las convocatorias que podríamos asociar a una preocupación ecológica, como *Arte a la deriva* o *Recuperar* se completan con *Crimen seriado*, donde vuelven a la Madre Tierra, eligiendo en esta ocasión el Bosque como espacio de representación y rito. *Crimen seriado* (junio 1995) convoca a los habitantes de la ciudad, ecologistas, escuelas primarias, secundarias y artistas para realizar un "acto de conciencia" en el Bosque de La Plata. La acción consiste en colocar vendas a más de 700 árboles. La propuesta invita a la reflexión: "Deforestar un bosque o talar irracionalmente significa atacar al indefenso, someter al más débil, ejercer la impunidad, negar la prolongación de la vida, arrancar de cuajo el futuro. Escombros, a través del arte solidario, intenta construir el camino contrario: cuidar la vida en todas sus formas. Cuando la naturaleza deje de ser expoliada, la sociedad dejará de serlo. La cultura del desprecio que hoy ejerce el Poder, será reemplazada por la cultura de la solidaridad". En el transcurso de la acción el grupo lleva a cabo y expone en el bosque su obra *Crimen seriado* y al finalizar el evento, se descubre una placa de mármol con un poema, cuyo destinatario es el ser humano y el firmante es el árbol, como culminación del acto se descubre una placa de mármol con el poema:

Hombre:

De mí salió la cuna
que fue tu primera casa.

De mí la primera casa
que te protegió del mundo.

De mí el arco y la flecha
que te hizo vencedor
de todas las especies.

De mí la canoa que te llevó
más allá del horizonte.

De mí el instrumento que expresó
tus alegrías y tus penas.

De mí el papel
que transmitió tu cultura.

De mí el ataúd
que será tu última morada.

Por eso no te pido misericordia.
Te pido justicia.

EL ARBOL

Podríamos hablar de una poética ecológica, una poética de los contrastes. Las vendas manchadas de sangre junto al título de la convocatoria *Crimen seriado* aluden a la muerte como instancia, mientras que la escena visual, las vendas cruzando los árboles organizan un cuadro, una escena de intensa belleza que se contrarresta a la idea de la muerte. Comenta la prensa local en relación al acontecimiento: "Los vecinos de La Plata, sensibles y expeditivos, no quieren esperar hasta último momento.) En unas horas más de 700 personas, fundamentalmente estudiantes, cumplieron la misión. Los más chicos hasta les dieron un beso, los más grandes se emocionaron con la placa inaugurada para la ocasión".[3]

En noviembre del 2000, durante la Séptima Bienal de La Habana el Grupo presenta su Tercer Manifiesto "La Estética de lo humano", compuesto por sesenta y ocho aforismos, entre los cuales se enfatiza el momento histórico, económico y social que atraviesa la humanidad. Desde esta textualidad el grupo despliega una teoría de la supervivencia, de la solidaridad y del rescate de lo humano. Familias durmiendo en la calle, niños pidiendo comida, hileras de

---

3. "Primeros auxilios. El bosque de La Plata en peligro." *Revista VIVA*. Revista de Clarín, domingo 25 de junio de 1995: 62.

personas buscando los restos de comida son la escenografía dolorosa del nuevo milenio en la Argentina, país denominado, en otros tiempos, 'granero del mundo'. Naves de trueque, vagones blancos para transportar a los cartoneros, incremento de la violencia, nuevas organizaciones de bases denominadas 'piqueteros', una realidad que cuesta digerir a todos los estamentos de la sociedad argentina.

Ilustración 14.1. *Crimen seriado* (junio 1995). (Foto cedida por el *Grupo Escombros*).

En ese contexto, *Escombros* realiza dos convocatorias en la plaza. En la línea de convocar a la comunidad a espacios naturales socializados como son las plazas y los bosques, que coinciden con los momentos de crisis más oscuros de la historia argentina de las últimas décadas: la época del *crash*, con consecuencias irremediables a corto plazo, y que produce la quiebra de bancos y la evasión de divisas. Época de oscuridad, de gran depresión, muchas familias quedan sin trabajo, y surgen nuevas comunidades de trabajadores como la de los 'cartoneros', a la búsqueda de un mínimo dinero que les permita comer cada día.

La primera de estas convocatorias se denomina *El bosque de los sueños perdidos* y se lleva a cabo en agosto del 2002. Si la escritura es instrumento de liberación y de conocimiento, el bosque será el bosque de los sueños que aún perviven en la sociedad argentina, el bosque será el escenario del mago, del duende, que intenta elaborar los fantasmas más oscuros, que intenta exorcizar a través de la escritura sus duelos con lo perdido, sus sueños con lo que aún pervive, lo que está por venir. La convocatoria se realiza a la entrada del Bosque de La Plata. Se cuelgan entre los árboles 500 círculos y rectángulos de cartón pintados de blanco para que los participantes escriban los sueños, que, a su juicio, perdieron o les fueron robados. Asistieron más de 1.000 personas. En una línea de trabajo donde la escritura será el soporte fundamental, editan un cuadernillo con todos los textos producidos en este taller de escritura al aire libre. Como en tantas otras convocatorias, siempre hay un gesto solidario. En este caso la gente llevó ropa, alimentos no perecederos, y los materiales que Escombros utilizó para llevar a cabo esta convocatoria (caballetes, sillas, mesas, tablas, etc.) fueron donados al hogar para chicos de la calle "Pantalón Cortito". De esta manera, el circuito de la obra cumplió su cometido: la propuso el artista, la realizó la gente que participó y la usó quién menos tiene. A la luz de los acontecimientos sociales, expresan con sencillez en la convocatoria a este evento: "Este hecho inexorable de la condición humana cobra una dimensión trágica cuando el que pierde, sea lo que fuere, es argentino. En la Argentina del siglo XXI hombres y mujeres, sin que importe su edad o condición social han visto como todo, hasta lo impensable, se desvanecía a su alrededor" (3).

La acción denominada *El bosque de los sueños perdidos* muestra un registro conmovedor de las respuestas brindadas por los participantes muestra la necesidad del duelo, de elaborar las pérdidas y seguir adelante confiando también en el grupo, en la construcción solidaria, en la justicia: "Quise vivir en un país con funcionarios honestos, Quise una sociedad más justa y equitativa" (Mónica, 5), o "Quisiéramos recuperar el futuro para nosotros y para nuestros hijos" (Noel, 5), "Antes decíamos nuestros hijos serán... Hoy nos decimos qué será de nuestros hijos..." (Firma ininteligible, 5)[4]. Así se suceden decenas de pensamientos, deseos, que configuran el inestimable testimonio de una comunidad bajo la presión, una vez más, de factores políticos tan perjudiciales para la sociedad argentina. Fotos, dibujos, collages, poemas, aforismos configuran un engranaje documental de las voces de un grupo humano que puede todavía expresarse y expresar a través de ellos las silenciosas voces de otras personas.

Con posterioridad, es en la Plaza Islas Malvinas el espacio en el que se desarrolla la convocatoria *El sembrador de soles* en noviembre del 2002. Nuevamente la palabra, en el marco del taller de escritura al aire libre, es el soporte que sirve como vehículo de

---

4. Estos comentarios aparecen en la "Introducción" al cuadernillo de divulgación "El bosque de los sueños perdidos" (31 de agosto de 2002, Bosque de La Plata).

expresión al imaginario grupal. El Sol, símbolo de vida, junto a la imagen de la siembra y el sembrador vuelven a hablarnos de la renovación, del ciclo de la vida, de lo que se siembra, crece y signa la esperanza. El grupo invita a poetas de La Plata, Berisso y Ensenada a escribir un poema en un círculo de cartón color amarillo oro, de un metro de diámetro, que se plantaron sobre el césped 500 soles formando un sembradío, donde se escribieron 424 poemas. Durante la convocatoria se realizó la performance "Soles al sol" y se liberaron 50 globos de color amarillo con poemas. Comenta el periodista Lalo Panceira, en el catálogo publicado por Fundación ISALUD, del Instituto Universitario, durante la exposición realizada por el grupo en septiembre del 2003: "Nadie imaginó que pudiera suceder. Pero sucedió. En la convocatoria *El sembrador de soles* los participantes hicieron cola. Pero no pagar una cuenta, hacer un trámite o tomar un ómnibus, la hicieron para escribir un poema sobre un sol de cartón color amarillo-oro de 1 metro de diámetro. (. . .) De pronto los soles comenzaron a poblarse de frases, textos, pequeños y grandes poemas, cartas que nunca llegarían a destino pero que igual fueron escritas"

Ilustración 14.2. *El sembrador de soles* (2002). (Foto cedida por el *Grupo Escombros*).

Abuelas, armas y *habitus*

Ahora bien, dentro de la extensa red de acciones públicas, convocatorias, manifiestos, exhibiciones en galerías, museos (a partir del

2003) el *Grupo Escombros* se relaciona con activistas locales e internacionales. Nos hemos referido anteriormente a su relación con *Greenpeace*. Pasemos a analizar en qué momento y bajo qué coyunturas el *Grupo Escombros* se vincula con la 'abuela de las armas' en esos años, para llevar conjuntamente algunos proyectos.

Tradicionalmente las armas se han asociado con ejércitos, guerras, juegos de hombres, perversas ruletas con un disparo que demarca la frontera entre vida y muerte, crímenes, ataques en la vía pública. Iba armado, leemos en los periódicos que se refieren a actos cotidianos. La violencia —como señala Hanna Arendt: "(. . .) sigue siendo por su naturaleza un instrumento, es racional hasta el punto en que resulte efectiva para alcanzar el fin que deba justificarla. (. . .) La violencia no promueve causas, ni la historia ni la revolución, ni el progreso ni la reacción; pero puede servir para dramatizar agravios y llevarlos a la atención pública" (107). En este punto me gustaría detenerme para trasladar este concepto de dramatizar agravios y llevarlos a la atención pública como medio de dar un sentido a lo que articula la serie construida en torno a las armas por Lydia Burry, y el *Grupo Escombros*. Lidia Burry es un ama de casa que vive en la ciudad de La Plata, esposa de un médico conocido en la ciudad, madre de cinco hijos, que tiene unos 85 años en la actualidad. Lidia Burry se hizo conocida por comprarles armas a varios adolescentes para que no salieran a robar y para que, con ese dinero, pudieran comprar comida, alimentos. El acto de comprar las armas configura una escena, una puesta en drama que explicita la violencia de un grupo determinado y lo escenifica. Dentro de ese escenario Lidia compra las armas de los jóvenes. Desde entonces la señora Lidia Burry ha sido conocida mediante el apodo de 'la abuela de las armas'. A principios de este siglo, cuando la Argentina se sumía en una de las más profundas crisis económicas y sociales, la abuela salía a canjear armas por dinero en la periferia platense. La señora Burry había sido profesora de Geografía y hasta el 2001, no había tenido conciencia alguna sobre la tenencia de armas por parte de jóvenes y niños en las villas miserias en la periferia de su ciudad, La Plata.

En una entrevista en la prensa local Lidia declara: "Como estaba jubilada, seguí mi vocación ayudando en los comedores barriales, así fue como un día, las chicas del Barrio Palihue, preocupadas porque escuchaban tiros todos los días, me empezaron a preguntar cómo me animaba a seguir yendo. Fue entonces cuando se me ocurrió cambiar armas por comida o dinero" y agrega en otra entrevista[5]: "Las chicas de los comedores me decían que era una zona en donde las ambulancias no entraban de noche, que había constantemente tiroteos. Hoy en día, en el Palique hubo cambios. Saqué 500 armas de ahí, ahora vas y no es una villa, es un barrio, todo el mundo te dice que pueden salir a la calle". Burry llegó por entonces a canjear más de 900 armas en diversos barrios de la periferia platense. Dentro del sistema de circulación de las armas, al principio Lidia Burry llevaba las armas a la Jefatura Departamental de 12, 60 y 61. Sin embargo, cuando su actividad cobró estado público los artistas del *Grupo Escombros* la contactaron para compartir el proyecto artístico que se concretaría poco tiempo después.

Algunas acciones importantes en torno a la tenencia de armas se llevaron a cabo a partir de este gesto inicial, espontáneo y solitario de la señora Burry quien no desea afiliarse a ningún programa político ni ideológico. El encuentro de Lidia con el *Grupo Escombros* confirma que "cultural agency is a name for the kind of political voice that speaks through aesthetic effects and that can renew love for the world while it enhances the worth of artists-agents" (19, Sommer). Cuando Lidia comenzó con su intento de recuperar las armas tramitó una autorización, de acuerdo a las indicaciones recibidas por parte de la policía, para portar armas y entregaba cada una de las que rescataba del circuito del delito en la departamental hasta que tuvo una reunión con Juan Pablo Cafiero, cuando era ministro de Seguridad, y él le recomendó que destruyera las armas. Poco después, cada arma rescatada fue entregada al grupo de artistas platenses *Escombros*.

Sin embargo, y luego de su aparición en un programa de televisión, la abuela recibió una denuncia que fue radicada en el Juzgado Federal Nro. 7, que se declaró incompetente y recayó entonces en el Juzgado 23, de la Capital Federal, donde en ese momento se la investigó. La Unidad Fiscal de Investigación de delitos vinculados al ReNar (Registro Nacional de Armas de Fuego) declaró "nos parece loable la obra de la señora Burry, y no dudamos de su buena voluntad. Debatimos mucho antes de hacer la denuncia porque nos parecía positivo que se hiciera algo contra la violencia. Pero creemos que se está haciendo. Nuestra intención no es generarle complicaciones a la señora, pero sí enmarcar su actividad dentro

---

5. Moret, Zulema. *Entrevista a Lidia Burry*, La Plata, 2008. [inédita]. En adelante todas las declaraciones de Lidia Burry intercaladas en este ensayo son parte de esta entrevista.

de la legalidad porque en la actualidad se están incumpliendo varias normas". Dentro de las acusaciones realizadas en esta denuncia consta la de 'tenencia ilegítima de armas y acopio de armas de guerra'. Los que la acusan dudan del método Burry porque afirman que con ese dinero que la gente recibe por las armas pueden llegar a comprar nuevas armas. En ese momento todavía la política estatal de desarme civil no existía; no obstante la ciudad de La Plata tuvo su propio programa de desarme voluntario. Con respecto al Plan de Desarme Nacional, afirma que el Registro nacional de Armas (ReNar) no sacará de circulación las armas utilizadas para delinquir. "les van a sacar las armas a la población civil que las tiene en desuso o que tiene miedo de que las agarren sus hijos, pero no a los delincuentes" critica. Durante 2009 el ReNar informó que habían sido recuperadas 51.672 armas de fuego en el marco del Plan Nacional de Desarme Voluntario que se fundó en la iniciativa de diversas Organizaciones No Gubernamentales y de familiares de víctimas de las delincuencia consideraban necesario que el Estado se hiciera cargo de un desarme civil y 'pacificara a la sociedad en su totalidad". En relación a este punto, desde la Red Argentina para el Desarme sostuvieron que "es necesario terminar con la concepción de que las armas legales no matan, porque en esencia la mayoría de las armas de fuego son legales en su creación y después, en algún momento de la cadena se desvían hacia el mercado negro". Si bien las más de 50 mil armas fundidas durante 2009 gracias al Plan de Desarme Voluntario representan la cifra más elevada en el año y medio de implementación, en los próximos días este programa podría concluir, tanto las ONG's que lo impulsaron como los familiares de las víctimas enviaron al Congreso de la Nación un pedido para que se extienda por dos años más, pero hasta el momento no obtuvieron respuesta a su solicitud.

Sin embargo, desde el ReNar aseguran que, hasta el momento, se logró reducir casi en un 10 por ciento la tenencia de armas legales en los hogares argentinos. Esta situación 'va acompañada de una reducción de armas ilegales en circulación, puesto que el mercado negro se abastece en gran parte del robo y hurto de armas a legítimos usuarios" afirmaron las ONG consultadas. Por otra parte, el elevado costo de los trámites de registro provoca el crecimiento en paralelo del mercado ilegal, como ocurrió con el alcohol en Estados Unidos durante los años de la ley seca". Sin embargo los dueños de las armerías locales defendieron los controles y el sistema de registro argentino, al que consideraron 'como uno de los mejores del mundo'.

En este sentido, la profesora Burry fue una pionera y de algún modo sentó una agencia transformadora a partir del activismo, pacifismo gestado por su acción. Su escena fundacional genera una serie de acciones y desde esta perspectiva se la puede reconocer como una agente cultural, una agente transformadora de la realidad. Por ejemplo, desde septiembre del 2006 fecha en que se anunció el plan de desarme voluntario las viudas y ex esposas de legítimos usuarios entregaron casi el 60% de las armas. En esta ideología se inscribe Lidia cuando declara: "La mujer es más pacifista, los que me traen las armas son los varones. Ellos son los que están en las calles, los que forman las patotas. Ellas están en sus casas, una mujer con ocho o diez hijos no puede salir a robar". Por otra parte, sólo un 3.52 por ciento del total de portadores de armas son femeninos, la mayor parte de los usuarios con hombres. Respecto a la compra de armas por parte del ReNar otro dato importante que nos brinda Lidia se refiere a la reacción de los jóvenes que se acercan a su casa para que ella les compre las armas. Al respecto dice: "Una vez que empiece el Renar les voy a derivar a los chicos, pero claro para un chico de la villa no es lo mismo que acercarse a la ventana de la casa de Lydia y charla va charla viene hacer entrega del revólver. Ahora les digo, esperá que ellos te van a dar más dinero, pero los chicos me dicen 'no, ahí no voy, les tengo miedo". La abuela inquieta multiplica sus proyectos en los años siguientes en direcciones sustentables. En una tarea solidaria se dirige al Chaco con otras dos cómplices y recorrerán varias escuelas de las más aisladas. Pero esta vez no está sola, Cecilia Fleitas y Alicia Estanga dos vecinas admiradoras del trabajo de hormiga de esta abuela de 17 nietos, se acercaron a su casa para colaborar con ella. Así surgió ARRE (Asociación Reunidas Reciclando y Enseñando) La tres se van en micro mientras los alimentos, mantas y ropa, y hasta una máquina de coser serán trasladados en un camión acoplado que han conseguido para tal fin. Al respecto relatan cómo tejen las mantas con palos de escoba y con utilizando todo tipo de bolsas y telas. La idea de las mujeres es la de enseñarles jugando a tejer mantas. "Queremos que se diviertan aprendiendo a reciclar. Es por eso que llevamos muchas cosas sin terminar", comenta Alicia quien también lleva modelos de munecos y munecas de trapo para hacer. Este engranaje que recupera la tierra, sus recursos, que se reapropia de prácticas ancestrales como la del tejido, confirma una vez más la estrecha relación de la mujer con la Madre tierra y sus recursos: tejer, nutrir, alimentar, reparar, rehacer, son prácticas femeninas que hablan de un compromiso de las mujeres con su entorno y con sus circunstancias.

La violencia del hambre

Ilustración 14.3. Escultura "Cada arma destruída es una victoria de la vida sobre la muerte" en el Centro Cultural Islas Malvinas.

Una vez que el ciclo de las armas fuera derivado a ReNar Lidia no se quedó quieta y empezó a luchar sola por otros recursos, por los alimentos y contra el hambre. Lucha para que se apruebe la ley del 'buen samaritano' que rige la donación de alimentos. En 2004 después de tres años de la presentación del proyecto, el Senado y la Cámara de Diputados aprobaron el Régimen Especial para la Donación de Alimentos. La ley establece que toda clase de alimentos en buen estado puedan ser donados por las empresas de rubro, a quienes sufren hambre debido a su pobreza. La ley ya ha sido aprobada en Brasil, Estados Unidos, México y España, y Lidia comenta que mientras no se aplique en la Argentina se seguirán tirando a la basura alrededor de 500 mil raciones de alimentos por día. "En el norte los indios tobas son 60 mil. Con esa cantidad de alimentos les das de comer a todos y te sobra. Tener la ley aprobada sería un paso muy importante para acabar con el hambre en el país", explica. En 2005, durante la inauguración de la escultura emplazada por *Escombros* en la Plaza de Islas Malvinas, afirmó Burry: "Las armas son un detalle.

Si no hubiese tanta miseria no existirían la delincuencia e inseguridad que hay. En la Argentina, se tira un millón de alimentos cada dos días. Es que no existe una buena legislación para que los supermercados puedan donar los productos que sirven para ser consumidos, pero no para comercializarlos". En este punto, se vuelve imperativo detenerse para revisar algunos de los vínculos del *Grupo Escombros* con otros agentes culturales, a través de un conjunto de acciones que guardan relación con un modo de elaborar los conflictos que van surgiendo a lo largo de la historia local y nacional.

EL *GRUPO ESCOMBROS* Y LA ABUELA DE LAS ARMAS

Retornemos al punto de articulación y diálogo entre el *Grupo Escombros* y la abuela de las armas. Para llevar a cabo la construcción de la escultura, utilizaron 250 armas que fueron sacadas del circuito del delito por la abuela de las armas y fueron convertidas en una obra de arte destinada a la exhibición pública permanente. Según Burry cada una de esas armas tiene una historia, escenifica un drama, el drama de la violencia de los desamparados de la vida, y nos cuenta una de las tantas historias al señalar una de ellas "la trajo un chico que había escuchado que yo cambiaba armas por dinero. Recuerdo que cuando me la entregó descubrí que no tenía gatillo y le dije que no le iba a canjear un arma en esas condiciones. Entonces él me aclaró que con esa misma pistola ya había cometido 20 asaltos, porque los 'asaltados no me preguntaban si el arma funciona o no'. Como parte de su propuesta artística el grupo primeramente construyó la estructura de hierro que detrás de la escultura propiamente dicha describe el espíritu que guiara la iniciativa, a partir del siguiente texto: "Cada arma destruida es un hijo que no verá asesinar a su padre. Es un padre que no pagará rescate por su hijo. Es una mujer que no será violada. Es una familia que no será rehén. Es una casa que no será robada" porque concluye: "cada arma destruida es una victoria de la vida contra la muerte".

La obra de 1100 kilos de hierro, se colocó sobre una estructura de concreto que le sirviera de sostén y para ello fue necesario cavar dos metros. El peso es de 5000 kilos y para llevar a cabo la iniciativa tuvieron que colaborar una empresa constructora, una imprenta y la empresa de energía EDELAP que se encargará de la iluminación. Respecto al proceso de gestión el grupo declara 'Al principio pensamos en una performance, destruir públicamente las armas', explica Héctor Puppo, pero 'más tarde optamos por una obra permanente, y entre una docena de propuestas elegimos la de la pirámide, para lo cual descartamos otras ideas como la de una columna o la de un mar de armas. Se eligió instalar la obra en el Centro Cultural Islas Malvinas, porque ese lugar se asocia con un pasado de represión y muerte que fue recuperado para la vida'. En este sentido, la escultura cierra el drama y lo convierte en archivo, un archivo que organiza los materiales seleccionados y les adjudica otro significado, ubicándolos en el espacio antiguo de la muerte, un antiguo lugar donde se torturaran personas durante la Dictadura. Como bien define Diane Taylor en "DNA of Performance, Political Hauntology": "Archival memory, on the other hand, maintains what is perceived as a lasting core—records, documents, photographs, literary texts, police files, digital materials, archaeological remains, bones—supposedly resistant to change and political manipulation. What changes over time, the archive claims is the value, relevance or meaning of the remains, how they get interpreted, even embodied" (55)

En conclusión, el proceso creado por Lidia Burry nos permite reconocer algunas instancias que 'dramatizan' la violencia, la escenifican y la transforman invirtiendo los términos de la fórmula y la transacción. Lidia Burry se convierte a partir de su práctica de ama de casa en activista, transforma la realidad fuera de todo proyecto político grupal y/o ideológico, a partir de su práctica – como ocurriera décadas atrás con las Madres de Mayo transita del espacio privado y doméstico al espacio público. Por el otro lado la unión de ambos agentes promueve espacios de diálogo, multiplican acciones generando nuevos agentes. En esa gestión se convierte y convierte, transforma la realidad sobre la que actúa, e implementa nuevos proyectos que la convierten en agente de cambio social. La compra de armas, la distribución de alimentos, el tejido y su práctica alternativa resignifican lo doméstico privado y lo desplazan a lo público social para instrumentar estrategias que 'nutran', 'protejan', 'eduquen', 'civilicen' en tiempos en que la barbarie de la guerra y la devastación son las prácticas comunes a los hombres.

En su creación y diseño de proyectos Lidia Burry restablece un orden ancestral de cuidado de la tierra, para sanar y limpiar de las prácticas violentas del despojo, la pobreza y la muerte. En ese proceso ella se completa y como 'una gota en el océano' frase prestada de Madre Teresa de Calcuta se hace cargo de un deseo y de su propio destino, invitando a todos a compartir su tarea con ella: "Por eso mi trabajo es muy lindo, es una creación permanente, no se pierde, es una gota de agua" y dice: "(...) vos decíle a tu mamá que se junte con otros y ayuden". La sociedad se beneficia ayudando, así se transforman no en ancianos, porque yo no me siento anciana, ¿queda alguna duda?" Lidia Burry se transforma a partir de estas sucesivas prácticas transformadoras en una agente cultural quien establece sus reglas de juego, prolifera sus prácticas y las multiplica, contagiando con su juventud a quienes la rodean.

OBRAS CITADAS

Arendt, Hanna. *Sobre la violencia.* Madrid: Alianza, 2013.
Alonso, Rodrigo y Valeria González. *Ansia y devoción. Imágenes del presente.* Buenos Aires: Fundación Proa, 2003.
Augé, Marc. "Espacio y alteridad". *Revista de-Occidente* 140 (enero 1993): 13–34.
Barthes, Roland. *Mitologías.* Buenos Aires: Editorial Siglo XXI, 1983.
Bourdieu, Pierre. *Pascalian Meditations.* Stanford: Stanford University Press, 2000.
Camarero, Jesús y Angela Serna. *Escritura y Multimedia.* Actas del I Encuentro Internacional sobre Lenguajes Artísticos Inter-Medios. Vitoria: Univ. del País Vasco, 1.994.
Carrillo, Jesús. "Espacialidad y arte público" en *Modos de Hacer: Arte crítico, esfera pública y acción directa.* Paloma Blanco, Jesús Carrillo, Jordi Claramonte y Marcelo Expósito (editores). Salamanca: Ediciones Universidad de Salamanca, 2001: 127–143.
– – –. *Arte en la red.* Madrid: Cátedra, 2004.
Castelli, Graciana. "La abuela de las armas" *Revista Bipolar.* 02/26/2008. Web 20 de mayo 2015. http://revistapolar. blogspot. com/2006/06/la-abuela-de-las-armas.html.
Certeau, Michel de. *L'Invention du quotidien. 1. arts de faire.* Paris: Gallimard, 1990.
Cruz Sánchez y Miguel A. Hernández-Navarro. (Eds.) *Cartografías del cuerpo. La dimensión corporal en el arte contemporáneo.* Murcia: CendeaC, 2004.
Debesa, Fabián. "Para destruirlas, en dos años compró 350 armas en las villas". *Clarin.com,* 20/07/2003/ Web. 30 de mayo 2015. http://www.clarin.com/diario/2003/17/20/5-04801.htm
El Día. La Ciudad. "Las armas inutilizadas que se convirtieron en esculturas" 21 de agosto de 2005. *El Día.com.* Web. 30 de mayo 2015.

http://www.eldia.com.ar/ediciones/20050821/ laciudad15.asp.

— — —. "Recuperó más de seiscientas armas" 9 de julio de 2004. En *El Día.com*. Web. 30 de mayo 2015 http://www. eldia.com.ar/ediciones/20040709/laciudad9.asp.

Galmarini, Mónica. "Una abuela que hizo una cruzada y hoy desconfía". *Clarín*, 15 de enero del 2011. Web. 30 de mayo de 2015. http://www.clarin.com/policiales/abuela-hizo-cruzada-hoy-desconfia_0_409759101.html

García Canclini. *Imaginarios Urbanos*. Buenos Aires: Eudeba, 1994.

— — — *Hybrid Cultures. Strategies for Entering and Leaving Modernity.* Minneapolis-London: University of Minnesota Press, 1997.

Giunta, Andrea. "Las batallas de la vanguardia entre el peronismo y el desarrollismo". *Nueva Historia Argentina. Arte, Sociedad y Política*. Volumen II. José Emilio Burucúa (Dirección del tomo). Buenos Aires: Editorial Sudamericana, 1999: 57–118.

Grupo Escombros, artistas de lo que queda. Sección Prensa. "Denunciaron a la abuela que cambia armas en los barrios". *Diario El Día.* La Plata. Miércoles 11 de noviembre de 2005, Web. 30 de mayo de 2015. http://www.grupoes combros.com.ar/imgs/prensa/notas/nota16.html

— — —. "Presentan escultura contra las armas en el Centro Malvinas" *Diario El Día.* La Plata, domingo 28 de agosto de 2005. Web. 30 de mayo de 2015. http://www. grupoescombros.com.ar/imgs/prensa/notas/nota20.html

INFOBAE. "La abuela pistolera cambia armas por dinero o comida" 30 de noviembre 2005. Web. 30 de mayo de 2015. http://www.infobae.com/2005/11/30/225579-la-abuela-pistolera-cambia-armas-dinero-o-comida-la-plata

Joseph, Isaac. *El transeúnte y el espacio urbano*. Sobre la dispersión y el espacio urbano. Barcelona: gedisa editorial, 2002.

Lopez Anaya, Jorge. *Arte Argentino: Cuatro Siglos de Historia (1600-2000)*. Buenos Aires: Emecé Editores, 2005.

Moret, Zulema. *Artistas de lo que queda: Las escrituras de Escombros.* Madrid: Ed. Tramas, 2006.

— — —. Entrevista a Lidia Burry, La Plata, 2008.

Neustadt, Roberto. *CADA DIA: la creación de un arte social.* Santiago de Chile: Editorial Cuarto Propio, 2001.

Ratner, Carl. "Agency and Culture." *Journal for the Theory of Social Behavior*, 30,(2000):413–34.

RENAR. *Plan Nacional de Desarme Voluntario.* Ministerio de Justicia y Derechos Humanos. Presidencia de la Nación. República Argentina. Web. 30 de mayo de 2015. http:// www.desarmevoluntario.gov.ar/#&panel1-7.

Richard, Nelly. *La insubordinación de los Signos* (cambio político, transformaciones culturales y poéticas de las crisis). Santiago de Chile: Ed. Cuarto Propio, 1994.

———. *Residuos y Metáforas (Ensayos de crítica cultural sobre el Chile de la Transición)*. Santiago de Chile: Editorial Cuarto Propio, 2001.

Romero, Juan Carlos. *Breve historia contemporánea de la Argentina*. Buenos Aires: Fondo de Cultura Económica de Argentina, 2001.

Rosende, Luciana. "Modelo para desarmar". *Artemisia noticias*. Periodismo de género para mujeres y varones. 11/04/2007. Web. 30 de mayo de 2015. http://www.artemisianoticias. com.ar/site/notas.asp?id=1&idnota=4008.

Rueda, María de los Angeles. "Utopías en la calle" *La ciudad desde las artes visuales*. María de los Angeles Rueda (coord.). Buenos Aires: Asuntoimpresoediciones, 2003: 93–106.

Santoro, Sonia. "La abuela que compra armas" *Página 12*, Sección Personajes, 20 de setiembre 2002, Web. 30 de mayo 2015. http://www.pagina12.com.ar/diario/suplementos/las12/13-351-2002-09-25.html

Sommer, Doris, ed. *Cultural Agency in the Americas*. Durham: Duke University Press, 2005.

Taylor, Diana. *The Archive and the Repertoire. Performing Cultural Memory in the Americas*. Durham: Duke University Press, 2003.

CONTRIBUYENTES

Andrés R. Amado recibió su doctorado en Etnomusicología de la Universidad de Texas en Austin. Docente e investigador en los campos de la musicología y la etnomusicología en la Universidad de Texas Río Grande Valley. Sus investigaciones se han enfocado en temas de nacionalismo musical e identidades étnicas y raciales en Guatemala. Ha publicado artículos académicos en español e inglés, y dado ponencias sobre diversos temas musicales y culturales en varias conferencias y simposios. También trabajó como editor asistente de *Latin American Music Review/Revista de Música Latinoamericana* y participa activamente en la Sociedad de Etnomusicología. Actualmente preside la rama Southern Plains de dicha sociedad. Como músico ha participado en varios conjuntos incluyendo gamelanes de Indonesia, conjuntos de marimba, de música caribeña y numerosas agrupaciones corales tanto a nivel universitario como comunitario.

Alonso Azócar Avendaño es académico de la Universidad de La Frontera (Chile). Especialista en Análisis de Discurso Visual en contextos interculturales ha publicado algunos libros, entre los que se encuentran *Rukakura y los hombres del cochayuyo*; *Fotografía pro indigenista: el discurso de Gustavo Milet sobre los mapuches;* y *Así son...así somos Discurso fotográfico de capuchinos y salesianos en la Araucanía y la Patagonia;* así como una veintena de artículos en revistas especializadas los que dan cuenta de los estereotipos sobre el mundo indígena presentes en discursos visuales puestos en circulación a través de diversos medios de comunicación. Ha participado en una decena de proyectos FONDECYT y DIUFRO, actualmente es co-investigador del proyecto Fondecyt "La Araucanía: sujetos y territorio, 1849–1950".

Robert W. Blake, Professor of Animal Science and 2009–2014 Director of the Center for Latin American and Caribbean Studies, Michigan State University, East Lansing, and Professor Emeritus, Cornell University, where he directed the Latin American Studies Program and the graduate field of International Agriculture and Rural Development. His international program emphasizes economic, nutritional and genetic issues of management of livestock and mixed farming systems. Foci include management of livestock systems, especially dual-purpose ruminants, and economic evaluation and decisionmaking, especially matching animal genetic potentials to environmental constraints in alternative agro-ecosystems. Outreach and development are integral activities with information disseminated to international collaborators and other decision makers.

Debra A. Castillo, Stephen H. Weiss Presidential Fellow, Emerson Hinchliff Professor of Hispanic Studies, and Professor of Comparative Literature at Cornell University. She is 2014–2015 president of the international Latin American Studies Association. She specializes in contemporary narrative from the Spanish-speaking world (including the United States), gender studies, and cultural theory. Her most recent books are *Cartographies of Affect: Across Borders in South Asia and the Americas* (with Kavita Panjabi), *Hybrid Storyspaces* (with Christine Henseler), *Mexican Public Intellectuals* (with Stuart Day), and the forthcoming *Despite all Adversities: Spanish American Queer Cinema* (with Andrés Lema Hincapié).

Mirta Colángelo fue una narradora argentina. Se especializó en Literatura infantil y juvenil, siendo reconocida como "susurradora" de poesía. Coordinó talleres de lectura y escritura para niños y adolescentes. Dictó cursos para docentes y padres en Argentina, Cuba, España y Portugal. Fomentó clubes de narradores y elaboró programas radiales de animación de la lectura, destacándose «Cuentos para la hora de tomar la leche», emitido por LRA 13 Radio Nacional de Bahía Blanca. Participó del Plan Nacional de Lectura, del Ministerio de Educación de la Nación. Se definía a sí misma como una "educadora por el arte", explicando "trabajo por la educación a través el arte. Creo que vale la pena intentarlo, si el arte estuviese en la educación, otro sería el mundo, ya que se respetaría la palabra. Cuando sea el arte el que ataque y no las bombas las cosas sin dudas florecerán". Fue coautora del libro *Los nuevos caminos de la expresión* y de *Artepalabra*, Fue co-fundadora y jefa de redacción de la *Revista VOX (Arte + Literatura)*

Graciela Di Marco es profesora-investigadora de Democratización y Derechos Humanos en la Escuela de Humanidades de la Universidad Nacional de San Martín (UNSAM). Argentina. Su área de investigación combina los estudios sobre democratización social y de las familias, movimientos sociales, feminismos, derechos humanos y políticas sociales. Es autora de *El pueblo feminista. Movimientos sociales y lucha de las mujeres en torno a la ciudadanía*. Editorial Biblos, Buenos Aires; y editora junto con Constanza Tabbush de *Feminismos, democratización y democracia radical: Estudios de caso de América del Sur, Central, Medio Oriente y Norte de África*. Ediciones UNSAMEDITA. Buenos Aires.

Ludmila Ferrari es artista visual e investigadora. Estudiante de Doctorado en Estudios Latinoamericanos en el Departamento de Romance Languages and Literatures de la Universidad de Michigan. Maestra en Artes Visuales de la Pontificia Universidad Javeriana, Bogotá. Licenciada en Artes Plásticas (I.U.N.A), Buenos Aires. Premio Nacional de Arte en Colombia 2009: Nuevas Prácticas en Artes Visuales, Ministerio de Cultura. La práctica artística de Ferrari explora los límites de común, lo comunitario y lo político en torno a la materialidad contingente. Actualmente su investigación interroga las relaciones entre espacio/cuerpo político y arte contemporáneo en Colombia, Argentina, México y Brasil. Entre sus publicaciones se encuentra el libro: *En la grieta: prácticas artísticas en comunidad* (Editorial Javeriana, 2015) y los artículos: "Artistic Practice in the Gap: A Question on the Politics of Art." (*Revista Errata*, 2013) y "Palenque a Performance of Freedom" (*Revista Iberoamericana*, 2015).

Jane D. Griffin, Assistant Professor in the Department of Modern Languages at Bentley University, where she teaches Spanish and Latin American culture. Her research focuses on amateur, non-industrial and non-commercial forms of cultural production in the neoliberal age. She has published articles and book chapters on alternative forms of literary production in post-dictatorship Chile, and she is currently writing a book on the same topic. Professor Griffin has also published English translations of two short story anthologies written by Chilean author, Pía Barros.

Jaime Flores Chávez es profesor en la Universidad de La Frontera (Chile). Se especializa en la Historia de Chile e Historia de la Araucanía en los siglos XIX y XX. Entre sus últimas publicaciones destacan "La Ocupación de la Araucanía y la pérdida de la platería en manos mapuche. Finales del siglo XIX y primeras décadas del XX", *Revista de Indias*; "La Araucanía y la construcción del Sur de Chile, 1880–1950. Turismo y vías de Transporte", *Revista Scripta Nova*. En la actualidad trabaja en un libro de fotografía que da cuenta de la acción misionera que desarrollaron los capuchinos bávaros en la Araucanía durante las primeras décadas del siglo XX y es investigador responsable del proyecto Fondecyt "La Araucanía: sujetos y territorio, 1849–1950".

Zulema Moret, Profesora titular de Literatura y Cultura Latinoamericana en Grand Valley State University. Poeta, narradora, y crítica. Ha publicado libros infantiles, juveniles, ensayos pedagógicos. Ha editado las antologías: *Mujeres mirando al Sur: Poetas sudamericanas en USA* (Ed. Torremozas, 2004); *Intersecciones: Abordajes de la cultura popular en América Latina* (Ed. La Página, Canarias, 2008); *La huella recuperada. Homenaje a Iris Zavala.* (ArCiBel Ed., Sevilla, 2008). Ha ganado el *Primer Premio de Ensayos de Arte* con su libro *Las escrituras de Escombros, Artistas de lo que queda,* publicado en Madrid por Editorial Trama y la Fundación Arte y Derecho (2006). Su investigación sobre la relación entre sujeto femenino y *Bildungsroman* se publicó en el libro *Esas niñas cuando crecen, dónde van a parar* (Rodopi, 2008). Actualmente su campo de estudio se centra en la relaciones entre territorio y cultura desde una perspectiva interdisciplinaria en Buenos Aires (2000–2010)

Silvia Nagy-Zekmi, Professor of Hispanic and Cultural Studies and directs the Cultural Studies Program at Villanova University (Philadelphia, USA). She specializes in cultural, postcolonial and gender studies, Her publications include: *Perennial Empire; Colonization or Globalization; Moros en la costa: Orientalismo en América Latina; Democracy in Chile: The Legacy of September 11, 1973; Paralelismos transatlánticos: Postcolonialidad y narrativa femenina en América Latina y Africa del Norte* (More information: www.wix.com/snzekmi/cv

Robert Neustadt, Professor of Spanish and Director of Latin American Studies at Northern Arizona University, has published two books focusing on performance and experimental art, *CADA día: La creación de un arte social* (Santiago: Editorial Cuarto Propio, second edition, 2012) and *(Con)Fusing Signs and Postmodern Positions: Spanish American Performance, Experimental Writing and the Critique of Political Confusion* (New York: Garland Publishing, 1999), in addition to numerous articles that explore the political underpinnings of music in Latin America. Since 2010 he has been leading field trips to the U.S. / Mexico border where students experience, first hand, the human, environmental and political consequences of undocumented immigration. In 2012, he co-produced and contributed a song to the album *Border Songs,* a double CD of music and spoken word about the US/Mexico border (http://www.bordersongs.org).

Walescka Pino-Ojeda se doctoró en Teoría Crítica y Literatura Latinoamericana en la Universidad de Washington, Seattle. Desde entonces reside en Nueva Zelanda en donde dirige el New Zealand Centre for Latin American Studies en la Universidad de Auckland. Ha publicado sobre literatura femenina y gay, fotografía, cine y música chilena. Sus libros, *Sobre castas y puentes: conversaciones con Elena Poniatowska, Rosario Ferré y Diamela Eltit* (2000) y *Noche y Niebla: Neoliberalismo, Memoria y Trauma en el Chile Post-autoritario* (2011) fueron publicados en Chile por Editorial Cuarto Propio. Actualmente trabaja en un volumen que explora el rol que en Chile han tenido el arte y el activismo cívico cultural en la superación del trauma histórico y consecuente redemocratización del país.

Elvira Sánchez-Blake, Associate Professor of Latin American literature and culture at Michigan State University. Her publications include *Patria se escribe con sangre* (Anthropos, 2000), testimonials by women in the Colombian conflict, and *Espiral de silencios* (Beamount, 2009), a novel based on recent Colombian historical events. She also co-authored the anthology, *Voces Hispanas Siglo XXI: Entrevistas con autores en DVD* (Yale University Press, 2005), and the critical edition, *El universo literario de Laura Restrepo* (Taurus, 2007). Her book *Latin American Women and the Literature of Madness* (coauthored with Laura Kanost, McFarland, 2015) explores gender and political intersections in Latin American literature. She has also published numerous articles in professional journals and collective editions.

Stephany Slaughter, Associate Professor of Spanish in the Modern Language Department at Alma College where she teaches classes related to language, literature, and culture of Latin America, and pursues research in gender studies; cultural studies; Latin American (especially Mexican) film, theater, performance; borders and immigration; and representations of the Mexican Revolution. She was a field producer on the Oscar nominated and Emmy Award winning documentary, *Which Way Home* (Rebecca Cammisa, 2009); and she co-edited *Representación y fronteras: El performance en los límites del género* (2009). She is currently exploring innovative pedagogy and co-authoring a Reacting to the Past Game with Jonathan Truitt, "Mexico in Revolution: 1912-1920."

Djurdja Trajkovic, Visiting Assistant Professor at Indiana University Bloomington. She has published on cartonera small presses, emerging authors, and post-literary practices in Latin America. Her current research project includes rethinking of subaltern, postcolonial and deconstructive practices that have been dominant in post-2001 Latin America. She is working on a book project currently titled *Post-2001 Crisis in Latin America.*

Keith Watts es Profesor Asociado de Lingüística Española en la Universidad de Grand Valley en el estado de Michigan, Estados Unidos. Se doctoró en la Universidad de Nuevo México. Ha publicado ensayos y dictado conferencias sobre el español en los Estados Unidos, el español en contacto con otros idiomas, y otros ensayos de índole sociolingüística.

www.ingramcontent.com/pod-product-compliance
Lightning Source LLC
Chambersburg PA
CBHW021819300426
44114CB00009BA/237